中国区域金融稳定报告

(2014)

China Regional Financial Stability Report

(2014)

中国人民银行上海总部金融稳定分析小组

中国金融出版社

责任编辑：王雪珂
责任校对：李俊英
责任印制：程　颖

图书在版编目（CIP）数据

中国区域金融稳定报告.2014（Zhongguo Quyu Jinrong Wending Baogao. 2014）/中国人民银行上海总部金融稳定分析小组编.—北京：中国金融出版社，2014.9
ISBN 978-7-5049-7635-2

Ⅰ.①中…　Ⅱ.①中…　Ⅲ.①区域金融—研究报告—中国—2014　Ⅳ.①F832.7

中国版本图书馆 CIP 数据核字（2014）第 200792 号

出版发行　中国金融出版社
社址　北京市丰台区益泽路 2 号
市场开发部　(010)63266347，63805472，63439533（传真）
网 上 书 店　http://www.chinafph.com
　　　　　　(010)63286832，63365686（传真）
读者服务部　(010)66070833，62568380
邮编　100071
经销　新华书店
印刷　北京松源印刷有限公司
装订　平阳装订厂
尺寸　210 毫米×285 毫米
印张　12
字数　290 千
版次　2014 年 9 月第 1 版
印次　2014 年 9 月第 1 次印刷
定价　88.00 元
ISBN 978-7-5049-7635-2/F.7195

本书编写组

总　　　纂：杜要忠

统　　　稿：储幼阳　陈　静　佘洁雅　郭　芳

执　　　笔：储幼阳　陈　静　佘洁雅　郭　芳　季　军
刘　涛　姜　林　农丽娜　于明星　林　毅

英文翻译（按姓氏拼音排序）：

储幼阳　陈　静　陈苏燕　郭　芳　瞿士杰
邵勉也　佘洁雅　张　瑾　周　萍

审校人员（按姓氏拼音排序）：

陈苏燕　陈　松　刘孜群　陆　屹　邵勉也

目　录

图

Contents

第一部分　概　述

2013年，面对世界经济复苏艰难、国内经济下行压力加大的复杂形势，全国各地区[①]圆满实现经济社会发展主要预期目标，经济运行稳中向好，结构调整取得积极成效，区域发展协调性增强。在贯彻落实稳健货币政策的基础上，各地区金融业改革稳步推进，金融体系稳健运行，但经济金融运行中存在的困难、问题也不容忽视。

一、区域金融总体保持稳定

（一）各地区经济运行稳中向好，区域发展协调性增强

2013 年上半年，出口大幅波动，经济持续下行，中央财政收入一度出现负增长，银行间同业拆放利率一度异常升高。面对复杂形势，国家宏观调控明确守住稳增长、保就业的下限和防通胀的上限，坚持实施积极的财政政策和稳健的货币政策，增加有效供给，释放潜在需求，保障了经济运行处于合理区间，同时集中精力抓住转方式调结构不放松，产业结构调整和区域协调发展都取得积极成效。

分区域来看，东部地区经济发展增速有所放缓，但结构调整、产业升级步伐不断加快。中部地区经济保持平稳较快发展，主要经济指标增幅高于全国平均水平。西部地区生产总值比重继续提高，投资、消费与进出口均保持稳步增长。东北地区经济结构调整成果初步显现，第三产业发展迅速。在地区生产总值增速超过 10% 的 16 个省区中，东部地区占 2 席，中部地区占 4 席，西部地区占 10 席，区域间相对差距不断缩小，区域发展协调性增强，为区域金融稳定奠定坚实基础。

（二）各地区金融机构经营稳健，金融业发展整体平稳

银行业金融机构资产规模稳步增长，盈利能力持续提升。截至 2013 年末，我国银行业金融机构的本外币资产总额达 151. 35 万亿元，同比增长 13. 27%，本外币负债总额为 141. 18 万亿元，同比增长 12. 99%；银行业金融机构实现净利润 1. 74 万亿元，同比增长 15. 23%，其中商业银行全年累计实现净利润达 1. 42 万亿元，同比增长 14. 5%；银行业金融机构不良贷款余额 1. 18 万亿

① 东部地区 10 个省市，包括北京、天津、河北、上海、江苏、浙江、福建、山东、广东和海南；中部地区 6 个省，包括山西、安徽、江西、河南、湖南和湖北；西部地区 12 个省区，包括广西、重庆、四川、贵州、云南、西藏、陕西、甘肃、青海、宁夏、新疆和内蒙古；东北地区 3 个省区，包括黑龙江、吉林、辽宁。本报告不含港、澳、台地区。

元，不良贷款率 1.49%，其中商业银行不良贷款余额为 5 921 亿元，不良贷款率为 1.0%；商业银行（不含外国银行分行）加权平均核心一级资本充足率达 9.95%，加权平均资本充足率达 12.19%。分地区看，东部地区集中了全国 50% 以上的银行业资产，其中包括四大国有商业银行和股份制商业银行的总部以及大部分外资银行；西部地区银行业资产规模增速最高，达到 15.96%。中西部的银行业金融机构盈利能力也快速提高，中部、西部地区 2013 年银行业机构账面利润同比增长都超过 20%。

证券业整体运行保持稳健，机构经营状况和盈利水平都有所提高。截至 2013 年末，全国 115 家证券公司资产总额为 2.08 万亿元，同比增长 20.80%；净资产为 7 538.55 亿元，净资本为 5 204.58 亿元，同比分别增长 8.54% 和 8.78%；全年实现营业收入 1 592.41 亿元，同比增长 22.37%；实现净利润 440.21 亿元，同比增长 32.93%；其中 104 家公司实现盈利，占证券公司总数的 90.43%，经营状况比上年明显好转。分地区看，东部、中部、西部和东北地区法人证券公司的资产规模同比分别增长 22.25%、15.09%、16.03% 和 22.12%，营业收入同比分别增长 21.19%、35.44%、25.83%[①]和 8.65%。

保险业总资产和保费收入继续稳步增长。2013 年，保险业累计实现原保费收入 1.72 万亿元，同比增长 11.2%；累计原保险赔付支出 6 212.9 亿元，同比增长 31.7%；保险业总资产达 8.29 万亿元，较年初增长 12.7%；净资产达 8 474.65 亿元，较年初增长 7%。分地区来看，西部和东北地区保险业务发展快于东部和中部地区，西部和东北地区的保费收入占比较上年分别上升 0.37 个和 0.21 个百分点。东部、中部、西部和东北地区分公司以上保险机构总资产同比分别增长 14.96%、37.52%、14.97% 和 12.15%。各个地区的保险深度和保险密度都有所增长。

（三）各地区金融机构积极参与金融市场交易，市场活跃度有所提高

各地区金融机构，尤其城市商业银行等地方性中小金融机构积极参与各金融市场活动，在金融市场中更加活跃，并逐渐成为金融市场中重要成员。总体来说，2013 年我国金融市场活跃度有所提高。

货币市场成交量保持稳定。2013 年，同业拆借累计成交 35.52 万亿元，日均成交 1 420.76 亿元，同比下降 23.9%；银行间市场债券回购累计成交 158.16 万亿元，日均成交 6 326.56 亿元，同比增长 11.16%。货币市场利率曾一度出现短期快速波动，但市场保持整体平稳。全年平均利率水平有所提升，7 天期拆借和质押式回购日加权平均利率从年初的 4.09% 和 4.04%，上升到年末的 5.31% 和 5.40%，全年平均分别为 4.17% 和 4.32%。

债券市场发行规模稳步增加，交易规模同比下降。2013 年，累计发行各类债券（含央行票据）8.86 万亿元，比上年同期多发 8 879 亿元，同比增长 12.5%；银行间债券市场现券交易量为 41.6 万亿元，日均成交 1 664 亿元，同比下降 44.7%。

股票市场交易活跃。2013 年，沪、深股市累计成交 46.35 万亿元，同比增长 49%；创业板全年累计成交 5.1 万亿元，同比增长 119.6%。由于 IPO 暂停，企业通过境内股票市场筹资金额下降，上市公司全年累计再融资 2 802.76 亿元，同比减少 10.38%。商品期货成交量和成交额显

① 数据来源：全国各省、自治区、直辖市证监会派出机构相关资料。

著增加，创历史新高。商品期货全年累计成交18.68亿手，成交额为126.47万亿元，同比分别增长38.86%和32.73%。股指期货全年累计成交1.93亿手，成交额为140.70万亿元，同比分别增长83.91%和85.52%。5年期国债期货于9月挂牌上市，截至年末累计成交32.88万手、金额3 063.89亿元。

外汇市场交易主体进一步增加，市场交易平稳。截至2013年末，共有外汇市场即期市场会员405家，远期、外汇掉期、货币掉期和期权市场会员分别为88家、87家、80家和33家。全年人民币外汇即期成交4.1万亿美元，同比增长21.4%；人民币外汇掉期交易成交金额折合3.4万亿美元，同比增长35%；人民币外汇远期市场成交323.7亿美元，同比下降62.6%。

（四）地方金融综合改革继续推进，改革力度不断加大

2013年，地方金融综合改革继续推进，东部地区依然是改革前沿阵地。第一，中国（上海）自由贸易试验区挂牌，开启多项金融改革。中国人民银行和中国银监会、证监会、保监会共出台51条政策措施，支持自贸区在资本项目自由兑换、人民币跨境使用、利率市场化以及深化外汇管理体制改方面开展金融改革。截至2014年2月，已有43家持牌金融机构，80多家金融租赁公司和超过120家金融信息服务公司在自贸区内注册成立，区内本外币存款余额已达到48亿美元。个人小额外币存款业务、区内中资企业人民币境外借款业务、私募股权投资等业务已经在自贸区内相继开展。第二，温州金融改革继续推进。浙江省人民代表大会通过首部地方性金融法规《温州市民间融资管理条例》；创新编制"温州指数"，并扩展到全国31个地市，发布"温州·中国民间融资综合利率指数"；鼓励民间资本参与银行增资扩股和农村合作金融机构股份制改造，2013年民间资本入股金融机构133亿元，比金改前增长43.8%；组建11家具有地方特色的民间资本管理公司，累计组织资金20.8亿元，支持618个项目发展，参与化解银行机构不良贷款8.2亿元。第三，前海金融先行先试改革继续稳步推进。2013年备案登记的前海跨境人民币贷款金额合计150亿元。批准设立17家外资股权投资基金管理公司，注册资本合计1.9亿美元。新设外资融资租赁公司45家，注册资本8.06亿美元。已有9家金融要素市场在前海开业，各金融要素市场交易活跃。

西部地区的金融综合改革在2013年成果颇丰，最大的突破是西南地区的沿边金融综合改革试验区方案出台。11月，人民银行、国家发改委等十一部委联合下发《云南省 广西壮族自治区建设沿边金融综合改革试验区总体方案》，改革主要包括推动跨境人民币业务创新、完善金融组织体系、培育发展多层次资本市场等十方面内容。

在中央加快完善现代市场体系、发展"普惠金融"、鼓励民间资本发起设立中小型金融机构等一系列政策推动下，地方金融机构改革和发展面临良好机遇。各地区农村信用社产权制度改革稳步推进，改革成果显现。截至2013年末，全国各地区共组建以县（市）为单位的统一法人农村信用社1 690家，农村商业银行468家，农村合作银行122家，农村金融服务水平明显提升。

（五）各地区金融基础设施建设加强，金融生态环境继续改善

2013年，各地区继续加强金融生态环境建设工作，加大金融基础设施投资建设力度。同时，

从中央到地方逐步完善金融管理体制，将防范系统性、区域性金融风险，维护金融稳定作为金融工作的重点。一是不断强化宏观审慎管理，建立由人民银行牵头的金融监管协调部际联席会议制度，金融监管协调工作走向制度化和规范化。二是党的十八届三中全会提出“完善监管协调机制，界定中央和地方金融监管职责和风险处置责任”，地方金融管理体制改革进一步深入推进。三是各地区金融基础设施建设不断加强，支付、清算和结算体系运行稳定，第二代支付系统成功上线，非现金支付工具快速发展；征信制度建设逐步完善，地方信用体系建设稳步推进；反洗钱协调机制成效显著，在防范和打击洗钱方面发挥了积极作用；人民币发行体系持续健康运行，经理国库水平不断提高，跨境人民币业务结算大幅增长；会计标准持续完善，多项会计制度顺利实施；金融法律法规体系不断健全，司法环境持续改善，金融机构合法权益得到保障。

二、维护区域金融稳定需关注的方面

目前，各地区经济金融发展面临的国内外形势依然复杂，国际经济复苏过程中的不稳定不确定因素依然存在，国家经济发展正处于重要战略机遇期，但也是改革最重要的攻坚时期。随着工业化、城镇化的持续推进，各地区经济发展都将迎来新机遇，需要金融业为实体经济发展提供更大范围、更深层次的支持，各地区金融改革和发展会面临新形势、新问题。因此，需保持对各地区经济、金融发展的密切关注，加强宏观审慎管理，重点关注系统性、区域性风险隐患，保证金融体系总体稳健，维护区域金融稳定。

（一）各地区经济增速继续放缓，经济增长的内生动力尚待增强

2013 年，各地区经济增长保持在合理区间，但地区生产总值增速进一步放缓。东部、中部、西部和东北地区生产总值分别比上年增长 8.91%、9.81%、10.73% 和 8.42%，增速较上年分别回落了 0.38 个、1.14 个、1.75 个和 1.80 个百分点。经济增长的内生动力尚待增强。消费需求增长动力不足，各地区经济增长对投资和外需的依赖程度依然较高，但企业投资意愿不强；农产品、服务业等领域的潜在价格上行压力依然存在，部分企业面临成本上升、竞争力不足的挑战；宏观债务水平持续上升，地方政府性债务增长较快，部分企业负债率过高；部分行业产能严重过剩，战略性新兴产业发展低于预期；外部环境存在较大不确定性，全球经济的复苏尚不明朗，出口面临的竞争更加激烈。

（二）区域经济协调发展，但各地区经济金融发展面临不同问题

区域经济总体协调发展，但各地区经济金融发展面临的困难有所差别。东部地区经济发展受国际环境影响最直接，增速放缓；钢贸、光伏及造船等行业不良贷款增长较快，商业银行资产质量管控压力加大；同业业务快速发展，流动性管理压力较大。中部地区工业产品结构升级有待加快；生产要素成本上升、生产经营存在较大不确定性，部分传统行业亏损企业较为集中；产能过剩行业贷款质量下降；地方金融机构在产品和服务创新方面处于劣势地位，市场竞争不充分。西部地区受资源价格下跌、民间融资等因素影响，部分地区企业经营困难加剧，信用风险不断累积；上市公司竞争能力相对较弱，不论是规模还是盈利能力在同行业中排名普遍靠后。

东北地区经济增速有所放缓，部分行业信贷资产质量下行压力较大，资本市场服务、支持实体经济发展的功能尚未有效发挥。

（三）各地区金融业稳健运行，但各行业均存在风险隐患

2013 年，我国金融业改革创新加速，市场化程度不断提升，各行业机构资产规模整体扩大，经营状况平稳向好，但均存在一定的风险隐患。一是商业银行不良贷款反弹压力加大。受经济增速放缓和产能过剩的影响，各地区商业银行的不良资产有所上升。从行业来看，钢贸、光伏、船舶等产能过剩行业成为不良贷款增长的高发行业；从区域来看，新增不良贷款主要来自市场经济较活跃、中小企业较密集、外向型程度较高的长三角及珠三角地区，同时逐渐向部分沿海地区蔓延。二是证券业业务创新可能带来风险隐患。证券公司部分资管业务以“通道”形式提供套利渠道，放大了金融业整体杠杆，存在一定的系统性风险隐患。信用类业务快速发展使证券公司流动性风险加大。三是各地区寿险公司满期给付大幅上升，分红险集中退保的风险增加，这些因素叠加增大了寿险公司的流动性风险；部分公司偿付能力充足率偏低，在行业承保盈利能力普遍不高、公司发债成本总体上升的影响下，可能出现偿付能力不足的情况；保险市场秩序仍待进一步规范。

（四）金融体系总体保持稳定，但仍需关注系统性、区域性风险

2013 年，防范系统性、区域性金融风险仍是各地区金融稳定工作的重点。一是关注地区系统重要性法人金融机构经营稳健性和发展的可持续性。二是随着金融创新的不断推进和多层次金融市场的建设，各地区金融机构的流动性管理压力正逐渐增大。三是关注跨行业、跨市场风险，防范其他相关领域风险向金融体系传导。我国金融机构跨行业、跨市场合作创新层出不穷，金融行业边界逐渐模糊，并逐步向综合经营模式发展，使跨行业、跨市场的风险传导更加容易，加大了金融体系的脆弱性。

第二部分　区域经济运行状况

2013 年，各地区经济呈现稳中有进、稳中向好的发展态势。农业生产形势良好，工业生产增速企稳回升。投资、消费稳定增长，进出口结构优化。消费价格涨幅和就业基本稳定。经济结构调整出现了一系列新的积极变化，市场信心增强。

一、区域经济运行基本情况

（一）各地区经济发展平稳向好，区域间相对差距继续缩小

2013 年，各地区经济逐步企稳，经济增速维持在合理的增长区间。东部、中部、西部和东北地区生产总值分别达到 32.23 万亿元、12.73 万亿元、12.62 万亿元和 5.44 万亿元，分别增长 8.91%、9.81%、10.73% 和 8.42%，较上年分别回落了 0.38 个、1.14 个、1.75 个和 1.8 个百分点（表 1）。东部地区的天津市和西部地区的贵州省、重庆市经济增速分别为 12.50%、12.50% 和 12.30%，居全国前三位。中部、西部地区经济发展速度继续高于东部地区。在地区生产总值增速超过 10% 的 16 个省区中，东部地区占 2 席，中部地区占 4 席，西部地区占 10 席（图 1）。区域间相对差距不断缩小，区域经济增长协调性进一步增强。

表 1　全国各地区生产总值及其增长率

项目	东部地区		中部地区		西部地区		东北地区	
	2013 年	2012 年	2013 年	2012 年	2013 年	2012 年	2013 年	2012 年
地区生产总值（亿元）	322 258.90	295 665.23	127 275.66	116 487.91	126 152.53	113 978.64	54 442.06	50 430.72
占全国 GDP 比例（%）	51.14	51.28	20.20	20.20	20.02	19.77	8.64	8.75
增长率（%）	8.91	9.29	9.81	10.95	10.73	12.48	8.42	10.22

数据来源：全国各省（自治区、直辖市）统计局相关资料。

（二）各地区三次产业发展形势良好，工业生产增速企稳回升

2013 年，东部、中部、西部和东北地区第一产业增加值分别为 1.99 万亿元、1.50 万亿元、1.57 万亿元和 0.63 万亿元，同比分别增长 4.26%、4.06%、4.91% 和 4.73%。农业生产再获丰收。2013 年，各地区粮食产量达到 60 194 万吨，增长 2.1%。猪牛羊禽肉产量 8 373 万吨，增长 1.8%。

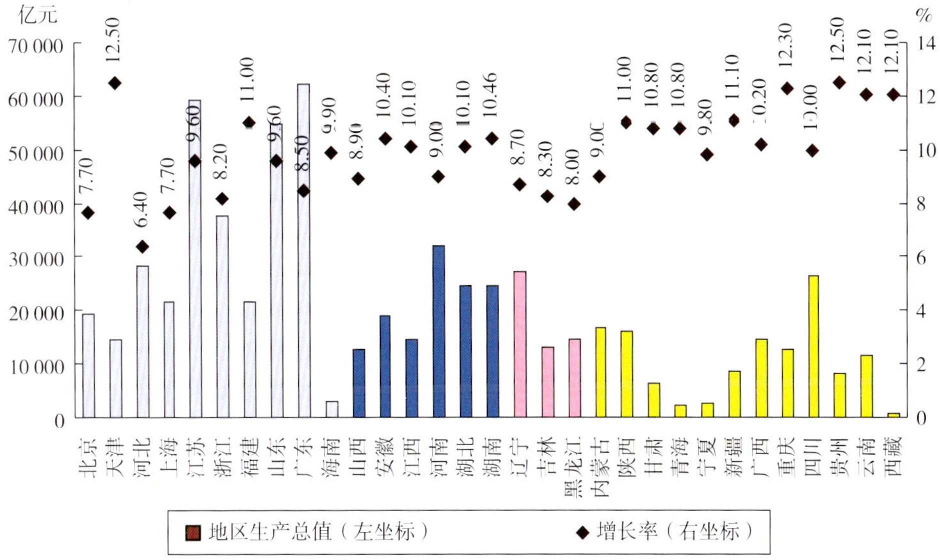

数据来源：全国各省（自治区、直辖市）统计局相关资料。

图1　2013年各省（自治区、直辖市）生产总值及增长率

东部、中部、西部和东北地区第二产业增加值分别为15.10万亿元、6.64万亿元、6.25万亿元和2.70万亿元，同比分别增长9.05%、10.76%、12.22%和8.36%。工业生产形势稳定。2013年，全国规模以上工业增加值按可比价格计算同比增长9.7%。工业企业利润较快增长。各地区规模以上工业企业实现利润6.3万亿元，同比增长12.2%，增速比上年高6.9个百分点。2013年，在41个工业大类行业中，35个行业利润总额比上年增加，电力热力生产和供应业、汽车制造业、非金属矿物制品业、计算机通信和其他电子设备制造业利润增加较多，5个行业新增利润占全部规模以上工业企业新增利润的55.3%。东部、中部、西部和东北地区规模以上工业企业全年分别实现利润35 718.95亿元、12 139.91亿元、9 965.25亿元和4 717.80亿元，同比分别增长10.38%、16.19%、4.28%和10.51%。

东部、中部、西部和东北地区第三产业增加值分别为15.14万亿元、4.59万亿元、4.79万亿元和2.10万亿元，同比分别增长9.44%、10.11%、10.29%和9.43%（图2）。各地区第三产业占地区生产总值比重持续上升，其中，东部地区第三产业占三次产业比重为46.97%，继续领先全国水平。

（三）各地区消费和投资稳定增长，进出口结构优化

各地区城乡居民收入继续增加，消费需求平稳增长。2013年，社会消费品零售总额为23.4万亿元，比上年增长13.1%，扣除价格因素后，实际增长11.5%。分城乡看，城镇消费品零售额20.2万亿元，比上年增长12.9%；乡村消费品零售额3.2万亿元，比上年增长14.6%。分地区看，中部地区消费增速居全国首位。东部、中部、西部和东北地区社会消费品零售总额分别为12.35万亿元、4.77万亿元、4.20万亿元和2.22万亿元，同比分别增长12.39%、13.83%、13.62%和13.73%（图3）。

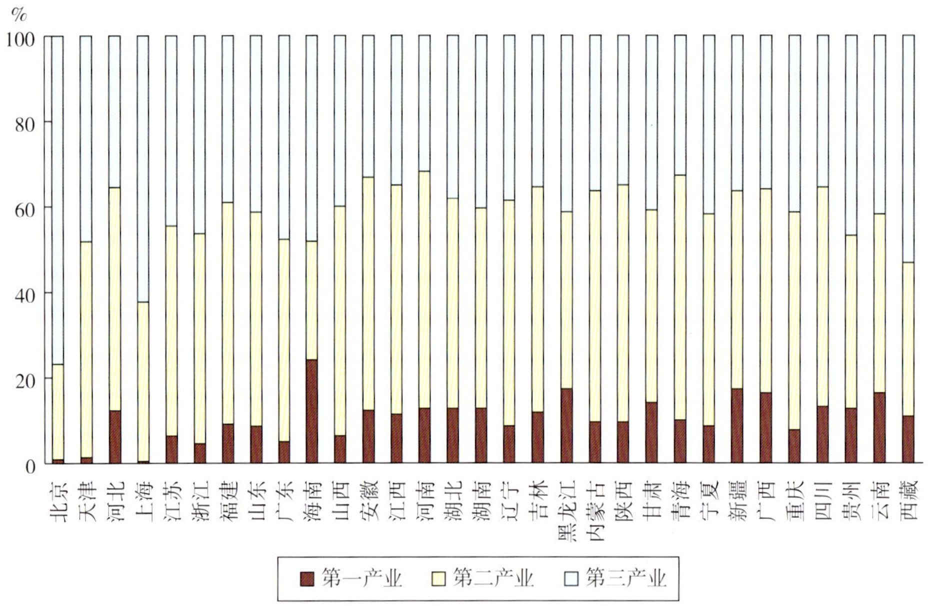

数据来源：全国各省（自治区、直辖市）统计局相关资料。

图 2　2013 年各省（自治区、直辖市）产业结构图

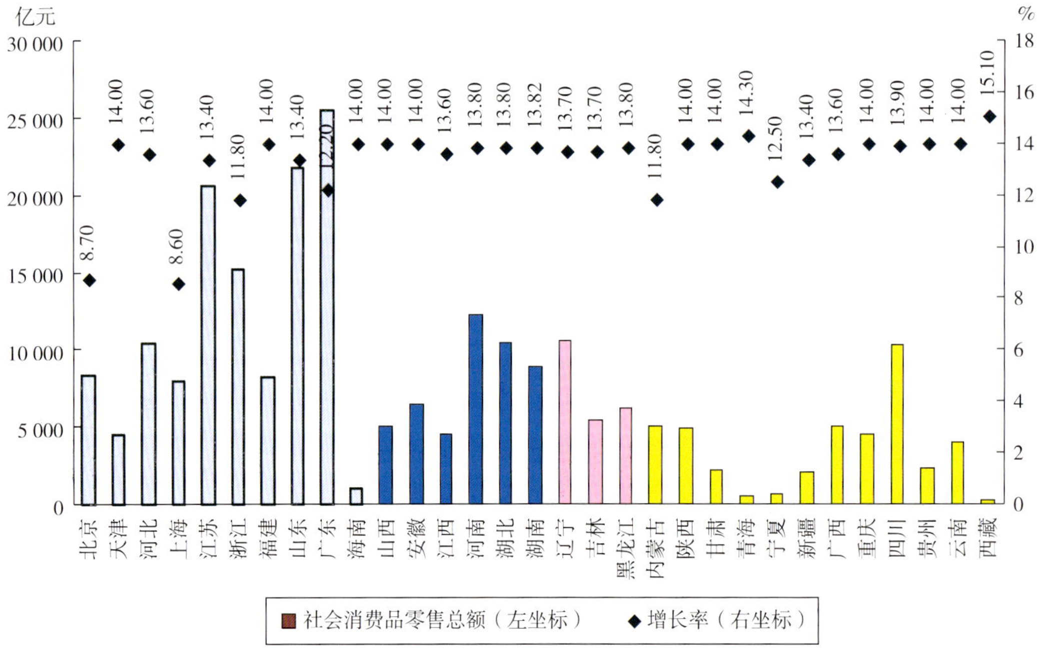

数据来源：全国各省（自治区、直辖市）统计局相关资料。

图 3　2013 年各省（自治区、直辖市）社会消费品零售总额及增长率

各地区固定资产投资增速继续下降，中西部投资增速继续快于东部。2013 年，各地区固定资产投资（不含农户）完成 43.7 万亿元，比上年增长 19.6%，扣除价格因素，实际增长

19.2%。分地区看，东部、中部、西部和东北地区固定资产投资比上年分别增长 17.83%、23.32%、21.99%和 18.25%（表 2，图 4），中西部地区投资增速明显快于东部地区。分产业看，第一、第二、第三次产业投资比上年分别增长 32.5%、17.4%和 21.0%。

表 2　　全国各地区全社会固定资产投资情况

项目	东部地区		中部地区		西部地区		东北地区	
	2013 年	2012 年	2013 年	2012 年	2013 年	2012 年	2013 年	2012 年
全社会固定资产投资（亿元）	177 719.43	153 535.28	105 782.55	88 462.53	121 881.16	98 529.16	46 767.60	41 027.67
占全国比例（%）	39.31	40.24	23.40	23.18	26.96	25.82	10.34	10.75
占地区生产总值比重（%）	55.15	51.93	83.11	75.94	96.61	86.45	85.90	81.35
固定资产投资增长率（%）	17.83	19.12	23.32	25.88	21.99	27.21	18.25	26.64

数据来源：全国各省（自治区、直辖市）统计局相关资料。

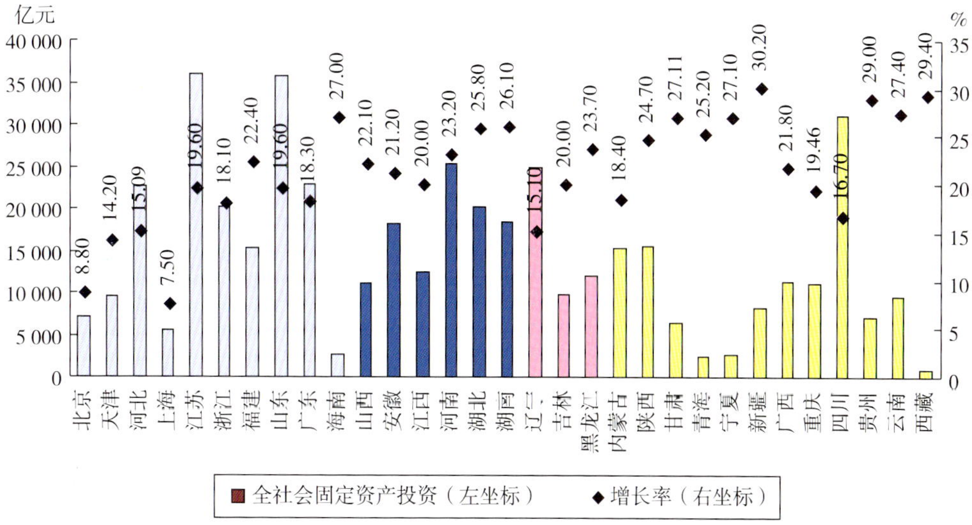

数据来源：全国各省（自治区、直辖市）统计局相关资料。

图 4　2013 年各省（自治区、直辖市）全社会固定资产投资及增长率

各地区进出口增速回升，结构优化。2013 年，各地区进出口总额 4.2 万亿美元，比上年增长 7.6%；其中，出口 2.2 万亿美元，同比增长 7.9%，增速与上年持平；进口 2.0 万亿美元，同比增长 7.3%，增速比上年高 3 个百分点；贸易顺差 2 597.5 亿美元。欧美日传统市场份额下滑，东盟、南非和中亚五国等新兴市场成为新的增长点。对外贸易自主发展能力不断增强，一般贸易比重增加，加工贸易比重减少。分地区看，东部、中部、西部和东北地区进出口贸易总额分别为 34 836.62 亿美元、2 196.67 亿美元、2 781.57 亿美元和 1 790.13 亿美元，同比分别增长 6.48%、13.60%、17.65%和 7.67%。西部地区外贸总额增长显著。其中，宁夏回族自治区、陕西省、重庆市、贵州省以及云南省全年进出口总值分别同比增长 45.20%、36.00%、29.10%、25.00%和 22.90%。

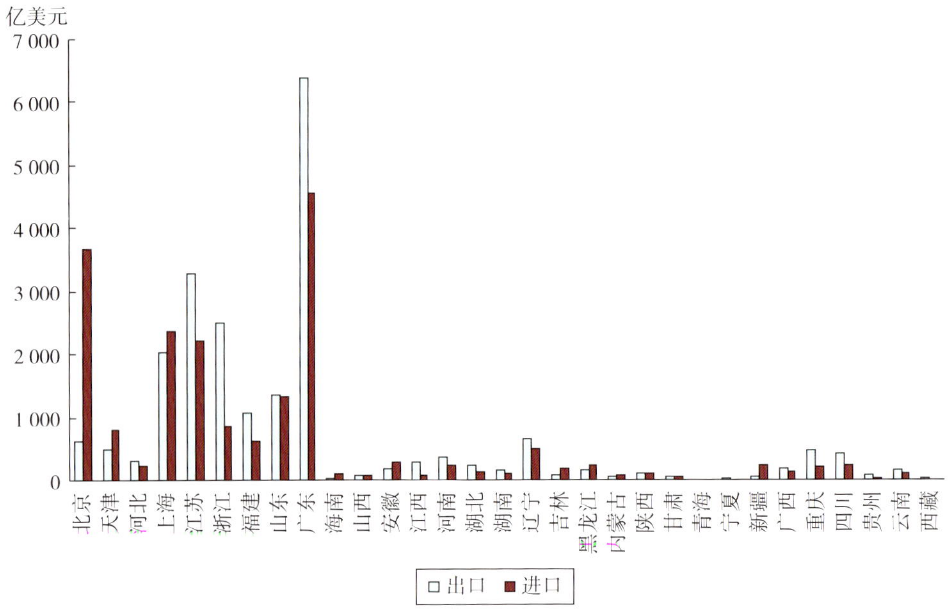

数据来源：全国各省（自治区、直辖市）统计局相关资料。

图5 2013年各省（自治区、直辖市）进出口情况

专栏1 与日双边贸易出现逆转 电子产业转移趋势加剧

2012年9月以来，日本扩大量化宽松规模，日元大幅贬值。调查发现，日元贬值对大连经济的影响更多表现为对微观企业主体和短期与日双边贸易的影响，对整体外贸格局影响尚不显著。然而，日元贬值引起的竞争性贬值开始出现，日资电子产业向他国转移倾向不容忽视。

一、日元贬值显著影响日资企业成本、利润及结算方式

一是影响企业境内原材料采购成本。大连某日资电子公司进出口均采用日元结算，但其40%的原材料在中国境内采购，企业日元结汇需求约3亿日元/月。因日元贬值，企业原材料采购成本大幅增加，以日元由2012年12月3日7.6070贬值至月底7.3049计算（100日元/人民币），该公司月成本增加约90.63万元人民币。

二是影响企业日常开支汇兑损失。部分日资企业日常开支中需将美元兑换为人民币及日元以支付员工工资、现地购买等，大连某办公设备公司40%的原材料来自日本母公司，月结算额约需1亿日元，因日元贬值，企业即期结汇产生损失。

三是结付汇方式影响企业利润。如大连某电子公司因即期结售汇导致近三个月日元汇兑损失达8 000万元人民币；而某电视制造企业尽管月均结汇额10亿日元左右（境内采购及日常资金需求），但因其避险意识较强，持续续作远期结汇、锁定较高汇率，在日元贬值背景下该企业2012年全年仍实现汇兑收益4.8亿日元。

四是部分企业逐渐改变结算方式。大连某电子生产企业90%定向出口至日本，日元、美元结算比例分别为60%、40%；其60%的原材料由境内采购，日元结汇需求较大，月结汇

额约5亿日元。因日元贬值，企业结汇损失增加，自2012年12月起，企业逐步将其结算币种改为美元结算，2013年1月全部改为美元结算。

二、日元贬值对大连市贸易格局影响不大

一是出口产品结构与对日出口结构相比重合度较低。2012年出口商品前五位分别为船舶、电器电子、机械设备、农产品及高新技术产品，其占全市外贸出口总额的58.5%。对日出口则主要为机械器具及零件，车辆及其零附件，电机、电气、音像设备及其零附件等产品。

二是逐步发展与多国贸易关系，对日本贸易占比逐步降低。2010—2012年对日本进出口占辖区货物贸易总量比重分别为22.8%、21.8%、18.0%，呈逐年降低趋势；辖区与欧盟、东盟等双边贸易额及新兴市场贸易增长较快，使外贸受日元贬值影响逐步弱化。

三、日元贬值导致其他国家竞争性贬值，人民币升值压力加大，加剧日资企业产业转移

研究显示，日元兑人民币贬值20%，相当于人民币实际有效汇率升值1.5%，约使全国出口降低2.5个百分点。2012年9月至今，日元贬值幅度已达15%。受此影响及劳动力成本攀升等因素，大连部分企业员工工资年均增长已达15%，部分日资电子产业已开始并加速向劳动力优势更为突出的东南亚地区产业转移。

四、加快人民币汇率机制改革，提升企业避险能力

一是加快人民币汇率形成机制改革和人民币国际化进程，以人民币汇率的市场化及人民币国际结算货币地位的提升，从根本上应对他国货币贬值所带来的影响。

二是鼓励企业采取避险措施、提升自身避险能力，选择远掉期避险工具，或改变结算币种及方式。

三是借助政府部门税收优惠等政策降低企业各项成本，妥善应对日资电子企业产能转移。从长期看，应逐步提高外资引入的质量及层次，设定引入产业的附加值及技术门槛。

资料来源：《大连市金融稳定报告（2014）》

2013年，东部、中部、西部和东北地区外商实际直接投资分别为1 368.04亿美元、500.96亿美元、286.77亿美元和314.63亿美元，同比分别增长6.32%、16.40%、15.37%和8.15%。境内投资者共对全球156个国家和地区的5 090家境外企业进行了直接投资，累计实现非金融类直接投资901.7亿美元。

（四）各地区消费价格涨幅基本稳定，工业生产价格降幅略有扩大

各地区居民消费价格涨幅与上年持平。2013年CPI同比上涨2.6%，各季度分别上涨2.4%、2.4%、2.8%和2.9%。从食品和非食品分类看，食品价格涨幅略有回落，非食品价格涨幅基本稳定。食品价格上涨4.7%，涨幅比上年回落0.1个百分点；非食品价格上涨1.6%，涨幅与上年持平。

工业生产价格降幅略有扩大。2013年，工业生产者出厂价格同比下降1.9%，降幅比上年扩

大 0.2 个百分点，其中各季度分别下降 1.7%、2.7%、1.7% 和 1.4%。工业生产者购进价格同比下降 2.0%，降幅比上年扩大 0.2 个百分点，其中各季度分别下降 1.9%、2.8%、1.8% 和 1.5%。企业商品价格同比下降 1.2%。农产品生产价格涨幅高于农业生产资料价格涨幅。2013 年，农产品生产价格上涨 3.2%，农业生产资料价格上涨 1.4%。

（五）各地区财政收入增长放缓，居民收入领先经济增长

2013 年，各地区地方财政收入增长继续放缓。东部、中部、西部和东北地区全年实现地方一般预算收入 36 742.62 亿元、12 766.40 亿元、17 329.49 亿元和 5 776.16 亿元，同比分别增长 12.40%、16.12%、14.95% 和 8.77%，增速比上年分别低 1.31 个、4.88 个、3.01 个和 4.15 个百分点（图 6）。各地区地方财政收入增幅明显回落，主要是受经济增长趋缓、实施结构性减税、一般贸易进口增长放缓等因素影响。

各地区城乡居民收入继续增加。2013 年，城镇居民家庭人均可支配收入 26 955 元，比上年增长 9.7%，扣除价格因素实际增长 7%；农村居民人均纯收入 8 896 元，比上年增长 12.4%，扣除价格因素实际增长 9.3%。

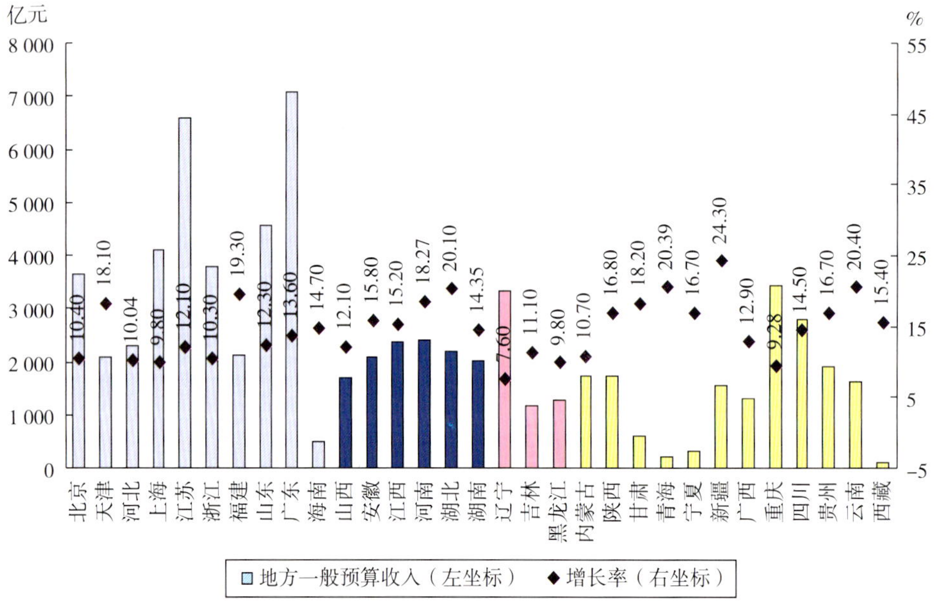

数据来源：全国各省（自治区、直辖市）统计局相关资料。

图 6　2013 年各省（自治区、直辖市）地方一般预算收入及增长率

（六）各地区商品房销售增速逐月回落，房地产开发投资稳定增长

2013 年，各地区商品房销售面积为 13.1 亿平方米，同比增长 17.3%，增幅逐月收窄，但仍比上年高 15.5 个百分点。商品房销售额 8.1 万亿元，同比增长 26.3%，增速比上年高 16.3 个百分点。房价同比上涨城市个数较年初明显增加，不同城市间房价变动差异较大。2013 年 12 月，全国 70 个大中城市中，新建商品住宅价格同比上涨的城市有 69 个，比 1 月增加 16 个，同比价格变动中，最高涨幅为 21.9%，最低降幅为 2.8%。

房地产开发投资稳定增长。2013 年，各地区完成房地产开发投资 86 013 亿元，同比增长 19.8%，增速比上年高 3.6 个百分点。房地产贷款增速回升。2013 年末，各地区主要金融机构（含外资）房地产贷款余额 14.6 万亿元，同比增长 19.1%，增速比上年末高 6.3 个百分点。房地产贷款余额占各项贷款余额的 21%，比上年末高 1.2 个百分点。房地产贷款新增额占各项贷款新增额的 28.1%，比上年末高 10.7 个百分点。

二、区域经济运行中值得关注的方面

（一）各地区经济发展稳中向好，经济增长内生动力有待增强

2013 年，各地区经济发展呈现稳中向好的态势，但经济稳定增长的基础尚不牢固，地区经济运行仍面临不少风险和挑战。一是经济运行仍存在下行压力。各地区普遍存在企业投资意愿不强，出口竞争加剧，部分行业产能过剩，战略性新兴产业发展低于预期，消费需求增长动力不足等问题。二是地区经济增长对投资的依赖度仍然较高。近年来地方主导的大规模融资建设模式进一步强化，在稳定了地区生产总值增长的同时，增大了经济运行中的潜在风险。高投融资模式以及资源过度向基础设施建设、房地产等领域集中，可能对其他经济主体尤其是中小企业形成挤出效应。三是宏观债务水平持续上升。政府性债务规模较大，地方政府性债务增长较快，地方政府债务偿还对土地出让收入的依赖度较高。部分地区和行业负债率过高，偿债压力较大。

专栏 2　产能过剩行业[①]信贷调查

近年来，安徽省有序推进淘汰落后产能工作，取得显著成效，但产能过剩问题仍比较突出，钢铁、水泥、平板玻璃、船舶、光伏等行业均存在产能利用不足问题。2013 年，安徽省结合辖区实际，制定了《关于化解产能严重过剩矛盾的实施意见》，进一步推进化解产能过剩工作。全省银行业机构也加强了对产能过剩行业信贷管理，按照“区别对待，有保有压”原则，重点支持高技术、高附加值、低消耗、低排放的新工艺和有产品市场的信贷需求，严格限制对产能落后、竞争力不强、产品需求不足的企业授信，对于不符合产业政策、市场准入条件、技术标准、项目资本金缺位的项目不予提供授信。产能过剩行业信贷调查情况如下。

一是贷款总量增速逐年放缓，表外授信规模增长较快，各行业贷款发放不均衡。截至 2013 年末，全省产能过剩行业贷款余额 403.36 亿元，同比增长 2.08%，增幅较上年同期下降 3.25 个百分点；银行承兑汇票余额 93.5 亿元，同比增长 12.81%。从投放行业看，平板玻璃、造船行业贷款增长较快，同比分别增长 83.05% 和 47.84%；煤化工、光伏制造行业贷款同比小幅增长 6.93% 和 2.61%；水泥、钢铁行业贷款同比分别下降 17.66% 和 7.36%。

① 此次排查的产能过剩行业包括钢铁、电解铝、水泥、煤化工、平板玻璃、造船、风电设备和光伏制造等。

从投放机构看，政策性银行（含国开行）产能过剩行业贷款增速较快，年末贷款余额合计为75.86亿元，同比增长61.81%。从投放企业规模看，年末大、中、小型企业贷款余额分别占产能过剩行业贷款总额的比重分别为64.72%、23.37%和11.81%。

二是贷款方式以保证、信用类贷款为主，抵（质）押类贷款占比有所上升。从贷款方式看，截至2013年末，全省产能过剩行业保证类和信用类贷款余额分别为207.85亿元和139.78亿元，占全部产能过剩贷款的比重分别为51.56%和34.67%；抵（质）押贷款余额55.48亿元，同比增长25.86%；占全部产能过剩贷款的比重为13.76%，较上年同期提高2.6个百分点。

三是信贷资产质量有所下滑。截至2013年末，全省产能过剩行业不良贷款余额为4.21亿元，较年初增加4 118.87万元。分行业看，光伏制造业不良贷款大幅上升、其他行业均有所下降。其中，光伏制造业年末不良贷款余额7 819.75万元，均为2013年新增。从贷款五级分类看，关注类、可疑类和损失类贷款余额较年初均有所增加，同比增速分别为19.38%、88.54%和63.49%。从贷款逾期情况看，逾期90天以上的贷款余额明显增加。年末产能过剩行业逾期贷款余额4.6亿元，同比增长15.48%。其中，逾期91天以上的余额为4.59亿元，同比大幅增长95.81%。此外，产能过剩行业银行承兑汇票风险敞口余额和展期贷款均有所增长，期末余额分别为66.06亿元和0.31亿元，同比分别增长17.69%和63.83%。

资料来源：《安徽省金融稳定报告（2014）》

（二）各地区工业生产形势稳定，但仍面临一些问题

2013年，东部、中部、西部和东北地区规模以上工业企业利润同比分别增长10.38%、16.19%、4.28%和15.45%，增速比上年高6.2个、11.41个、2.46个和14.1个百分点。全年规模以上工业企业产销率为97.8%，企业经营景气状况略有回升。但也有部分行业利润比上年减少，部分企业生产经营困难。一是部分出口企业竞争力亟待提升。从国际情况看，随着美国逐步退出量化宽松政策，全球经济运行中的不确定因素依然存在，出口面临的国际竞争将更为激烈。当前我国出口企业仍以低附加值环节生产为主，市场竞争力较弱。二是企业生产成本继续上升。2013年，各地区劳动力和资金等生产要素价格继续上涨，节能减排费用等支出进一步增加，使企业生产成本居高不下。三是部分产能过剩行业、企业亏损现象严重。钢铁、水泥、平板玻璃、船舶及光伏、风电设备等众多行业产能利用率明显不足，有些甚至低于50%。在此背景下，部分企业成本端承受的压力无法有效传导到销售端，企业亏损现象较为严重。

（三）各地区物价形势基本稳定，不确定因素仍然存在

当前，国内外经济较为平稳，货币环境比较稳定，工业生产能力充足，有利于各地区居民消费价格继续保持基本稳定。但也要注意到，农产品、服务业等领域的潜在价格上行压力依然存在。2013年，各地区农产品生产价格上涨3.2%，服务价格上涨2.9%，涨幅分别比上年扩大

0.5 个和 0.9 个百分点。房价整体仍在上涨，特别是一线城市房地产价格涨幅较高。2013 年 12 月，全国 70 个大中城市中，新建商品住宅同比价格涨幅最高达 21.9%，二手住宅同比价格涨幅最高为 19.7%，这可能向其他关联领域传导，增大成本压力。2013 年，我国工业生产价格降幅扩大，随着全球经济逐步复苏，主要经济体工业生产价格的变化也会对国内物价产生影响。

（四）各地区财政收入增幅回落，地方财政收支平衡压力加大

2013 年，各地区地方财政收入增长放缓，东部、中部、西部和东北地区地方一般预算收入增速分别比上年低 1.31 个、4.88 个、3.01 个和 4.15 个百分点。从财政支出结构看，各地区财政支出较多的主要是教育、社会保障和就业、农林水事务。民生相关刚性支出增长较快，增速较快的项目有城乡社区事务、社会保障和就业、节能环保支出。2013 年，东部、中部、西部和东北地区财政支出大于财政收入 10 302.76 亿元、12 625.51 亿元、20 211.18 亿元和 4 896.45 亿元，除东北地区外，东部、中部和西部地区财政收支缺口分别比 2012 年扩大 1 132.82 亿元、1 013.92亿元、923.50 亿元，地方财政收支平衡压力加大。各地区融资平台贷款余额仍处于高位，且贷款到期项目较为集中，地方财政的代偿压力较大。

专栏 3　地方财政收支结构性矛盾加深

一是地方财政运行对国家转移支付的依存度增大。2013 年，湖南省地方财政自给率仅为 43.8%，较 10 年前回落 3.0 个百分点，较 1998 年回落 13.5 个百分点，地方财政运转对上级转移支付的依赖程度呈扩大趋势。受当前全国财政收入整体形势欠佳的影响，2013 年中央对湖南省的各类转移性支付同比下降 5.3%，回落 29.3 个百分点，成为下拉当年公共财政支出增速的一个重要原因。

二是地方非税收入高增长不可持续。2013 年，全省非税收入 736.93 亿元，占全省地方财政收入的 36.3%，同比增长 9.1%，回落 47.1 个百分点，低于同期税收收入增速 5.7 个百分点。受国家全年 3 次集中出台政策清理收费项目的影响，全省共取消和免征 55 项行政事业性收费，加之 2012 年基数较高，使 2013 年非税收入增速骤降。

三是地方财政收支矛盾加深且面临偿还逾期债务压力。2013 年，全省地方公共预算收支差额为 2 604.61 亿元，较上年扩大 267.77 亿元。部分地市偿还地方政府性债务逾期债务的压力不断增大。如省内某市 1 年以内、1～3 年、4～8 年到期的债务分别为 15.66 亿元、41.35 亿元、34.29 亿元，其中六成以上需要以财政性资金偿还；截至 2013 年 11 月，该市已逾期地方政府性债务 60.36 亿元，占直接债务总额的比重达 37.1%，较 2012 年末提高 1.9 个百分点，偿债压力较大。

资料来源：《湖南省金融稳定报告（2014）》

第三部分　分行业的区域金融稳定状况

2013年以来，面对复杂多变的国内外经济金融形势，各地区金融业机构继续深化改革，推进业务创新和转型发展，改善和优化融资结构、信贷结构，更有力地支持经济结构调整和转型升级。

一、各地区银行业

2013年，各地区银行业总体运行平稳。银行业信贷保持合理增长，风险处于较低水平，经营效益保持平稳，服务理念进一步加强。

（一）区域银行业发展概况

1. 各地区银行业资产规模持续增长

截至2013年末，东部地区银行业总资产为83.35万亿元，同比增长12.59%，全国占比59.15%，总负债为80.52万亿元，同比增长12.44%，全国占比59.14%；中部地区银行业总资产为21.20万亿元，同比增长14.57%，全国占比15.05%，总负债为20.51万亿元，同比增长14.18%，全国占比15.06%；西部地区银行业总资产为26.65万亿元，同比增长15.96%，全国占比18.91%，总负债为25.75万亿元，同比增长15.66%，全国占比18.91%；东北地区银行业总资产为9.71万亿元，同比增长9.26%，全国占比6.89%，总负债为9.37万亿元，同比增长8.78%，全国占比6.89%（图7）。东部地区集中了全国50%以上的银行业资产，其中包括四大

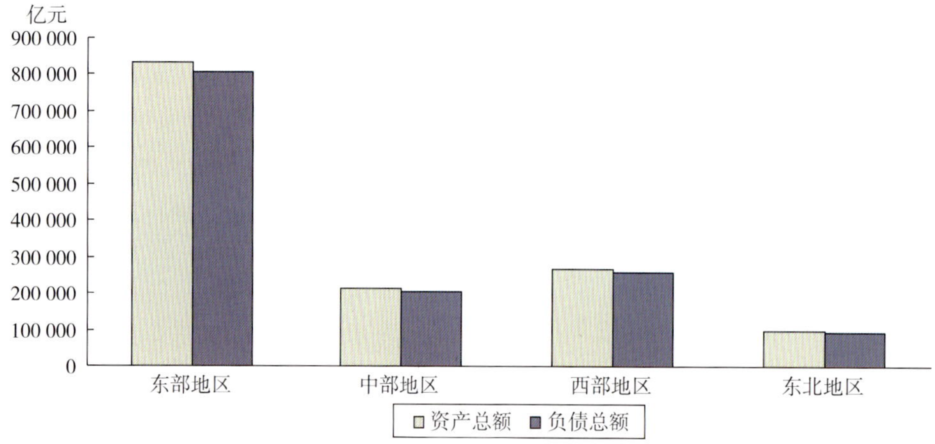

数据来源：中国人民银行各地分支机构相关资料。

图7　2013年各地区银行业金融机构资产负债总额

国有商业银行和股份制商业银行的总部以及大部分外资银行，银行业资产占全国比重较上年提高了1.19个百分点，占比明显回升。

2013年，各地区银行业资产增速均明显回落，东部、中部、西部和东北地区银行业资产增速分别回落4.44个、4.81个、5.23个和9.42个百分点。全国仅有3个省（区）的银行业金融机构资产增速超过20%，分别是贵州省、西藏自治区和福建省，资产增速达到29.04%、22.20%和20.20%（图8）。

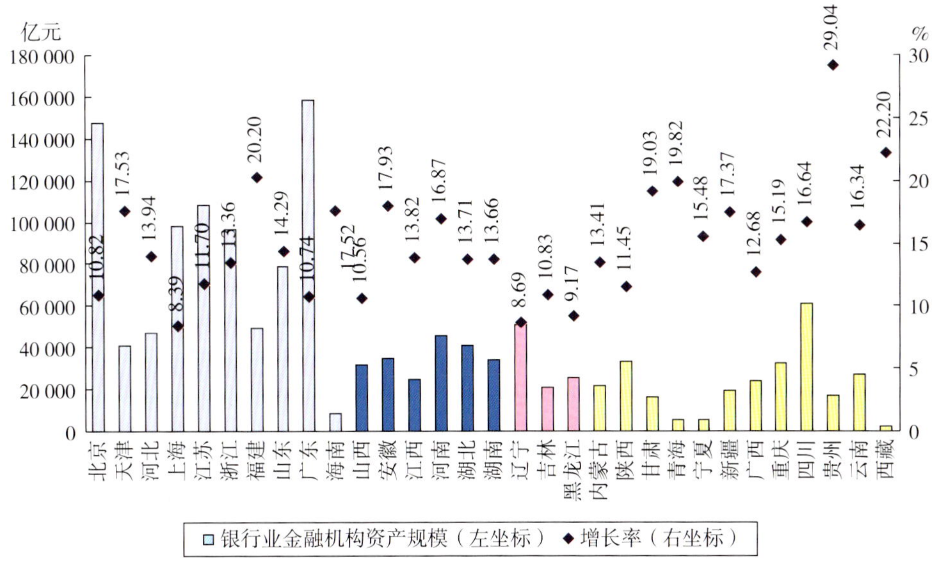

数据来源：中国人民银行各地分支机构相关资料。

图8　2013年各省（自治区、直辖市）银行业金融机构资产规模及增长率

2. 各地区银行业资产质量总体稳定

截至2013年末，东部、中部、西部和东北地区银行业不良贷款余额分别为4 950.04亿元、2 583.64亿元、1 913.51亿元和1 774.71亿元，不良贷款率分别为1.15%、2.32%、1.31%和3.39%。除东北地区不良贷款余额继续小幅下降外，东部、中部和西部地区不良贷款余额均有所上升。中部地区不良贷款率较上年上升0.01个百分点，东部、西部和东北地区不良贷款率继续下降。2013年末，商业银行（不含外国银行分行）加权平均资本充足率①为12.19%，比年初下降0.29个百分点；拨备覆盖率达到287%，比上年末下降8.48个百分点。

表3　全国各地区银行业金融机构不良贷款情况

项目	东部地区		中部地区		西部地区		东北地区	
	2013年	2012年	2013年	2012年	2013年	2012年	2013年	2012年
不良贷款余额（亿元）	4 950.04	4 494.60	2 583.64	2 221.79	1 913.51	1 818.20	1 774.71	1 816.38
不良贷款率（%）	1.15	1.17	2.32	2.31	1.31	1.46	3.39	3.96

数据来源：中国人民银行各地分支机构相关资料。

① 自2013年1月1日起，我国商业银行开始正式执行《商业银行资本管理办法（试行）》。

3. 各地区银行业盈利继续增长

2013 年，东部、中部、西部和东北地区银行业金融机构分别实现账面利润 10 557.21 亿元、2 933.49 亿元、4 105.71 亿元和 1 446.29 亿元（图 9），同比分别增长 11.60%、24.34%、24.40% 和 19.05%。2013 年末，各地区商业银行平均资产利润率和平均资本利润率分别为 1.3% 和 19.2%，分别比上年同期下降 0.01 个和 0.7 个百分点。影响银行业盈利的主要因素是银行资金成本上升压力较大，净息差水平总体向下。2013 年末，银行业金融机构净息差为 2.68%，同比下降 0.15 个百分点。中间业务收入比率 16.41%，比年初上升 1.82 个百分点。

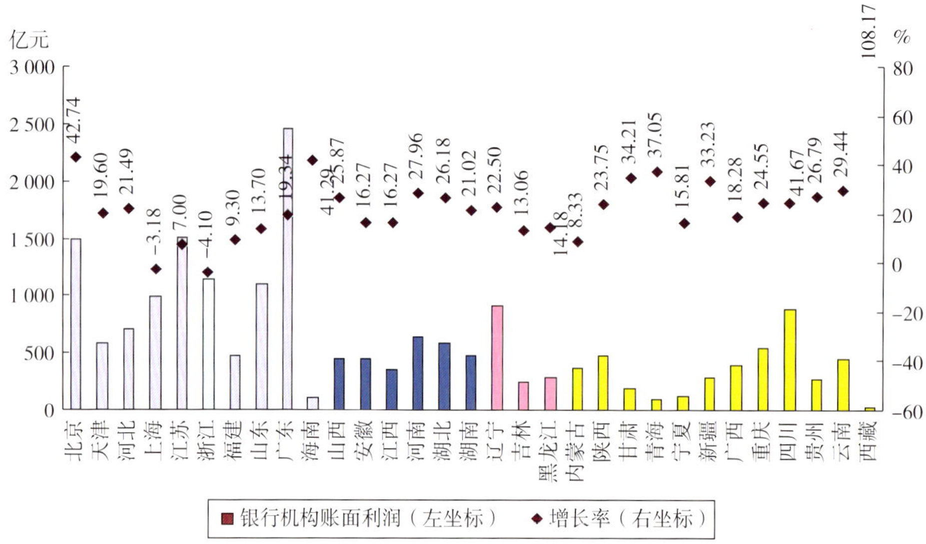

数据来源：中国人民银行各地分支机构相关资料。

图 9　2013 年各省（自治区、直辖市）银行机构账面利润总额及增长率

专栏 4　上海市银行业金融机构盈利结构分析

上海市银行业金融机构 2013 年内连续 11 个月同比负增长，利润增长明显放缓，增幅低于 2011 年（19.69%）、2012 年（7.23%）；净利润占全国的比重为 5.76%，低于 2011 年（7.7%）、2012 年（6.88%）；拨备前利润总额 1 494.63 亿元，同比增长 12.6%，比 2012 年同期上升 2.46 个百分点。

（一）存贷款净利息收入同比负增长

全年银行业金融机构存贷款净利息收入 1 040.96 亿元，同比减少 4.39%，比 2012 年同期下降 12.42 个百分点。其中存款利息支出 1 396.23 亿元，同比增长 8.02%，比 2012 年同期下降 23.52 个百分点；贷款利息收入 2 437.19 亿元，同比增长 2.35%，比 2012 年同期下降 17.28 个百分点。2013 年末，净利差 4.01%，比年初下降 0.09 个百分点。

（二）同业往来收入及支出增速放缓

2013 年，市场流动性在遭遇监管趋严及“钱荒”的双重考验之后，机构去杠杆化趋势

明显，年末同业资产的比重为12.79%，比年初下降1.23个百分点，同业业务收入相应减少。2013年末，金融机构往来利息收入675.38亿元，同比增长12.74%，比2012年同期下降5.62个百分点；金融机构往来利息支出727.06亿元，同比增长9.31%，比2012年同期下降11.59个百分点。

（三）手续费及佣金收入上升

继2012年规范服务收费等政策影响逐渐缓释后，2013年上海银行业新兴中间业务的发展和交叉领域产品快速拓展，业务结构呈多元化趋势，投资银行业务、理财业务、代销业务、电子银行业务增长较快。2013年，上海市银行业机构手续费及佣金净收入432.85亿元，同比增长26.53%，比2012年同期上升15.08个百分点。中间业务收入比率为19.95%，比年初上升1.64个百分点。

（四）投资收益平稳增长

2013年，上海市银行业金融机构投资收益262.63亿元，同比增长22.98%，增速同比下降1.23个百分点。其中，债券投资收入181.57亿元，同比增长20.12%；其他投资收益62.15亿元，增长37.32%。

（五）资产利润率整体略升，银行间出现分化

2013年，上海市银行业金融机构资产利润率（税前利润）为1.59%，比2012年上升0.04个百分点。其中，大型商业银行资产利润率1.73%，同比上升0.18个百分点；股份制银行资产利润率1.42%，同比下降0.08个百分点；城市商业银行资产利润率1.11%，同比持平；外资银行资产利润率0.87%，同比下降0.24个百分点。

（六）成本收入比下降，各机构控制力度不一

2013年，上海市银行业金融机构成本收入比为30.29%，同比下降1.27个百分点，成本开支得到有效压缩。其中，业务及管理费用（不含工资薪金）占营业支出的45.38%，工资薪金支出占营业支出的32.87%，业务及管理费用（不含工资薪金）与工资薪金支出分别同比增长10%、8.1%，增速同比分别上升4.4个百分点和下降7.03个百分点。各机构成本控制力度不一，大型商业银行成本收入比27.89%，同比下降3.69个百分点；股份制商业银行30.98%，同比上升1.46个百分点；城市商业银行36.43%，同比下降1个百分点；外资银行47.14%，同比上升5.09个百分点。

资料来源：《上海市金融稳定报告（2014）》

4. 各地区银行业存款增长总体平稳，贷款保持较快增长

截至2013年末，东部、中部、西部和东北地区金融机构本外币各项存款余额分别为60.72万亿元、16.92万亿元、20.12万亿元和7.26万亿元，同比分别增长12.96%、15.34%、15.83%和12.28%，分别比上年下降1.36个、2.78个、2.6个和4.04个百分点。从人民币存款部门分布看，住户存款增长有所放缓，非金融企业存款增速总体回升。年末金融机构住户存款同比增长13.6%，增速比上年末低3.1个百分点。非金融企业人民币存款同比增长10.4%，增速比上年末高2.5个百分点。

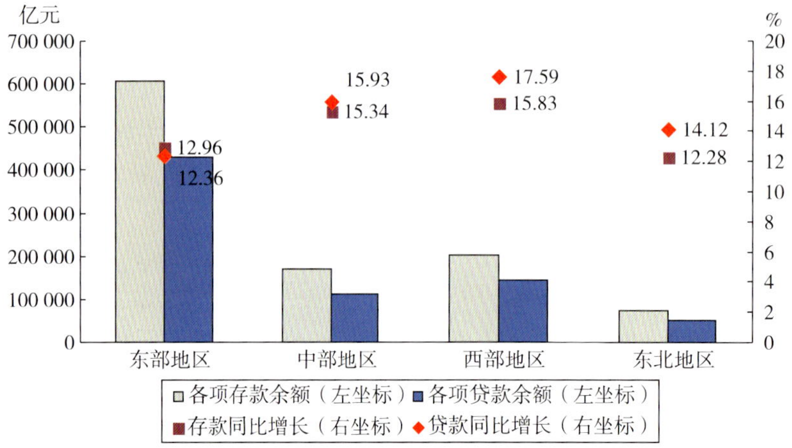

数据来源：中国人民银行各地分支机构相关资料。

图 10　2013 年各地区存贷款余额及增长率

各地区贷款平稳较快增长。截至 2013 年末，东部、中部、西部和东北地区金融机构本外币各项贷款余额分别为 43.16 万亿元、11.14 万亿元、14.60 万亿元和 5.23 万亿元，同比分别增长 12.36%、15.93%、17.59% 和 14.12%。从贷款结构看，住户贷款增长较快，非金融企业及其他部门贷款相对平稳。人民币住户贷款同比增长 23.1%，增速比上年末高 4.5 个百分点。其中，个人住房贷款比年初增加 1.6 万亿元，同比多增 7 204 亿元。非金融企业及其他部门贷款同比增长 11.1%。分机构看，中资全国性大型银行①、中资全国性中小型银行②与小型农村金融机构贷款同比多增较多。

截至 2013 年末，东部、中部、西部和东北地区中长期贷款余额分别为 22.33 万亿元、6.27 万亿元、9.48 万亿元和 2.97 万亿元，同比分别增长 14.74%、14.47%、14.56% 和 11.91%（表 4）。除东北地区增速小幅下降 0.23 个百分点外，东部、中部和西部地区增速分别比上年上升 8.32 个、1.01 个和 2.84 个百分点。新增中长期贷款占比上升。东部、中部、西部和东北地区新增中长期贷款占全年新增本外币贷款的比例分别为 51.97%、52.49%、56.80% 和 47.11%，除东北地区较上年下降 0.42 个百分点外，东部、中部和西部地区分别较上年上升 6.44 个、8.15 个和 11.32 个百分点。

表 4　全国各地区银行业金融机构中长期贷款情况

项目	东部地区		中部地区		西部地区		东北地区	
	2013 年	2012 年	2013 年	2012 年	2013 年	2012 年	2013 年	2012 年
中长期贷款余额（亿元）	223 267.79	194 580.72	62 744.60	54 811.67	94 779.20	82 730.51	29 730.87	26 566.14
增长率（%）	14.74	6.42	14.47	13.46	14.56	11.72	11.91	12.14

数据来源：中国人民银行各地分支机构相关资料。

① 中资全国性大型银行是指本外币资产总量超过 2 万亿元的银行（以 2008 年末各金融机构本外币资产总额为参考标准）。
② 中资全国性中小型银行是指本外币资产总量小于 2 万亿元且跨省经营的银行。

5. 各地区银行业改革深入推进

中国农业银行"三农"金融事业部改革扎实推进。2013 年 10 月，经国务院批准，中国农业银行江苏、浙江、湖南、云南、江西、陕西、广东 7 个省、538 个县的县域支行纳入到深化"三农"金融事业部改革试点范围。改革试点范围扩大后，试点行的业务量及利润额占农业银行整体县域支行的比例从 40% 提升至 80% 左右，对试点地区"三农"和县域经济发展起到了重要的推动作用。

资产管理公司转型改制工作稳步推进。中国信达资产管理股份有限公司于 2013 年 12 月在香港上市，是第一家实现上市的全国性金融资产管理公司，标志着金融资产管理公司股份制改革和商业化转型取得阶段性成果。

专栏 5　甘肃省金融资产管理公司稳步推进商业化转型

1999 年，为应对亚洲金融危机、防范和化解金融风险，确保更好收购处置国有商业银行不良资产，促使国有企业改革脱困，国务院决定设立中国华融、长城、东方、信达金融资产管理公司。2000 年上半年，中国华融、长城、东方、信达金融资产管理公司在甘肃分支机构先后成立，以"确保国有资产保值增值、最大化提升资产价值"为主要使命，负责甘肃、青海、宁夏、新疆等省区的不良资产经营、管理、处置和商业化业务拓展。四家金融资产管理公司正确运用国家赋予的特殊职权，积极协调地方政府及有关企业，综合采用债务重组、资产拍卖、破产清偿、债权转让、商业性债转股等多种方式，全力做好政策性和商业性不良资产的管理与处置工作。截至 2013 年 6 月末，四家金融资产管理公司在甘肃机构共处置不良资产 451.21 亿元，其中，政策性资产 223.16 亿元，可疑类资产 139.76 亿元，损失类资产 88.29 亿元；累计回收现金 88.95 亿元。

2006 年以来，四家资产管理公司在甘肃分支机构已陆续完成财政部核定的不良资产处置目标，各分支机构按照总公司可持续发展战略，积极稳妥地推进商业化转型，开始由单一不良资产处置的政策性金融机构向市场化的现代金融企业转变。目前，华融已成功为甘肃、青海、宁夏三省各类金融机构和企业提供了资产管理、融资租赁、信托财务、投资（增信）及中间业务等多元化商业业务 140 项；长城全力打造"专业的金融资产管理服务商"和"优秀的中小企业综合金融服务商"两大品牌，通过融资增信、融资租赁、融资担保、融资咨询、股权投资五大业务模块为中小企业提供综合金融服务，采取"收购 + 投行业务"的服务模式，帮助大型重点企业融资、收购不良贷款，支持其做强做大；东方和信达通过商业化收购不良资产包、买断政策性剩余资产、金融机构和非金融机构资产等多种形式，全方位地开展商业化业务。

甘肃省金融资产管理公司在商业化转型有序推进的同时，在实践过程中也面临着一些瓶颈，制约其商业化业务的快速发展。一是宣传力度不够，品牌影响力不强。目前，资产管理公司仍处于商业化转型的初期阶段，规模小、实力弱、竞争力不强、市场份额不大，加上社会公众对银行信贷融资方式过于倚重，金融资产管理公司自我宣传力度不够，对其社会认知度较低，许多金融服务功能尚未完全体现出来，品牌影响力不强。二是经济发展水平与业务要求存在偏差。甘肃整体经济发展规模较小，实体经济的附加值较低，规模大、效益高、承载力强的企业极少，在与投行业务的对接上存在一定偏差。优质客户资源稀缺、市场化盈利基础薄弱，进一步限制了商业化业务的长足发展。三是缺乏专业化的投资融资等业务人才。全省四家金融资产管理公司员工平均年龄在45岁以上，中级职称以上人员占42%。员工年龄整体偏大，专业知识结构不够优化，距进一步拓展商业化业务的专业要求还有差距。

资料来源：《甘肃省金融稳定报告（2014）》

各地区农村信用社改革成果显现，可持续发展能力显著增强。按照贷款五级分类口径统计，2013年末，全国农村信用社不良贷款比例为4.1%，比上年末下降0.4个百分点；资本充足率为12.5%，比上年末提高0.7个百分点。全年实现利润1 962亿元。产权制度改革稳步推进。截至2013年末，全国各地区共组建以县（市）为单位的统一法人农村信用社1 690家，农村商业银行468家，农村合作银行122家。农村金融服务水平明显提升。2013年末，各地区农村信用社涉农贷款余额和农户贷款余额分别为6.2万亿元和3万亿元，比上年末分别增长16.4%和14.5%。

6. 各地区金融支持和服务实体经济效率提高

各地区金融机构对小微企业和“三农”的信贷支持保持了较强力度。2013年末，金融机构小微企业人民币贷款余额同比增长14.2%，比同期各项贷款增速高0.1个百分点；全年新增小微企业贷款2万亿元，同比多增3 576亿元。2013年末，本外币涉农贷款余额同比增长18.4%，比同期各项贷款增速高4.5个百分点；全年新增涉农贷款3.39万亿元，同比多增3 806亿元。

中国人民银行认真贯彻中央经济工作会议和国务院关于金融支持实体经济发展指导意见的有关精神，继续发挥支农再贷款、再贴现、存款准备金率在引导信贷结构优化方面的作用，整合金融资源支持小微企业发展。2013年共有21家商业银行发行金融债券1 100亿元专项用于支持小微企业。大力推进农村金融产品和服务方式创新，加大对“三农”领域的信贷投入，服务现代农业发展。

（二）区域银行业发展中需关注的方面

1. 地方法人金融机构流动性管理难度加大

2013年，银行体系流动性管理面临的形势较为复杂。这一方面与主要经济体政策预期变化、资本流动方向多变的外部环境有关，另一方面则是银行资产扩张及金融产品创新加大了对流动性的需求。金融机构在利润压力、监管套利等因素作用下，利用同业、理财等短借长贷，资产负债结构对利率风险敞口较为敏感，对货币市场高度依赖，也是加剧流动性波动的重要原因。各地区中小法人金融机构流动性管理难度加大，部分机构流动性趋紧，流动性比例和存贷比季末波动特征明显。

为进一步加强和改善银行体系流动性管理，中央银行创新短期流动性调节方式。2014年1

月，中国人民银行在北京、江苏、山东、广东、河北、山西、浙江、吉林、河南、深圳开展分支机构常备借贷便利操作试点，主要解决符合宏观审慎要求的地方法人金融机构流动性需求，完善中央银行对中小金融机构提供正常流动性供给的渠道。

2. 部分地区商业银行不良资产有所上升

截至2013年末，东部、中部和西部地区不良贷款余额分别比上年增长10.13%、16.29%和5.24%，长三角地区的不良贷款余额较上年大幅增长了27.57%。一方面，由于银行是亲经济周期的行业，宏观经济增速放缓会对商业银行的盈利水平、资产质量等产生直接影响；另一方面，受国内外需求疲软影响，部分区域制造业、外向型行业经营压力加大，结构性产能过剩矛盾突出，影响银行贷款质量，使不良贷款呈现“区域集聚、行业集群”的特点。新增不良贷款主要来自市场经济较活跃、中小企业较密集、外向型程度较高的长三角及珠三角地区，同时逐渐向山东、福建等沿海地区蔓延。结构性产能过剩矛盾突出，钢贸、光伏、船舶等产能过剩行业成为不良贷款增长的高发行业。

3. 各地区银行业机构部分创新业务过快发展潜藏风险

近年来，各地区银行业机构同业、表外、理财等业务加速发展，规模持续上升。这些业务的快速发展既是商业银行管理流动性、增加收益的重要手段，也在一定程度上更好地满足了实体经济的融资需求以及企业和居民的投资需求。但是这些业务规模的过快增长潜藏着风险，一是部分银行机构利用这些业务的特点规避相关金融监管的规定，甚至将资金投向限制性行业和领域，博弈国家宏观调控政策。二是这些业务普遍透明度较低，会计核算不规范，进一步加大了风险监测和监管难度。三是部分银行业机构通过较低成本借入短期资金，投资于期限长、收益高的项目和资产，资产负债期限错配问题严重，流动性风险上升。四是这些业务快速发展，导致各类金融机构间的联系更为紧密、复杂，一旦某个环节出现问题，易引发风险的交叉传染。

4. 各地区银行业面临的信息科技风险上升

随着信息科技的快速发展，商业银行的经营发展对信息科技系统的依赖日益加深，信息科技风险防范日趋重要。从短期看，部分商业银行在信息科技系统制度设计、管理方面存在安全隐患。各种故障导致的金融服务中断事件时有发生，直接对商业银行部分网点的正常经营产生冲击。电子银行、业务外包等领域的风险有所上升，网络支付安全面临多重威胁，商业银行科技风险治理能力、关键技术和防护水平亟待提升。从长远看，金融机构使用的信息技术产品和服务过度依赖国外厂商，且缺少必要的风险防范措施。各地区商业银行亟待加快建设自主、安全、可控的信息科技系统。

5. 银行业机构市场风险管理更趋复杂

2013年，利率市场化步伐加快，互联网金融快速发展，在推动银行业改革的同时，对其经营也带来挑战，盯防市场风险的重要性日益突出。一是贷款利率放开以及存款利率浮动空间的扩大，使银行业机构传统的盈利模式受到影响。二是利率市场化的稳步推进，对银行的资产负债管理、市场风险管理、流动性管理提出更高要求。三是互联网金融分流了银行业机构的部分传统业务，增加了银行业机构经营压力，其快速发展倒逼银行传统业务持续革新。

二、各地区证券业

2013 年，各地区境内上市公司总市值略有增长，直接融资规模有所下降；股票交易活跃，融资融券业务大幅增长。证券机构资产规模进一步扩大，经营收入明显好转。多层次资本市场建设进一步完善，证券行业基础制度建设成果显著，业务创新和制度规范协同发展。

（一）区域证券业发展概况

1. 股票市场交易活跃，期货市场快速发展

2013 年，沪、深股市经历持续的震荡下行。2 月，上证综指、深证成指分别达到年内最高 2 444. 8点和 10 057. 97 点，之后一路下跌，年末分别收于 2 115. 98 点和 8 121. 79 点，较最高点跌幅达到 13. 45% 和 19. 25%，与上年末收盘价相比，则分别下跌 6. 75% 和 10. 91%。但 2013 年创业板指数大幅上扬，不断创新高，年末收于 1 304. 44 点，同比上升 82. 72%（图 11）。沪深两市的股票总市值略有增长。2013 年末，沪深两市股票总市值为 23. 91 万亿元，同比增加8 719. 57 亿元，增幅为 3. 79%。从成交金额看，沪深两市全年累计成交 46. 35 万亿元，同比增长 49%；创业板增幅更大，全年累计成交 5. 1 万亿元，同比增长 119. 6%。

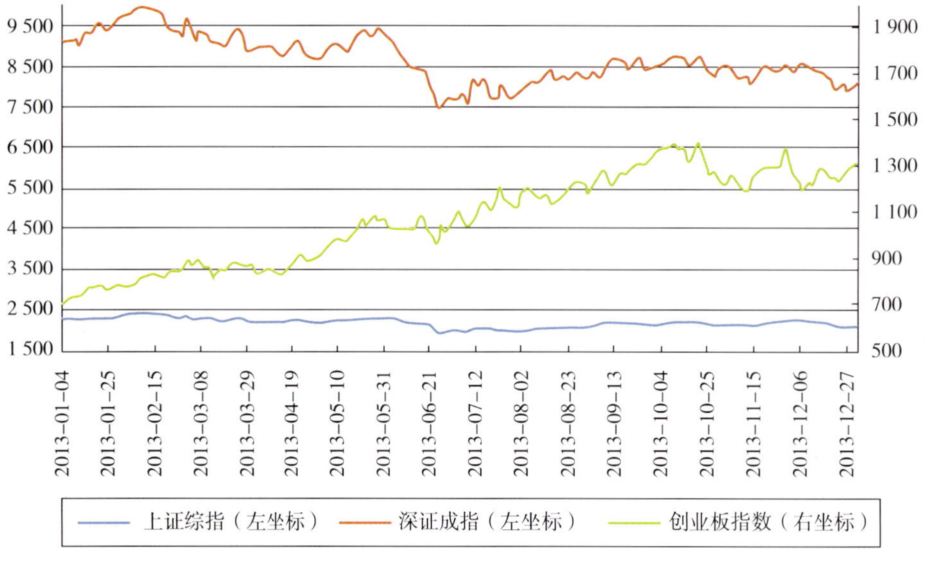

数据来源：Wind 资讯。

图 11　2013 年沪深指数和创业板指数走势图

2013 年基金业总体发展平稳。截至年末，基金管理公司共管理公募基金 1 553 只，基金总份额为 3. 12 万亿份，同比下降 1. 66%，但总资产净值有所上升，为 2. 93 万亿元，同比增长 4. 76%。单位基金平均净值从上年末的 0. 89 元上升到 0. 94 元，同比增长 5. 62%。从地区分布来看，全国的基金公司主要集中在东部的北京、上海、广东三地，东部地区的基金业务量在全国占比为 99. 4%。

2013 年，中国商品期货市场交易活跃，成交量及成交额显著增加，均创历史新高。全年商

品期货累计成交量为18.68亿手，累计成交额为126.47万亿元，同比分别增长38.86%和32.73%。股指期货持仓量、成交量也稳步增加，截至2013年末累计开户16.48万户，全年累计成交1.93亿手，同比增长83.91%，累计成交额140.70万亿元，同比增长85.52%。5年期国债期货于9月6日挂牌上市，截至年末累计成交32.88万手、金额3 063.89亿元。

2. 境内股票市场融资规模有所下降，新股发行暂停

2013年，各地企业在境内股票市场融资规模有所减少，全年共发生291例股票融资，募集资金2 802.76亿元，同比减少10.38%。由于IPO暂停，增发、配股等再融资方式成为股票市场融资唯一途径，2013年增发融资出现了大幅增长。全年共完成276例增发融资，通过公开增发和定向增发（现金）方式募集资金2 327.01亿元，占融资总额的83.03%，同比增长17.99%。从地区分布来看[①]，东部地区在境内股票市场融资金额为1 983.74亿元，占全国的49.28%，明显高于其他地区；中部、西部和东北地区融资金额分别为680.60亿元、1 117.53亿元和248.83亿元，占比分别为16.91%、27.76%和6.06%（图12）。

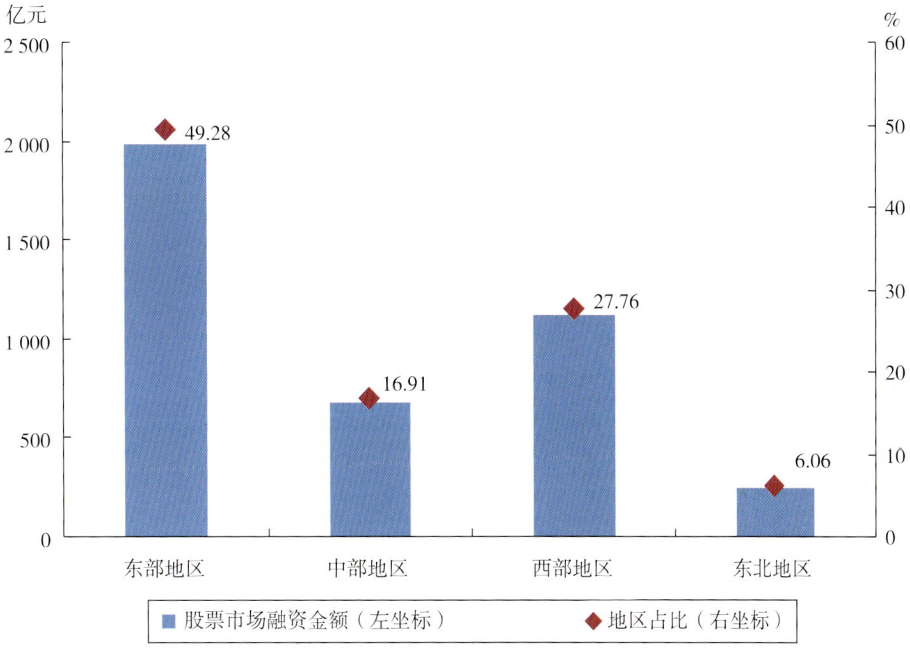

数据来源：Wind资讯。

图12　2013年境内股票市场融资规模区域分布图

2013年各地区企业在债券市场融资64 574.89亿元，同比下降0.07%。分地区来看，东部、中部、西部和东北地区分别在债券市场融资53 526.85亿元、4 697.05亿元、4 869.53亿元、1 481.47亿元，各地区占全国的比重分别为82.89%、7.27%、7.54%和2.29%，东部地区占比优势明显。

3. 证券业机构区域分布不平衡，经营状况较上年有明显好转

证券业机构地区发展不平衡的现象依然存在。2013年，东部地区证券业金融机构数量进一

① 数据来源：Wind资讯。

步增加，法人证券公司、基金公司和期货公司合计达279家，其他3个地区合计仅有79家（表5）。

表5　全国各地区证券公司、基金公司和期货公司数量　单位：家

公司类型	东部地区		中部地区		西部地区		东北地区	
	2013年	2012年	2013年	2012年	2013年	2012年	2013年	2012年
法人证券公司	79	78	12	12	18	18	6	6
基金管理公司	87	70	0	0	2	2	0	1
期货公司	113	115	13	17	17	15	11	13
合计	279	263	25	29	37	35	17	20

数据来源：全国各省（自治区、直辖市）证监会派出机构相关资料。

各地区法人证券公司的资产规模继续扩大，营业收入和利润水平大幅提升。东部、中部、西部和东北地区法人证券公司资产总额分别为16 946.41亿元、1 653.34亿元、1 732.44亿元和472.18亿元，同比分别增长22.25%、15.09%、16.03%和22.12%（图13）；东部、中部、西部和东北地区法人证券公司的营业收入分别是1 265.31亿元、137.47亿元、162.12亿元和24.99亿元，同比分别增长21.19%、35.44%、25.83%[①]和8.65%；东部、中部、西部和东北地区法人证券公司的净利润则分别达到351.74亿元、41.87亿元、40.61亿元和5.95亿元。

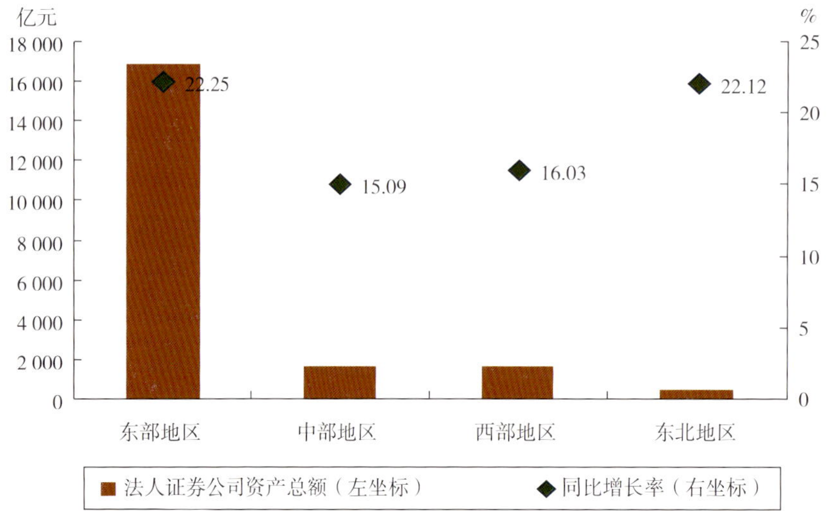

数据来源：全国各省（自治区、直辖市）证监会派出机构相关资料。

图13　2013年各地区法人证券公司资产规模变化情况

2013年，期货公司资本实力有所提高，并购和增资扩股事件增加。截至2013年末，全国期货公司总资产（不含客户资产）达到629.89亿元，净资产522.14亿元，净资本439.37亿元，同比分别增长14.24%、14.34%和5.38%；全年实现营业收入183.04亿元，同比增长7.30%，

① 数据来源：全国各省（自治区、直辖市）证监会派出机构相关资料。

净利润35.49亿元，同比下降0.50%。期货公司海外并购迈出步伐，广发期货有限公司的全资子公司——广发期货香港公司收购了法国外贸银行所持英国NCM期货公司100%的股权，是中资背景期货公司海外并购的第一单。

4. 区域性股权市场快速发展，多层次资本市场建设取得新进展

截至2013年末，中国正式开业的区域股权交易市场已达19家，其中，2013年新增8家区域股权交易中心；累计挂牌企业数量约为5 868家，约为中国主板市场上市公司数量总和的2.35倍。其中深圳前海股权交易中心挂牌企业数量最多，已达到2 706家。

中小企业股份转让系统开始全国范围的正式运行。2013年初全国中小企业股份转让系统正式挂牌，6月国务院决定将全国中小企业股份转让系统试点扩大至全国。《全国中小企业股份转让系统业务规则（试行）》《全国中小企业股份转让系统投资者适当性管理细则（试行）》《全国中小企业股份转让系统挂牌公司信息披露细则（试行）》《全国中小企业股份转让系统主办券商管理细则（试行）》等配套规则陆续发布。12月国务院发布《关于全国中小企业股份转让系统有关问题的决定》，对全国中小企业股份转让系统的功能定位、转板制度建立、行政许可制度简化、投资者适当性管理及监管协作等方面作了规定。全国中小企业股份转让系统的推出，标志着多层次资本市场建设取得新进展。

机构间市场初具雏形。2013年9月，机构间私募产品报价与服务系统上线。各柜台市场试点证券公司可通过报价系统在线报送柜台市场业务信息。

专栏6　区域性股权交易市场发展状况

自2008年9月我国第一家区域性股权交易所——天津股权交易所成立以来，东部地区的区域性股权交易市场发展总体走在全国前列，在注册主体、规模水平、市场融资、服务能力等方面取得了长足发展。

一、注册主体不断增长、覆盖地域涉及行业扩大

截至2013年底，在7省（市）[①] 共注册有从事股权交易的交易所8家。与其开展合作的保荐机构、报价商、会计师事务所、律师事务所等中介服务机构达1 500余家；挂牌企业超过3 100余家，覆盖了全国大部分省、自治区和直辖市，涉及制造业、批发和零售业、农林牧渔业等多个行业和领域。

二、市场交易活跃、融资能力增强

各交易市场依靠专业机房和安全系统及独立的电子化交易平台，为投资人提供了实时交易信息，同时提供了委托查询、持仓情况、历史成交记录、资金明细及银行转账等便利，促进了交易市场的活跃度。截至2013年12月末，7省（市）市场累计总成交量为93.04亿股，累计总成交金额188.4亿元，总市值达1 420.02亿元。同时，挂牌企业实现各类融资合计931.35亿元，利用直接融资带动间接融资753.20亿元。

① 7省（市）指：上海市、天津市、山东省、福建省、浙江省、江苏省、深圳市。

三、交易制度日趋完善、市场监管进一步优化

各交易市场基本形成了集合竞价、非公开发行、报价商报价以及协商定价等适合自身发展的定价制度，增强了对投资者的吸引力。交易模式普遍采取T+5，符合国务院相关文件规定要求。同时，各交易市场都制定了盘中交易监管工作流程，加强交易行为监督及交易异常情况的处理。

资料来源：中国人民银行天津分行金融稳定处执笔

5. 基础制度建设成果显著，业务创新与制度规范协同发展

2013年，股票市场的制度建设继续推进。股票发行方面，11月中国证监会发布《关于进一步推进新股发行体制改革的意见》，启动第四轮新股发行体制改革。12月中国证监会修订并发布《证券发行与承销管理办法》，落实新股发行体制改革要求。股票市场产品线进一步丰富，9家证券公司首批正式推出股票质押回购业务。11月国务院发布《关于开展优先股试点的指导意见》，决定开展优先股试点。优先股的推出，有利于拓展企业补充资本的渠道，加快发展直接融资，推动企业兼并重组，同时为投资者提供多元化投资渠道。

2013年，证券行业业务模式和资本市场产品创新力度依然较大，但针对创新的各项配套制度也逐步完善，力求在规范中创新和发展。第一，对证券公司大资管业务的规范。3月中国证监会正式发布了《证券公司资产证券化业务管理规定》，证券公司资产证券化业务由试点业务开始转为常规业务。6月中国证监会修订《证券公司客户资产管理业务管理办法》、《证券公司集合资产管理业务实施细则》，进一步规范了证券公司资产管理业务的发展。第二，对证券经纪业务方面的创新和规范。中国证监会公布《证券公司分支机构监管规定》，取消了证券公司营业网点的数量限制；中国证券业协会发布《证券公司开立客户账户规范》，允许证券公司客户通过网上、见证等非现场方式开户。第三，鼓励证券公司开展资产托管业务。3月中国证监会公布了《证券公司资产托管业务试行规定（征求意见稿）》，向社会公开征求意见，拟允许符合条件的证券公司开展资产托管业务，托管范围包括但不限于股票、债券及金融衍生品、贵金属等。第四，推行转融通业务并试点转融券业务，融资融券业务持续大幅增长。截至2013年末，融资融券余额达到3 465.47亿元，较2012年末的895亿元提高了2.9倍。

2013年，期货行业创新步伐加快，制度建设成果丰硕。一是5年期国债期货挂牌上市。中国金融期货交易所建立了国债期货相关的业务规则体系，发布实施《5年期国债期货合约》、《5年期国债期货合约交易细则》，完成了交割业务操作协议及备忘录签署工作，为国债期货上市及平稳运行提供了制度保障。二是对股指期货相关的业务规则进行了完善。修订《中国金融期货交易所交易规则》、《中国金融期货交易所结算细则》等10余项业务规则，新制定《沪深300股指期货合约交易细则》和《期货公司会员资格管理业务指引》2项业务规则。三是中国期货业协会发布《期货公司设立子公司开展以风险管理服务为主业务的试点工作指引》。20家期货公司风险管理子公司完成备案，13家公司陆续开展仓单服务、基差交易、合作套保、定价服务等新业务。四是中国证监会发布《关于修改〈期货公司风险监管指标管理试行办法〉的决定》，公布《关于期货公司风险资本准备计算标准的规定》。自2013年7月1日起，期货公司应按照相关要

求完善以净资本为核心的风险监管指标管理制度，确保公司的稳健经营。

基金业方面，修订后的《基金法》于 2013 年 6 月 1 日正式施行，基金业在市场准入、投资范围、业务运作等方面面临更宽松的环境，基金管理公司创新发展成效显著。货币市场基金与互联网合作创新，支付宝网络技术公司与天弘基金管理公司合作推出的余额宝，成为国内客户数最多和保有规模最大的基金。债券交易型开放式指数基金（ETF）、黄金 ETF、浮动管理费率基金、目标收益触发式基金、定期支付基金、绝对收益基金等创新产品推出。

（二）区域证券业发展中需关注的方面

1. 证券公司部分跨行业通道业务潜藏风险

金融行业综合经营和业务交叉的趋势日渐明显，相关行业之间相互提供“通道”现象突出。其中，证券公司部分资产管理业务以“通道”形式为其他金融机构提供套利渠道，隐含一定的风险。一是定向资管业务存在监管套利现象。部分定向资管业务帮助银行将表内贷款转为同业资产，规避风险拨备计提要求，减少资本占用的同时扩大业务规模，但整体风险提高。二是部分资金投向限制行业。自监管部门加强银行业金融机构对政府融资平台和房地产开发贷款的控制以来，券商定向资管成为这类限制行业的融资新渠道。三是业务交叉放大整体杠杆率。不同机构间的业务合作提高了整个金融体系的综合杠杆，隐含系统性风险。四是同业补充协议潜藏法律风险。券商在开展通道业务的同时，都会要求发起银行出具远期回购或担保承诺等风险兜底协议，这些承诺协议法律效力存在争议，一旦发生违约风险可能产生纠纷。

2. 证券业流动性风险需予以关注

2013 年，证券公司业务创新力度加大，融资融券业务快速增长，股票质押回购业务推出，证券公司流动性管理难度加大。同时，证券公司通过各类融资工具融入资金，积极推动负债类业务创新，放大经营杠杆，使证券公司面临的流动性风险随之增长。从证券公司融资结构来看，主要为银行间同业拆借、银行间债券回购交易、债券质押式报价回购、短期融资券等期限较短的负债，而近年来发展迅速的证券公司信用类业务，资产期限通常在三个月以上甚至长达一年，期限错配风险较大。此外，互联网金融和货币市场基金的结合，使投资者对货币市场基金的申购和赎回速度要求不断提高，货币市场基金的流动性风险也正在加大。

3. 区域性股权交易市场缺乏有效监管

近年来，各地区的区域性股权交易市场快速发展过程中存在着一些问题值得关注。一是目前我国对场外股权交易市场无法律层面的规范与界定，市场发展缺乏明确的政策支持。并且区域性股权交易市场至今没有被纳入资本市场监管体系中，尚未形成有效的检查、监督和管理机制。二是融资功能相对偏重债权融资。部分企业通过第三方连带保证方式在股权交易中心发行私募债进行融资，融资企业仍面临较大的债务偿还压力。一旦个别发债主体发生违约，可能引发债券市场的信誉风险和连锁反应。三是区域性股权交易市场过于分散。各地区域性股权市场在市场运作机制、挂牌企业准入门槛等方面的差异较大，彼此之间交易信息闭塞，难以形成资源共享，优化配置资源功能未能得到充分发挥。

4. 期货公司业务同质化，盈利能力低，抗风险能力弱

一是期货公司业务同质化程度较高。大部分期货公司以经纪业务为主，收入主要依靠佣金。

目前偏低的手续费难以支持期货行业的持续发展和服务能力提升。虽然个别期货公司获得了资产管理业务资格，但业务并无多少特色，主要还是模仿银行、券商、信托等机构的产品，对投资者吸引力不足。二是在经纪业务收入大幅下滑的背景下，期货公司在交易所的保证金结息成为收入主要来源，对季度结息依赖较重，加大了期货公司与利率变动的联结风险。三是部分期货机构的合规经营意识和风险处置能力有待进一步加强，部分经营机构对居间人依赖度过高，一再压低手续费，提高返佣比例，自身利益受损，也带来合规风险隐患。

5. 证券业信息系统安全问题需高度重视

目前证券期货市场从行情到交易均通过互联网实现，信息系统安全对整个行业的正常稳定运行至关重要。证券公司交易系统一旦发生故障，如电力、通讯线路、群体事件、自然灾害、软件缺陷等各类突发事件很容易引发风险。2013 年光大证券“乌龙指”事件表明，其自营交易系统的订单生成系统和订单执行系统存在程序调用错误、额度控制失效等设计缺陷。虽然此次事件是极端个别事件，但暴露出的问题需引起整个证券行业的警觉。另外，随着互联网发展，基金公司、证券公司都纷纷加强与互联网公司合作，创新产品设计及营销手段，信息安全问题更需引起高度重视。

三、各地区保险业

2013 年，面对错综复杂和极为困难的经济形势，各地区保险业稳中有进，进中向好，呈现良好的发展态势。保费收入快速较快增长，扭转了业务增速连续下滑的势头；保险业总资产稳步增长，整体实力持续增强；改革积极效应逐步显现，投资收益达近四年来最好水平；服务能力不断提升，风险保障功能进一步发挥。

（一）区域保险业发展概况

1. 各地区保费收入快速较快增长，保险密度不断提升

截至 2013 年末，东部、中部、西部和东北地区保险业全年分别实现保费收入 9 317.03 亿元、3 225.83 亿元、3 320.70 亿元和 1 097.36 亿元，同比分别增长 11.02%、9.37%、13.63% 和 15.18%，在全国原保险保费收入中的占比分别为 54.93%、19.02%、19.58% 和 6.47%。西部和东北部地区保险业务发展明显快于东部地区和中部地区。西部和东北部地区的保费收入占比较上年分别上升 0.37 个和 0.21 个百分点，而东部地区和中部地区的保费收入占比较上年分别下降 0.22 个和 0.36 个百分点。

从保险密度来看，东部、中部、西部和东北地区保险密度分别为 1 798.02 元/人、865.69 元/人、914.19 元/人和 1 000.51 元/人，较上年分别增长 166.19 元/人、81.03 元/人、103.23 元/人和 130.44 元/人。从保险深度来看，东部、中部、西部和东北地区保险深度分别为 2.89%、2.53%、2.63% 和 2.02%，除中部地区与上年保持不变外，东部、西部和东北地区保险深度同比分别上升 0.05 个、0.07 个和 0.13 个百分点。

2. 保险业总资产稳步增长，盈利能力大幅提高

截至 2013 年末，东部、中部、西部和东北地区分公司以上保险机构总资产分别达到

26 709.19亿元、7 689.48 亿元、7 186.29 亿元和 3 253.37 亿元，同比分别增长 14.96%、37.52%、14.97% 和 12.15%，占全国保险机构总资产的比重分别为 59.57%、17.15%、16.03%和7.26%（表6）。中部地区保险业资产规模增长占比明显提升最快，占比较上年上升2.43 个百分点，东部、西部和东北地区则分别较上年下降 1.61 个、0.43 个、0.39 个百分点。各地区保险业共实现利润总额991.4 亿元，同比增长 112.5%，盈利能力大幅提升。保险业整体实力持续增强，在区域经济发展中的作用稳步提升。

表 6　全国各地区保险公司资产情况

项目	东部地区		中部地区		西部地区		东北地区	
	2013 年	2012 年	2013 年	2012 年	2013 年	2012 年	2013 年	2012 年
保险业分公司以上资产总额（亿元）	26 709.19	23 234.09	7 689.48	5 591.42	7 186.29	6 250.83	3 767.27	3 359.01
增长率（%）	14.96	15.35	37.52	14.66	14.97	16.35	12.15	15.25

数据来源：全国各省（自治区、直辖市）保监会派出机构相关资料。

3. 各地区财产险业务保持较快增长，业务结构不断改善

2013 年，东部、中部、西部和东北地区财产险分别实现保费收入 3 376.49 亿元、1 048.80 亿元、1 289.51 亿元和370.21 亿元，同比分别增长 15.90%、19.96%、18.42% 和 20.45%，占本地区保险业总保费收入的比重分别为 36.24%、32.51%、38.83% 和 33.74%，分别较上年提高 1.72 个、2.87 个、1.57 个和 0.95 个百分点（表 7）。财产险业务收入继续快速增长，保费增速仍快于人身险。

表 7　全国各地区保险业分险种保费收入情况

项目	东部地区		中部地区		西部地区		东北地区	
	2013 年	2012 年	2013 年	2012 年	2013 年	2012 年	2013 年	2012 年
人身险收入（亿元）	5 940.52	5 478.79	2 177.05	2 075.21	2 032.87	1 826.79	839.55	748.33
同比增长（%）	8.43	6.27	4.91	-2.62	11.28	8.96	12.19	3.29
占保险收入比例（%）	63.76	65.29	67.49	70.36	61.22	62.51	65.93	67.21
财产险收入（亿元）	3 376.49	2 913.24	1 048.80	874.31	1 289.51	1 088.94	433.81	365.02
同比增长（%）	15.90	14.20	19.96	16.38	18.42	24.89	18.85	6.79
占保险收入比例（%）	36.24	34.71	32.51	29.64	38.83	37.26	34.07	32.79

数据来源：全国各省（自治区、直辖市）保监会派出机构相关资料。

各地区财产险业务结构继续优化。分险种看，东部、中部、西部和东北地区车险分别实现保费收入 2 569.07 亿元、837.64 亿元、1 000.76 亿元和 268.15 亿元，同比分别增长 17.11%、21.27%、18.20% 和 17.70%，占本地区财产险保费收入的比重分别为 76.09%、79.87%、77.61% 和 72.43%；责任险分别实现保费收入 92.52 亿元、34.97 亿元、44.17 亿元和 10.14 亿元，同比分别增长 -12.27%、25.79%、17.91% 和 29.50%，占本地区财产险保费收入的比重分别为 2.74%、3.33%、3.43% 和 2.74%，较上年分别上升 -0.87 个、0.15 个、0.19 个和 -0.01个百分点；农业险分别实现保费收入 82.43 亿元、69.84 亿元、114.61 亿元和 47.40 亿

元，同比分别增长43.91%、13.12%、38.42%和47.48%，占本地区财产险保费收入的比重分别为2.44%、6.66%、8.89%和12.80%，较上年分别上升0.48个、-0.40个、1.28个和2.35个百分点。2013年3月1日，《农业保险条例》开始实施，解决了长久以来农业保险无法律保障的状况，把农业保险清晰准确地定位于“政策性保险”，并将涉农保险纳入农业保险的框架和体系，为农业保险的发展提供了有力支撑。各地区纷纷出台相关政策措施，大力促进了农业保险的发展。各地区承保主要农作物突破10亿亩，占全国主要农作物播种面积的42%，提供风险保障突破1万亿元。

专栏7　西部地区农业保险业务发展问题研究

一、西部地区农业保险经营情况

20世纪80年代，西部12省（市）区先后开办农业保险，但高赔付率使保险公司对农业保险这种“赔本赚吆喝”的业务持续收缩。直到2007年，随着国家财政支持力度和政府推动力度的不断加大，农业保险步入了快速发展轨道。目前，各地探索出财政补贴保费和政府外部推动下的保险公司“自办模式”，“代办模式”和“联办模式”三大主要经办模式，农业保险业务呈现快速发展态势。

（一）保费规模不断扩大

2013年，西部12省（市）区农业保险共实现保费收入114.61亿元，是2007年的5.36倍，年均增速达到60%以上。其中，总量位居前三位的分别是内蒙古、四川和新疆，保费收入分别达到27.84亿元、27.35亿元和26.3亿元。

（二）保险产品种类不断丰富

截至2013年末，中央财政支持的险种有15种，主要包括能繁母猪保险、奶牛保险等。各省（市）区结合本地又推出100多种特色农业保险。如新疆的熏衣草、留兰香、红花、苜蓿种植保险，宁夏的压砂西瓜保险，云南的青稞、甘蔗保险，贵州的森林保险，等等。很多险种承保面积达到当地种植面积的90%以上，特种养殖承保数量也达到总养殖量的80%以上。

（三）政策支持力度不断加大

随着各级政府对于农业保险的重视程度不断加强，财政补贴力度逐年增加。《农业保险条例》出台后，各级政府更是积极发挥政府引导作用，全方位地保障农业保险工作顺利推进。其中，新疆农业保险财政补贴最多。2013年，新疆农业保险分别获得中央和自治区财政补贴13.12亿元和3.56亿元。

（四）保险保障范围不断扩大

截至2013年末，西部12省（市）区农业保险累计为2 318.37万户次农户提供风险保障2 698.69亿元，支付赔款60.83亿元，受益农户217.32万户次，经营区域覆盖12省（市）区所有市和县区，有力地促进了当地农业生产和农民增收。

（五）服务体系不断健全

近年来，各地初步建立了“以县乡保险机构为主，政府‘三农’保险服务办公室为辅，行政村保险协保为补充”的农业保险服务体系。其中，截至2013年末，陕西省已设立县乡保险分支机构177个，负责农业保险承保、理赔和防灾防损等工作；已建立“三农”保险服务办公室1 136个，负责指导、协调和宣传“三农”保险工作；已聘请农村协保员1.1万人，协助保险公司开展农业保险基层服务。

二、当前农业保险发展面临的主要问题

（一）财政补贴力度不够，农民承担比例偏高

一是中央财政补贴方式不利于欠发达地区。按照财政部制定的农业保险补贴办法，中央实行“敞口”补贴，中央财政在省级财政补贴的基础上进行配套补贴，且中央财政补贴比例高于地方财政补贴比例。以陕西省和内蒙古为例，在农业总产值相近的情况下，由于财政收入差距较大，陕西省和内蒙古省级财政补贴分别是8 000万元和7.5亿元，中央财政保费补贴分别是1.05亿元和7.5亿元。二是部分市县财政配套比较困难。因农业保险补贴未纳入当年预算，加之财政困难等原因，部分区县无法配套资金，尤其是试点项目多的区县配套资金已成为其严重的财政负担，导致补贴资金难以到位。三是部分地区农民承担比例偏高。以小麦、玉米、棉花保险为例，陕西省农户自担25%，而内蒙古全区所有政策性农业保险业务农民自缴保费比例均不超过10%。

（二）保障程度低，农民参保意愿较弱

以四川粮食作物保险为例，近年来随着种子、化肥等价格的上涨，粮食作物每亩生产成本普遍达到500元左右，而保险金额基本不变，仅为300元左右，增速远低于同期通货膨胀率，保障水平不能覆盖直接物化成本。

（三）保险机构网点体系有待完善，服务能力有待提高

以四川省自贡市荣县为例，该县专职从事农险工作的保险公司员工仅有6人，平均每人要联系63名农村协保员，负责266.33平方公里的范围，承担5.65万亩水稻、3万亩玉米、2.38万头育肥猪和6 500头能繁母猪的保费收取及查勘理赔工作，任务十分繁重。因此，在农业保险服务点多线长面广的情况下，保险机构农村网点建设滞后已经严重制约农业保险服务能力的提升。

（四）巨灾风险分散机制还有待进一步完善

财政部《关于印发〈中央财政种植业保险保费补贴管理办法〉的通知》（财金〔2008〕26号）中规定：“经办机构应按补贴险种当年保费收入的25%的比例计提巨灾风险责任准备金，逐年滚存。”但由于该比例较高，造成各公司经营压力较大，各保险总公司实际提取巨灾风险准备金的标准各异。同时，各级地方财政巨灾风险准备金也储备不足。如四川省试点之初应对巨灾风险采取的“三倍封顶”赔付规则未得到有效改善，全省农业保险防范巨灾风险的能力较弱。

资料来源：中国人民银行西安分行金融稳定处相关资料

4. 各地区人身险业务企稳回升，业务结构优化

2013年，东部、中部、西部和东北地区人身险分别实现保费收入5 940.52亿元、2 177.05

亿元、2 032.87 亿元和727.15 亿元，同比分别增长8.43%、4.91%、11.28%和12.67%。寿险费率市场化改革积极效应逐步显现，人身险保费收入企稳回升，尤其是西部和东北地区增长明显。

2013 年8 月，人身险费率定价机制改革启动，取消了传统寿险产品2.5%预定利率上限，明确准备金评估利率，降低保障产品资本要求，在风险可控的前提下为提升寿险产品竞争力创造了条件。改革以来，各地区积极推动保障功能较强的普通寿险等业务发展，人身险新业务结束两年负增长，未出现集中退保和转保等问题。普通型人身险新单保费同比增长520%，增速创13年来新高。人身险业务结构继续优化，分红险业务收入占寿险保费收入的比例下降。2013 年，东部、中部、西部和东北地区分红险分别实现保费收入4 343.76 亿元、1 300.10 亿元、1 462.60 亿元和538.56 亿元，同比分别增长2.88%、-4.09%、11.49%和8.02%，占人身险保费收入的比例分别为73.12%、59.72%、71.95%和74.06%，较上年分别下降3.95 个、5.60 个、-0.14个和3.19 个百分点。

5. 各地区保险业赔款给付支出大幅增长，服务能力不断提升

2013 年，东部、中部、西部和东北地区保险业各项赔款和给付支出分别为3 160.69 亿元、1 179.39亿元、1 191.58 亿元和434.80 亿元，同比分别增长23.75%、41.09%、31.31%和47.26%。各地区保险赔付支出均大幅增长，服务能力不断提升，保险业补偿功能进一步发挥。尤其是一系列重大灾害事故发生后，各地区保险业积极开展抗灾救灾、保险理赔，为缓解灾区人民的生产生活困难和促进当地社会稳定作出了积极贡献。如对“菲特”台风给东部沿海地区造成的损失，保险业查勘定损案件19.6 万件，定损金额49.6 亿元；黑龙江洪灾导致全省4 800万亩农作物受灾，农业保险向50.9 万农户支付赔款27 亿元；广东台风暴雨灾害、芦山地震灾害以及香格里拉火灾事故处置中，保险业都发挥了积极作用。

分险种来看，财产险赔付支出稳步增长，人身险赔款和给付支出增长迅速。2013 年，东部、中部、西部和东北地区全年财产险赔款和给付支出分别为1 917.88 亿元、567.91 亿元、678.12亿元和224.14 亿元，同比分别增长21.59%、23.31%、19.43%和45.14%。其中，各地区农业保险赔款支出分别为45.98 亿元、40.49 亿元、62.79 亿元和40.55 亿元，同比分别增长15.96%、42.27%、41.15%和188.82%；责任保险赔款支出分别为35.18 亿元、11.99 亿元、18.48 亿元和4.95 亿元，同比分别增长-15.13%、21.73%、13.24%和30.61%。东部、中部、西部和东北地区人身险赔款和给付支出分别为1 282.73 亿元、609.21 亿元、513.44 亿元和210.64 亿元，同比分别增长36.01%、62.31%、51.15%和49.57%（表8）。

表8 全国各地区保险业赔款和给付支出情况

项目	东部地区		中部地区		西部地区		东北地区	
	2013 年	2012 年	2013 年	2012 年	2013 年	2012 年	2013 年	2012 年
赔款给付支出（亿元）	3 160.69	2 554.02	1 179.39	835.89	1 191.58	907.49	494.91	341.12
增长率（%）	23.75	19.47	41.09	20.59	31.31	25.51	45.08	13.80
占全国比例（%）	52.45	55.06	19.57	18.02	19.77	19.56	8.21	7.35
其中：人身险（亿元）	1 282.73	943.11	609.21	375.33	513.44	339.68	238.63	160.55
增长率（%）	36.01	6.56	62.31	12.46	51.15	13.73	48.63	-13.48

续表

项目	东部地区		中部地区		西部地区		东北地区	
	2013 年	2012 年	2013 年	2012 年	2013 年	2012 年	2013 年	2012 年
占总赔款给付支出比例（%）	40.58	36.93	51.65	44.90	43.09	37.43	48.22	47.07
财产险（亿元）	1 917.88	1 577.39	567.91	460.55	678.12	567.79	256.26	180.57
同比增长（%）	21.59	29.58	23.31	27.24	19.43	33.80	41.92	13.96
占总赔款和给付支出比例（%）	60.68	61.76	48.15	55.10	56.91	62.57	51.78	52.93

数据来源：全国各省（自治区、直辖市）保监会派出机构相关资料。

6. 各地区保险资金运用余额稳步增长，投资收益大幅提高

2013 年，各地区积极推进资金运用市场化改革，将基础设施投资计划发行方式由备案制改为注册制，推动保险资产管理产品试点，扩充保险资产管理产品品种，对保险机构投资能力实现牌照化管理。资金运用改革拓宽了投资渠道，优化了资产结构。截至 2013 年末，各地区保险资金运用余额达到 76 873.41 亿元，较年初增长 12.15%。其中，银行存款 22 640.98 亿元，占比 29.45%；债券 33 375.42 亿元，占比 43.42%；股票和证券投资基金 7 864.82 亿元，占比 10.23%；其他投资 12 992.19 亿元，占比 16.9%。在保险资金配置上，债券和银行存款稳中有降，企业债和另类投资等高收益资产占比较年初分别增加 2 个百分点和 6.3 个百分点。各地区保险业共实现投资收益 3 658.3 亿元，收益率 5.04%，比上年提高 1.65 个百分点，是近 4 年来的最好水平。信用债及基础设施投资等另类投资收益增加是影响投资收益的重要因素。

（二）区域保险业发展中需关注的方面

当前，各地区保险业处于转型升级的关键时期，防范风险的形势仍很严峻，应重点关注满期给付和退保风险、偿付能力不足风险、流动性风险和资金运用风险，坚决守住不发生系统性区域性风险的底线。

1. 防范满期给付和退保风险

2013 年，各地区寿险满期给付累计达到 2 253.13 亿元，同比增长 49.71%。满期给付大幅上升的主要原因是近 10 年来分红险在 2002 年、2008 年经历两次销售高峰，销售的 10 年期、5 年期分红险产品集中到期，以及在一些高收益理财产品的影响下，客户的收益预期较以往明显上升，而现有产品收益率不高导致转保率较低。东部、中部、西部和东北地区寿险公司退保金总额分别达 897.82 亿元、387.31 亿元、111.70 亿元和 371.23 亿元。实际收益率低于预期、宣传不到位或销售误导、投保人财务状况恶化、保险产品设计不合理等是退保发生的主要原因。2008 年分红险销售高峰时，国内资本市场高位运行，部分投保客户因对投资收益的高预期购买分红险产品，但 2010 年以来国内资本市场持续震荡下行，保险投资收益下降，导致部分分红险产品的实际收益与预期收益间产生较大差异，引发集中退保的风险增加。从产品类型看，退保主要集中在分红险、万能险和投连险等与投资收益密切相关的产品上。这些产品多为 3 年期和 5 年期趸交型产品，具备一定的储蓄替代功能，但保障性较弱，容易引发退保。满期给付与退保大幅增长等因素叠加增大寿险机构流动性风险，并对银行业机构经营和社会稳定产生影响。

专栏8　中部地区寿险业满期给付和退保快速增长

受保险资金运用收益水平不高、分红险等产品收益率低于预期、产品竞争力较弱以及销售误导等多种因素叠加影响，2013 年中部地区寿险业满期给付快速增长，退保压力增大。

一、基本情况

一是满期给付额快速上升。2013 年，安徽省、江西省、河南省、湖南省和山西省寿险公司满期给付额同比分别增长 100.5%、97.2%、90.4%、61.3%和48.8%。分险种看，分红险是满期给付的主要险种，其中，湖南省、山西省、河南省分红险满期给付额占满期给付总额的比重分别为94.1%、92.0%和81.8%。分渠道看，银邮代理渠道是满期给付的主要渠道，其中，山西省银邮渠道满期给付额占满期给付总额的63.9%。

二是退保额大幅增长。2013 年，河南省、山西省、湖南省、安徽省和江西省寿险退保额同比分别增长95.7%、60.8%、59.6%、48.8%和42.7%。分险种看，分红险占比最高，其中，河南省、湖南省和山西省的分红险退保额占退保总额的比重分别为97.1%、96.3%和65.9%。分机构看，部分寿险公司退保风险较高，如江西省有9 家寿险公司的退保率超出全省平均水平，寿险机构退保率最高达28.34%。

二、原因分析

一是2008 年五年期分红险产品集中到期。受2008 年国际金融危机、股市震荡下行以及利率调整预期的影响，当年兼具投资和保障功能的五年期分红险产品销售情况较好。据统计，2008 年约3 500 亿元银保渠道保费收入中，五年期趸交分红险保费收入规模高达2 300亿元，占比约为65%，均于2013 年集中到期给付。

二是部分寿险产品收益率偏低，导致转保率较低。与目前定期存款和银行理财产品相比，保险产品收益率明显偏低。以某寿险公司 2008 年一款五年期趸交分红险产品为例，2009—2012 年分红收益率约为0.81% ~1.78%，明显低于五年期定期存款4.75%的利率以及银行理财产品为4% ~5%的年化收益率。客户在保险到期后选择给付的较多，转保率较低。

三是部分寿险产品的投资属性较强，具有低附加费用、高现金价值特点，导致退保较多。寿险公司普遍反映银保渠道销售的趸交型分红险产品的现金价值偏高，产品合同生效期满1 ~3 年后的退保金高于所缴保费，在客户需用资金或选择其他投资项目时易选择退保兑现。

四是销售误导导致非正常退保增多。调查显示，销售误导主要为销售环节未告知犹豫期、退保损失等重要信息，夸大产品收益，诱导客户错误理解保单期限等。

三、应予以关注问题

一是满期给付和退保大幅增加影响寿险机构的稳健发展。满期产品给付收益率低于预期，客户容易对产品收益持不满和抱怨态度，甚至进行投诉，影响存量保单到期转保、新单销售等。受同业及公司自身大量满期给付和退保影响，处理退保投诉分散了银行网点销售人员的工作精力，销售积极性下降。此外，寿险公司对部分满期给付、退保进行补差或贴费，导致银保业务风险分担失衡，易引发代理机构的道德风险行为。

二是满期给付和退保大幅增加推高了寿险公司流动性风险。分红险在2003 年、2008 年经历了两次销售高峰，销售的10年期、5年期分红险陆续到期，寿险公司面临的给付压力增加，客户对给付水平不满而引发重大突发事件的风险上升，集中到期的满期给付进一步推高了寿险公司的流动性风险。

三是满期给付与退保风险可能向银行机构传导。目前已有工行、农行、建行、交行、民生、光大、邮储等银行控股寿险公司，子公司资金压力风险可能传递到控股母公司，产生跨行业金融风险。同时，约四成寿险产品通过银保渠道销售，加之销售误导较为集中，在产品实际收益率不能达到预期目标、退保引发投诉与纠纷时，公众可能对银行产生不信任感，引发银行声誉风险。

资料来源：中国人民银行合肥中心支行金融稳定处执笔

2. 防范化解偿付能力不足和流动性风险

2013年以来，有部分保险公司在满期给付和退保压力下将主要业务转为高现金价值产品，个别公司非保险合同业务收入占比达到98%以上。截至2013年末，高现金价值短期业务规模将近2 800亿元。这些高现金价值产品存续期通常为一两年，甚至只有3个月，属于资本消耗性业务，具有资本消耗大、期限短、高收益的特点，隐含刚性兑付要求，而匹配的资产一般超过2年，这种“借短贷长”的资金运用形式对保险公司的投资管理能力要求较高，一旦出现违约，将给机构流动性和偿付能力带来巨大冲击压力。此外，各地区均有部分公司偿付能力充足率还处在刚刚达标的临界水平，在行业承保盈利能力普遍不高、公司发债成本总体上升的影响下，可能导致个别公司出现偿付能力反复不足的情况。

3. 防范资金运用风险

近年来，保险资金运用市场化改革步伐加快，行政审核不断减少，投资渠道不断放宽，保险资金配置在债券和银行存款等固定收益类投资的比例下降，在股票、证券投资基金和另类投资等高风险高收益类投资的比例上升，而这些高收益类投资的收益水平是影响保险资金投资收益的重要因素，这对保险机构经营管理能力、资金运用能力以及风险防控能力等提出了更高的要求。这一系列措施进一步打开了保险公司投资收益空间，为增强投资型保险产品的竞争力创造了条件，同时更加突出了市场和经营主体在经营中的主动性，对保险机构经营管理、风险防控能力等提出了更高的要求。

4. 保险市场秩序有仍待进一步规范

在财产险方面，产险市场存在违规问题反弹、恶性竞争加剧等现象；个别财险公司存在财务业务数据不真实、不严格执行报批报备条款费率、理赔环节利益输送等突出问题；部分地区农业保险业务存在弄虚作假骗取财政保费补贴、强制农户投保、不足额提取大灾风险准备金、协议或平均赔付、拖赔少赔、无理拒赔等违规行为。在人身险方面，销售误导、理赔难和短期意外险不规范经营行为仍然存在；保险产品和服务无法有效满足消费者分散风险和补偿损失的需求。在保险中介方面，代理不规范、不依规经营风险突出，代理中介机构在给付营销员的佣金方面往往较高，给付投保人的返点也相对较高，扰乱了市场的正常秩序。此外，营销人员素质参差不齐，存在销售误导风险，且对售后维护缺乏责任心，也存在销售误导风险。

第四部分　分地区的区域金融稳定状况

2013年，各地区积极应对复杂严峻的国内外环境，统筹推进稳增长、调结构、促改革等各项工作，各地区经济整体稳中向好，稳中有进，为区域金融发展创造了良好的环境。各地区金融改革持续推进，金融创新步伐加快，金融生态环境不断改善，经济金融发展的协调性进一步增强。

一、东部地区

东部地区经济稳步增长，经济结构调整和转型升级取得积极成效。区域金融改革稳步推进，区域金融业发展活力进一步释放，金融业继续保持健康发展态势。但国内外经济形势仍然复杂严峻，部分领域的风险暴露有所增多，区域金融稳定面临一些压力。

（一）地区经济稳中有进，转方式、调结构有序进行

2013年，东部地区生产总值32.23万亿元，同比增长8.91%，比全国经济增速高1.21个百分点。其中，第一产业增加值1.99万亿元，占地区生产总值的比重为6.17%，同比降低0.03个百分点；第二产业增加值15.10万亿元，占比为46.86%，同比降低1.07个百分点；第三产业增加值15.14万亿元，占比为46.97%，同比提高1.1个百分点，三次产业结构进一步优化。全社会固定资产投资17.77万亿元，同比增长17.83%。进出口总额3.48万亿美元，同比增长6.48%，其中净出口1 288.05亿美元，减少12.94%。社会消费品零售总额12.35万亿元，增长12.39%，消费占地区生产总值的比重同比提高1.2个百分点，内需对经济的拉动作用进一步增强。地方一般预算收入3.67万亿元，同比增长12.40%，增速降低1.31个百分点，一般预算支出4.70万亿元，同比增长12.32%，增速降低0.54个百分点。规模以上工业经济利润总额3.57万亿元，同比增长10.38%，增速同比提高7.88个百分点，企业效益明显好转。

（二）金融改革稳步推进，市场活力进一步释放

2013年东部地区金融改革继续推进，市场活力不断释放。中国（上海）自由贸易试验区挂牌，开启多项金融改革。自2013年9月自贸区成立以来，金融管理部门相继出台51条政策措施，支持在试验区内对人民币资本项目可兑换、金融市场利率市场化、人民币跨境使用等方面创造条件进行先行先试。目前，已基本形成自贸区金融开放创新的制度框架体系，有关政策细则陆续出台。截至2014年2月末，已有43家持牌金融机构、80多家金融租赁公司和超过120家

金融信息服务公司入驻自贸区，自贸区内本外币存款余额约为48亿美元。办理首笔个人小额外币存款业务和首笔区内中资企业人民币境外借款业务；完成2单私募股权投资，形成私募股权企业“出海”的标准化流程。

温州综合金融改革继续推进。出台首部地方性金融法规《温州市民间融资管理条例》，推动民间融资阳光化和规范化。创新编制“温州指数”，并扩展到全国31个地市，发布“温州·中国民间融资综合利率指数”。鼓励民间资本参与温州银行增资扩股和农村合作金融机构股份制改造，2013年民资入股金融机构133亿元，比改革前增长43.8%。组建11家具有地方特色的民间资本管理公司，累计组织资金20.8亿元，支持618个项目发展，参与化解银行机构不良贷款8.2亿元。

前海金融先行先试改革继续稳步推进。外资股权投资企业在前海创新发展，境内外金融机构进一步集聚。2013年批准设立17家外资股权投资基金管理公司，注册资本合计1.9亿美元。新设外资融资租赁公司45家，注册资本8.06亿美元。境外人民币使用和回流渠道功能显著增强，备案登记的前海跨境人民币贷款金额合计150亿元。金融要素市场建设迈上新台阶，已有9家金融要素市场在前海开业。

专栏9　人民银行积极支持中国（上海）自由贸易试验区建设

建立中国（上海）自由贸易试验区是党中央在新形势下推进改革开放的重大举措。试验区挂牌以来，人民银行按照国务院办公厅公布的《中国（上海）自由贸易试验区总体方案》要求，深入调研试验区发展动态，掌握实体经济发展需求，适时出台《中国人民银行关于金融支持中国（上海）自由贸易试验区建设的意见》（以下简称《意见》），提出了金融支持试验区建设的主要目标和内容，并把推动《意见》实施作为当前和今后的一项重要工作来抓。该意见关于金融支持试验区建设的主要内容有以下几个方面。

一是在创新有利于风险管理的账户体系方面，《意见》提出通过分账管理的方式，在风险可控的前提下，推动试验区金融业务创新，实现跨境投融资汇兑便利，更好地服务实体经济发展。根据相关制度安排，在金融机构层面，上海地区金融机构（包括区内金融机构）可根据人民银行的规定，通过内部设立试验区分账核算单元的方式，为区内居民、非居民开立本外币自由贸易账户，并提供相应的金融服务。试验区分账核算单元实行分账核算，且在流动性管理上以自求平衡为原则，试验区分账核算单元相对于其母行独立运营。

二是在探索投融资汇兑便利方面，《意见》提出区内企业在办理跨境直接投资项下涉及的跨境收付、兑换业务时，可直接向银行办理，与前置核准脱钩。所涉及的跨境投融资主体范围包括企业、非银行金融机构、个体工商户等主体。跨境融资更加便利，区内机构根据经营需要，可按规定从境外融入本外币资金。区内主体可结合自身生产经营和跨境商务活动，充分利用区内和境外金融市场管理对冲相关风险。

三是在扩大人民币跨境使用方面，《意见》充分体现“区内优于区外，区内先于区外”的政策导向，支持区内跨境电子商务发展，规定上海地区银行业金融机构可与符合条件的区内第三方支付机构合作，为跨境电子商务（货物贸易或服务贸易）提供人民币结算服务。

赋予区内企业跨境人民币资金池管理及经常项下人民币集中收付功能。人民币跨境资金流动更加自由，区内金融机构和企业可根据实际经营需要从境外借入人民币资金，但不得用于投资有价证券、衍生产品以及委托贷款。

四是在加快推进利率市场化方面，《意见》提出，试验区利率市场化将在宏观审慎金融管理框架内，根据服务区内实体经济发展需要，以及金融市场主体培育和市场环境建设情况逐步推进。具体包括：完善区内居民自由贸易账户和非居民自由贸易账户本外币资金利率的市场化定价监测机制；将区内符合条件的金融机构纳入优先发行大额可转让存单的机构范围，在区内实现大额可转让存单发行的先行先试；条件成熟时，放开区内一般账户小额外币存款利率上限。

五是在深化外汇管理改革方面，《意见》体现了试验区建设的总体要求和外汇管理理念方式的转变，出台了支持试验区发展总部经济和新型贸易、简化直接投资外汇登记手续、支持试验区开展境内外租赁服务、取消区内机构向境外支付担保费的核准、支持银行开展面向客户的大宗商品衍生品的柜台交易等五条举措。

六是在监测与管理方面，《意见》着重从金融宏观审慎管理的角度，制定了一系列风险防范措施，实施全过程风险管理。切实加强对反洗钱、反恐融资、反逃税的监管。会同上海市政府和金融监管部门，加强监测分析，密切关注跨境异常资金的流动。按年度对区内机构进行评估，并根据评估结果对区内机构实施分类管理，并建立相应的扶优限劣机制。区内实施金融宏观审慎管理。

资料来源：《上海市金融稳定报告（2014）》

（三）不良贷款持续反弹，资产质量控制压力较大

受经济增速放缓、产业结构深度调整等因素影响，东部地区不良贷款持续反弹，对银行业稳健经营带来一定冲击。2013 年，东部地区不良贷款余额同比增长 10.13%，不良贷款率为 1.15%，降低 0.02 个百分点。分省市看，不良贷款率增加的省市有 5 个，最高增加 0.51 个百分点。从行业分布看，新增不良贷款主要分布于制造业、批发零售业以及房地产等行业，突出表现在钢贸、光伏及造船等行业。截至 2013 年末，福建省钢贸行业不良贷款余额比年初增加 40.33 亿元，不良贷款率 24.2%；江苏省光伏行业不良贷款余额比年初增加 23.12 亿元，不良贷款率为 10.51%。此外，部分产能过剩和淘汰落后产能任务较重的省市，经济转型升级压力较大，贷款违约风险上升。

从客户类型看，一方面，小微企业受经济波动、产业结构调整等影响最为直接，信贷风险突出，如截至 2013 年末，江苏省小微企业不良贷款余额占全部企业不良贷款余额的 66.71%，占全部企业新增不良贷款的 84.37%；另一方面，大企业风险暴露逐步增多，一些集团客户、大额授信贷款质量恶化迹象明显。部分企业关联担保关系复杂，导致风险沿担保链条进一步传染和扩散，如浙江省监测到的 642 家涉贷出险企业中，因担保而出险企业 151 家，占比 27.45%。

专栏10　钢贸行业信贷风险成因分析

长三角钢贸行业风险始于2011年一个周宁籍钢贸企业老板跑路的“一洲事件”。2012年8月，因贷款到期无力偿还，以民生银行、光大银行上海分行起诉上海翘首、上海宁松等20多家钢贸企业为标志，上海钢贸信贷贷款风险集中爆发。概括起来，上海市钢贸类信贷风险形成的主要原因有以下几个方面。

（一）钢贸行业本身蕴藏的风险

1. 低水平快速粗放经营集聚信贷风险。2011年以来，受国家房地产调控、政府基建项目缩减及持续低迷的经济金融环境等因素影响，钢材需求持续减弱。但钢铁产能仍在扩张，钢贸企业成为了钢材存货的“蓄水池”：一方面需要按照协议从钢铁厂进货；另一方面又面临需求萎缩，库存剧增。钢贸行业库存增加、应收账款增多、流动资金不足、利润率大幅下降，甚至出现了亏损。

2. 互保联保的融资模式放大风险。互保联保的形式既有市场内担保公司担保，又有入驻商户相互担保，还有关联企业之间的担保，交易错综复杂。钢贸企业依托“钢贸市场+商户联保”方式融资。在钢贸行业整体不景气的背景下，互保小组中只要有一家钢贸企业陷入困境，通过对连带责任的追究，信贷风险就会快速传递到互保小组的所有成员。一家问题钢贸企业可能会对许多正常经营的钢贸企业和钢贸类担保公司造成严重影响。

3. 诚信缺失加剧风险的快速累积。部分钢贸企业自身实力不强、经营者素质不高，在经济上升期大量举债经营，甚至设立空壳公司，参与不同联保体向不同银行贷款。近年钢贸业务利润持续萎缩，很多钢贸企业以钢贸为平台，将部分贷款资金投入房地产、矿业、股市、期货、民间拆借等期限较长的高风险行业。一旦其他领域投资失败或资金周转困难，资金链难以为继，造成大量债务无法偿还。

（二）商业银行内控管理不完善，助推钢贸行业信贷风险

1. 银行放贷不够审慎，存在“重贷轻管”的情况。部分银行受指标考核驱使，未制定钢贸行业贷款的管理办法和操作流程，仅套用一般小企业信贷产品操作办法，钢贸贷款也未作为内部审计的重点内容审计，贷审会没有发挥应有作用。部分银行在贷前调查和贷后管理方面未详细了解贷款资金真实用途，未对贸易背景的真实性进行严格审查。

2. 银行绩效考核不当导致商业银行对钢贸授信过滥。钢贸市场和商户可以较好地实现银行的各项考核指标，使商业银行对钢贸行业的融资模式、风险漏洞视而不见。如在效益指标方面，钢贸企业在正常情况下可以实现年化综合收益率的20%～30%；在存款指标上，钢贸企业能为银行带来大量存款，如果采取联保方式，钢贸企业先要将贷款金额的20%作为保证金放在银行，开承兑汇票也要给银行30%～50%的保证金。从贷款收益看，钢贸企业贷款利率一般上浮5%～20%，可以为银行带来丰厚的利息收入。在中间业务指标方面，钢贸商户也可满足信用卡、理财、基金、保险和黄金销售等在内的各项要求。钢贸企业一度成为股份制银行争取的对象，一家钢贸企业的授信银行可以多达十余家，过度融资现象明显，2011年钢贸授信余额达到2 201.4亿元的峰值。

3. 同业竞争过度导致风险在银行间复制。钢贸企业贷款的“好处”让前期介入的银行收益颇丰，也吸引其他银行跟进仿效，钢贸业务规模贷款迅速扩大。银行同业对钢贸客户的无序争夺，迫使银行降低授信审批条件和审贷标准，形成规模更大的信贷风险。

资料来源：《上海市金融稳定报告（2014）》

（四）地方政府债务水平总体适度，短期还款压力加大

截至2013年6月，东部地区政府债务[①]77 447.46亿元，其中负有偿还责任的债务47 425.16亿元，负有担保责任的债务11 888.39亿元，可能承担一定救助责任的债务18 133.91亿元，占全国地方政府债务的43.28%。从还款期限来看，包括负有一定救助责任的债务在内，2014—2016年东部各省市地方政府需要偿还的比例为47.07%，其中2014年需要偿债金额占总债务额的比例为17%，期限较为集中。在经济形势趋弱、地方政府财政收入放缓、开支增加的情况下，部分地方政府还款压力较大。与此同时，部分地区存在融资平台互保、过度担保现象，且被担保企业多为关联企业，潜在风险较高。融资平台越来越多地通过委托贷款、理财产品等银行渠道以及信托、保险、债券等非银行渠道进行融资，其成本远高于银行贷款，债务负担进一步加重。

（五）流动性风险有所显现，银行流动性管理面临多重挑战

近年来，东部地区部分法人金融机构规模扩张迅速，杠杆率偏高，资产负债期限错配问题突出。2013年6月及年末，银行间同业拆借利率数次高企，少数金融机构为满足头寸需要，出现了以高利率拆借或回购方式融入资金的行为，流动性风险上升。个别业务较为激进的机构在存款稳定性下降、资金市场价格大幅波动的情况下暴露出了流动性管理能力的不足，贷存比、流动性缺口率、流动性覆盖比率、备付率等指标连续突破监管要求。部分省市开展的流动性风险压力测试显示，在重度压力情景下，中小法人银行业机构将面临较大的融资缺口，流动性比例将低于监管下限。

随着监管政策的变化和利率市场化的推进，特别是互联网金融的兴起，商业银行流动性风险管理面临的外部因素日益复杂多变。余额宝等互联网金融产品对银行存款的分流日益显著，一般性存款转化为同业存款的现象更趋明显。2013年以来，作为负债主要构成部分的各项存款，其月度间波动幅度加大，削弱了银行传统资金来源的稳定性。此外，随着利率市场化的不断推进，个别中小法人银行机构受制于规模、经营实力、人才等因素，在吸收存款中处于相对弱势，可能面临更大的流动性压力。

---

① 本段数据均来自Wind数据库。

专栏 11　商业银行流动性风险管理的外部约束

2013 年，受多重因素影响，银行体系短期流动性供求波动有所加大，特别是 6 月、10 月、12 月银行间市场利率发生显著异常波动。从外汇存款、M_1、M_2 等数据来看，流动性总量是充足的，仅仅是银行体系短期流动性出现紧缺，其实质是银行同业业务快速扩张、表内资产表外化、资产负债期限错配、资金来源稳定性下降等流动性管理弊病在多种外部因素叠加下的暴露。

一、流动性风险隐患产生的外部经济因素

（一）经济结构转型带来的流动性总量波动

随着我国经济结构转型的推进，产能过剩与产能不足并存，货币流速和流量受到影响，银行业所面临的流动性风险随之加大，外汇占款的波动也对银行间货币市场流动性产生较大影响。在这种复杂的经济环境下，多数金融机构选择了较保守的流动性管理模式，长期资金融出意愿降低，给商业银行的流动性管理带来了挑战。

（二）互联网金融兴起对传统储蓄模式的冲击

以余额宝、微信支付、百度百赚等为代表的互联网金融产品诞生仅半年余，却以蓬勃之势迅速崛起，截至 2014 年 2 月 26 日，仅余额宝的资金规模就突破 5 000 亿元，用户数超过 8 000 万。与传统银行储蓄相比，互联网金融具有门槛低、成本少、收益高、操作方便等优势，对商业银行吸收存款带来一定冲击，加大了商业银行负债管理的难度。

二、流动性风险隐患产生的内外部政策叠加因素

（一）消化监管政策调整对商业银行流动性的影响

2013 年 3 月，银监会发布 8 号文《关于规范商业银行理财业务投资运作有关问题的通知》，该通知限制了银行通过发行理财产品变相吸储的行为，同时，为了达到监管要求，部分银行以自营资金购买自家非标资产或以互买方式将表外非标资产转移至表内同业资产，从而挤占同业拆借额度，导致银行间市场上资金需求骤然增加。2014 年 2 月，银监会发布了《商业银行流动性风险管理办法（试行）》，该办法可能促使银行加强流动性风险管理的自主性，降低对同业业务的依赖。

（二）金融市场基础性制度改革可能带来存款市场重新分配

当前，我国呼之欲出的金融市场基础性制度主要是存款保险制度和利率市场化，这两大改革都将对商业银行产生深远影响。商业银行将主动调整经营策略，加剧存款客户争夺；存款人基于安全性、收益性以及便利性等多种考虑可能调整存款银行，导致存款在银行间重新分配。

（三）外汇管理结售汇周转头寸与外币存贷比挂钩地政策调整影响商业银行流动性

2013 年 6 月，国家外汇管理局发布了《关于加强外汇资金流入管理有关问题的通知》（汇发〔2013〕20 号），该文明确了各银行当月结售汇综合头寸的新计算公式，对于外币存贷比超过参考存贷比的银行，其外币结售汇综合头寸最低限额按照（上月末贷款余额 - 上月末存款余额 × 参考存贷比）×25% 计算。汇改以来，在市场预期人民币升值的情况下，广

大企业进行“资产本币化、负债外币化；资产境内化，负债境外化”操作，导致各银行外币存贷比居高不下。按照这个公式，据初步测算，2013 年 6 月末银行需增加约 1 000 亿美元，即银行间突然产生 6 000 多亿元人民币缺口，从而导致市场上人民币和外汇头寸同时紧张。

（四）美国量化宽松政策退出引致的资金波动风险

自 2013 年 5 月以来，美联储多次向市场传递“量化宽松政策将逐步退出”的信号。2013 年美国房地产市场继续复苏，股指屡创历史新高，个人消费支出增长较快，全年 GDP 增长 1.9%，美联储在 2013 年 12 月最后一次货币政策会议正式启动了量化退出政策。这些信号强化了美元升值预期和发展中国家货币贬值预期，金融市场资金流入流出双向风险加大。

从上述分析可以看出，银行体系流动性状况是多方力量共同作用的结果，这警示了商业银行不能仅以自身资产负债表为基础来安排流动性，必须综合考虑国际国内宏观经济形势、政策环境、市场环境等各类外部因素，积极转变流动性管理模式，提高流动性管理的审慎性、自主性和前瞻性。

资料来源：人民银行厦门中心支行执笔，济南分行、深圳中心支行参与

（六）同业业务快速发展，潜藏一定风险隐患

2013 年，随着金融市场的发展，东部地区银行机构同业业务规模快速增长，部分商业银行甚至将其作为与公司、个人并重的三大主线业务之一。如截至 2013 年末，天津市银行业金融机构同业资产①共计 5 996. 99 亿元，比 2011 年末增长 57. 1%，占总资产的比重达 14. 5%；同业负债②共计 8 536. 14 亿元，比 2011 年末增长 97. 2%，占总负债的比重达 21. 5%。宁波市 3 家法人城商行同业业务资产余额合计 1 982. 59 亿元，同比增长 37. 42%，高出同期贷款增速 16. 22 个百分点，占其资产总额的比重为 38. 21%。随着同业业务的快速增长，其原有的功能定位发生变化，由传统的资金调剂通道逐步发展为新的利润中心，商业银行同业业务对象逐步拓宽至证券、基金、信托、财务公司等非存款类金融机构，业务模式也从传统的同业存放、同业拆借等衍生出同业代偿、买入返售等多种创新业务，业务模式日益复杂。

银行同业业务快速发展，暴露出一些风险隐患。一是加大了银行体系流动性风险。商业银行大量配置非标准信贷资产，资金来源主要依赖短期的同业负债，加重了资产和负债的期限错配，增加银行体系流动性风险。二是规避信贷调控政策。银行机构通过同业业务绕开存贷比和合意贷款规模管控以及行业限制，削弱宏观调控实际效果。三是同业业务涉及多个市场，业务综合性和交叉性强，易导致商业银行信用风险、流动性风险、市场风险等各类风险叠加放大，同时传导到其他市场。

---

① 同业资产主要包括存放同业、拆放同业和买入返售资产。

② 同业负债主要包括同业存放、同业拆入和卖出回购。

（七）定量评估

运用区域金融稳定定量评估模型，对东部地区的区域金融稳定状况进行评估。从定量评估结果来看，东部地区2013年金融稳定状况综合得分为83.8分，和上年得分相同，仍处于较稳定区间①，但低于全国平均水平0.9分。其中，东部地区宏观经济和保险业得分比全国平均水平略低，银行业、证券业和金融生态环境各项得分则基本与全国平均水平相当（图14）。

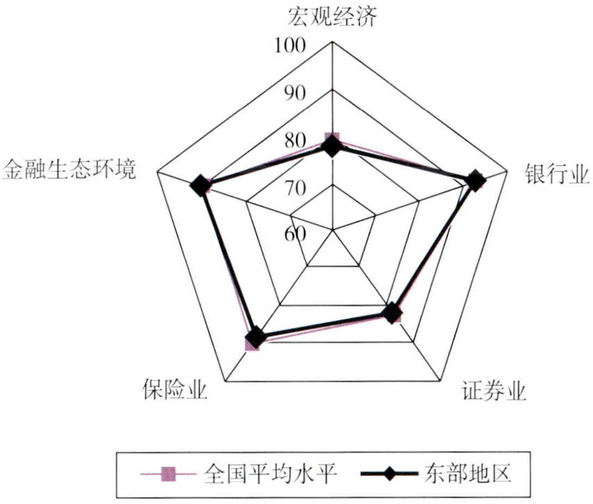

图14　2013年东部地区金融稳定状况和全国平均水平的比较

从具体指标变动情况来看（表9），东部地区共有7项指标较上年有所改善，9项指标较上年有所下降，9项指标基本与上年持平。宏观经济得分整体较上年有所提高，银行业得分略有下降，证券业得分明显上升，保险业得分出现小幅回升。金融生态环境继续改善，得益于法制环境进一步好转，征信覆盖率有所扩大。

表9　2013年东部地区评价指标及其变动情况

指标分类	变动方向	评价指标	变动情况		
			改善	稳定	下降
宏观经济	↑	地区生产总值增长率			√
		第三产业增加值增长率	√		
		全社会固定资产投资增长率			√
		社会消费品零售总额增长率			√
		实际利用外资增长率			√
		进出口总额增长率	√		
		城镇居民可支配收入增长率			√
		农村人均纯收入增长率			√
		居民消费价格指数	√		

① 将定量评估结果进行五大区间的等级评估：非常稳定（95分及以上）、稳定（85～95分）、较稳定（75～85分）、较不稳定（60～75分）和不稳定（60分以下）。

续表

指标分类		变动方向	评价指标	变动情况		
				改善	稳定	下降
宏观经济		↑	城镇登记失业率		✓	
			典型城市房地产销售价格指数			✓
金融机构	银行业	↓	核心资本充足率		✓	
			不良贷款率		✓	
			资产利润率		✓	
			流动比率			✓
	证券业	↑	净资本充足率		✓	
			净资本负债率		✓	
			资产利润率	✓		
	保险业	↑	应收保费率			✓
			保费收入增长率	✓		
			寿险公司退保率		✓	
金融生态环境		↑	法制环境调查综合得分	✓		
			地方财政收入占 GDP 比重		✓	
			银行服务密度		✓	
			征信数据库覆盖率	✓		

注：表中“↑”代表改善，“↓”代表下降，“→”表示稳定。

综合历史数据考察区域金融稳定变动趋势（图 15），东部地区金融稳定水平近两年受宏观经济因素影响较大，连续两年处于较稳定区间，而在 2011 年前东部地区金融稳定综合得分长期保持在稳定区间。分项来看（图 16），宏观经济得分对区域金融稳定得分影响最明显，金融稳定综合得分的趋势线和宏观经济得分历年得分走势接近。2012 年以后主要受国际经济环境和国内经济结构调整和产业转型升级等宏观因素影响，东部地区经济增速放缓，宏观经济得分连续两年处于低位。银行业得分在金融行业中表现最为稳定，从 2007 年以来基本保持在较高水平；证券业则受资本市场行情影响大，得分波动较大，2010 年以后整体处于较稳定区间；保险业得分在 2011 年出现较大下滑，此后情况逐年好转。东部地区的金融生态环境是各区域中较好的，多年得分都处于稳定区间且保持整体上升趋势。

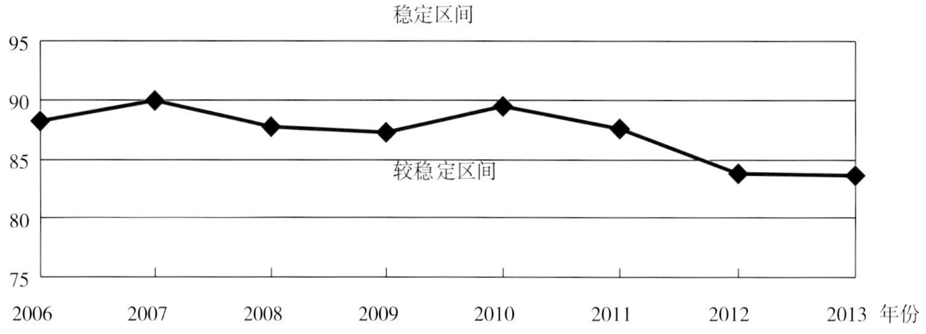

图 15　2006—2013 年东部地区金融稳定综合得分趋势图

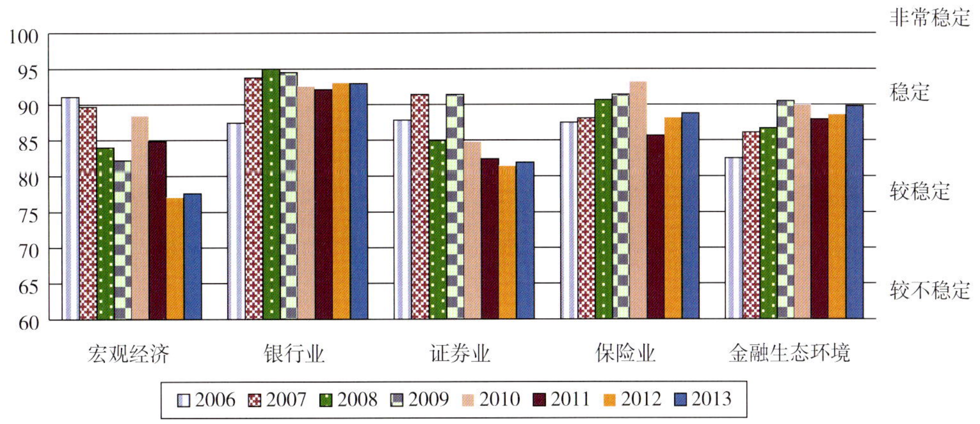

图 16　2006—2013 年东部地区金融稳定状况的比较

二、中部地区

2013 年，中部地区经济平稳较快增长，主要经济指标增速高于全国平均水平，经济运行质量和效益改善。地方金融改革稳步推进，银行业、证券业和保险业保持良好发展态势，服务实体经济能力提升。金融创新进一步加快，市场秩序逐渐规范，金融运行稳健、风险总体可控。

（一）经济保持稳定较快增长，部分行业企业生产经营困难较多

2013 年，中部地区经济保持平稳较快发展，主要经济指标增幅高于全国平均水平，地区生产总值总量继续保持 10% 以上的高速增长。全年中部地区六省生产总值总量达 12.73 万亿元，占全国比重为 22.4%，与上年持平；地区生产总值增速维持在 8.9% ~10.4%，高于全国 1.2 ~ 2.7 个百分点。其中，社会消费品零售总额、固定资产投资（不含跨地区项目）分别增长 13.83% 和 22.8%，分别高于全国 0.7 个和 3.2 个百分点；进出口总额和出口额增速分别达 13.60% 和 14.5%，分别高于全国 6 个和 6.6 个百分点。全年中部地区规模以上工业增加值增长 10.5% 以上，均高于全国 9.7% 的平均水平；规模以上工业企业实现利润 12 139.9 亿元，增速高于全国 3.4 个百分点。

专栏 12　中部地区农村土地流转与金融支持

近年来，中部地区农村土地承包经营权流转①呈现面积增加，规模扩大，价格趋升，以流向农村大户、合作社和龙头企业的良好势头。党的十八届三中全会关于土地承包经营权可抵押可担保的重大改革措施为农村土地流转注新活力，但实践中发展机遇与转型挑战并存。

---

① 土地承包经营权流转，是指通过承包取得的土地经营权可以依法采取转包、出租、互换、转让或者其他方式流转，简称土地流转。

一、农村土地流转的基本情况

（一）土地流转规模逐年扩大，合同流转占比提高

2013年中部地区土地流转总面积达6 842.95万亩，占承包经营面积的25.3%，其中河南27%，安徽27%，江西20.3%，山西14%。流转总面积比2011年增长53.0%。合同流转面积占比逐年提高，江西由2011年末的46.5%上升至2013年末的57%，河南合同流转面积达68%。

（二）流转价格各地差异较大，均在逐年提高

中部地区地域广，物价水平差距较大，土地流转价格不一，但在逐年提高。2013年江西流转价格为300～550元/亩，同比增加8%～12%。山西寿阳县土地流转价格，由2011年的300元/亩涨至2013年的600元/亩；介休和榆次等县也由600元/亩涨至800～1 200元/亩。

（三）流转形式以转包和出租为主，股份合作形式流转加快

目前中部地区土地流转的形式有转包、转让、互换、出租、股份合作6种形式，以转包和出租形式为主，占65%～70%。其中江西78%、河南66.9%。但以土地入股形式增长较快，平均以8%～12%增长，由简单出租向股份合作更高级形式转变。

（四）流转去向以大户为主，流向合作社与龙头企业增长较快

目前中部地区农村土地流转有60%流向农村大户，尤以流向粮食或蔬菜种植大户为主，但2013年专业合作社、龙头企业流转面积增长较快，分别比2011年增长120.68%、94.03%。其中江西分别比2011年增长93.33%和114.81%。

（五）财政扶持土地流转各地相继出台，落实到位不一

2010年起，中部地区一些省份出台财政扶持土地流转政策，其山西、江西等省出台加大土地流转的财政扶持力度和促进规模经营的政策，但是由于一些地方财政状况影响，很大部分地区扶持资金未落实到位。2013年山西仅有晋中市、太谷县等三个市县实际到位。

二、金融支持农村土地经营权流转存在的困难

（一）土地流转经营权的估值不易确定，贷款操作比较困难

农产品市场波动会传导到流转价格，经营权流转风险不易把握，而经营权价格缺少市场认同的定价评估机构。目前银行以流转双方协议合同为准，与抵押方难以形成共同认定的市场定价，而对经营权处置涉及多个经营权的权属，导致银行贷款难以操作。

（二）土地承包经营权不易变现，贷款权益难保障

由于土地确权工作刚启动，流转市场平台、调解仲裁体系等基础设施尚在建设之中，加之存在大量口头协议或不规范的协议，有效调解仲裁也较为困难，经营权不易变现，致使金融机构不愿介入。即使承接贷款抵押，缺乏经营权价值的市场认同，贷款权益难以得到保障。

（三）目前的信贷管理体制还不适应经营权抵押贷款的需要

目前省级层面涉农金融机构尚未把经营权抵押贷款纳入统一信贷操作流程框架，仅少数基层机构在各自摸索。土地流转大多用于规模化的特色种植，具有投入大、回报期较长特点，存在贷款短期化与需求长期化的矛盾；还存在流转大户贷款的实际利率普遍较高问题。

（四）流转抵押贷款的风险分担机制不完善

目前中部地区对经营权抵押尚未建立专门的担保机构托底和互保的联结机制，对流转抵押贷款的风险补贴尚未纳入财政补贴范围。涉农保险产品财政补贴不到位。

资料来源：中国人民银行南昌中心支行金融稳定处执笔

中部地区经济企稳向好的基础尚不稳固。一是工业产品结构升级有待加快。多数工业产品仍集中在产业链上游和价值链低端，技术含量较低，竞争力不强。在装备制造等优势产业中，存在传统产品和初加工产品比重大、高端新产品占比较少、适应市场变化能力弱等问题。高科技、新技术、新产品为核心的新增长点和规模竞争优势尚未形成，新型战略性产业对经济拉动力有限。二是工业品价格持续下行，部分传统行业市场需求不足，产能利用率偏低，产能过剩矛盾有待进一步释放。传统支柱产业如装备制造、钢铁、有色等受制于全国性产能过剩，产销持续放缓，生产经营出现困难。安徽省、江西省、河南省的工业生产者出厂价格指数和购进价格指数近 20 个月同比呈连续下降态势。湖北省、江西省工业企业产能利用率在 77% 左右，低于国家平均水平。三是生产要素价格上涨较快，企业生产成本居高不下，影响企业正常生产。江西省规模以上工业企业主营业务成本上涨 16.5%，企业销售、管理等费用上涨 16% 以上，均高于主营业务收入增幅。

（二）信贷投放结构逐步优化，不良资产管控压力显著增加

信贷投放结构渐趋合理，资金继续向薄弱领域集中。一是贷款行业结构趋于平衡，重点领域金融支持有力，“两高一剩”等领域贷款投放力度减弱。湖南省重点基础设施领域全年新增贷款占该省新增贷款的 25.6%；保障性安居工程贷款余额同比增长 21.4%。河南省对 37 家涉及环境保护违法违规且尚未完成整改企业和 62 家涉及落后产能且尚未完成淘汰企业实行暂停授信或稳步退出。安徽省钢贸和光伏行业年末贷款余额分别比年初减少 27.23 亿元和 0.5 亿元。二是薄弱领域信贷稳步增长。截至 2013 年末，安徽省涉农贷款和小微企业贷款余额增速分别高出同期各项贷款 6.43 个和 5.58 个百分点，河南省分别高出 4.2 个和 12.1 个百分点，湖南省分别高出 8.6 个和 2.2 个百分点。

2013 年，中部地区部分行业和领域信贷风险防控压力增大。一是部分地区不良贷款反弹压力大。截至 2013 年末，山西省银行业不良贷款余额和不良贷款率均出现上升态势，不良贷款反弹地区遍及该省 11 个市。安徽省 16 个地市中有 8 个地市不良贷款上升。二是部分产能过剩行业贷款质量向下迁徙。湖北省船舶、钢贸等部分周期性行业风险暴露加速。安徽省钢贸、光伏和船舶行业不良贷款余额比年初增加 6.83 亿元，增长 62.54%。三是重点行业领域风险防控压力较大。地方政府融资平台风险总体可控，但一些城市地价、财政收入增速下滑，市级融资平台面临较大偿债压力。房地产贷款增长较快，部分地区和机构新增房地产贷款占比较高，潜在风险逐步积累。江西省、安徽省房地产贷款余额增速分别高出各项贷款 8.33 个和 12.27 个百分点，分别占各项贷款比重的 21.86% 和 24.3%。四是集团客户互保普遍，关联交易复杂隐蔽，担保链条长。截至 2013 年末，某省有 2 个以上企业的集团关联群 2 510 个。其中，621 个集团关联群的

群内企业担保金额占其关联群全部贷款的20%，241个群的群内担保额超过全部贷款的50%，117个集团关联群群内担保额超过全部贷款100%。五是部分银行风险管控不审慎，不良贷款分类偏离度较大，存在不同程度的隐性不良贷款。

（三）地方金融改革不断深化，非标准化债权资产业务快速发展隐藏风险

地方金融改革创新步伐加快，综合实力得到强化。一是地方法人金融机构改革步伐加快，城市商业银行机构布局不断优化，农村信用社改革持续推进，村镇银行覆盖面进一步扩大。河南省13家城市商业银行改革重组方案稳步实施，10家农信社改制农商行，村镇银行县（市）域覆盖率达到77%。湖南省7家高风险机构完成改制重组。徽商银行在港交所主板成功挂牌交易，成为国内首批、中部首家登陆H股的城商行。二是地方金融机构综合实力和抗风险能力显著加强。安徽省银行业法人金融机构资本充足率14.59%，比年初上升2.29个百分点。江西省5家城商行、28家村镇银行及2家财务公司资本充足率均提前达到10.5%的过渡期末监管要求，61家农合机构资本充足率达到或超过8.5%。河南省城市商业银行、农村中小金融机构贷款损失准备充足率分别为533.52%、317.14%，分别比年初提高49.88个和100.82个百分点。

专栏13　中部地区村镇银行整体发展及风险状况分析

截至2013年末，中部地区村镇银行数量达235家，其中，湖北34家、安徽50家、河南61家、湖南29家、江西29家、山西32家，2013年中部地区村镇银行新增107家。整体来看，呈现以下特点：一是发起行以农商行、城商行为主；二是发起行出资占比较高，倾向于绝对控股；三是业务网点贴近农村市场。随着村镇银行数量的不断增加，农村金融机构种类及金融体系得到进一步丰富和完善。

一、经营情况

（一）资产负债和存贷款规模增长较快

截至2013年末，中部地区村镇银行资产规模1 359.59亿元，同比增长71.23%；负债规模1 172.58亿元，同比增长74.49%。各项存款余额996.16亿元，同比增长84.82%；各项贷款余额746.73亿元，同比增长90.98%。从贷款投向看，农户贷款、中小企业贷款占比较大，其支农作用充分发挥。

（二）盈利能力提升较快

2013年，中部地区村镇银行实现盈利23.26亿元，同比多增11.14亿元，同比增长91.91%。

二、需要关注的问题及潜在风险

（一）社会认可度不高，多数村镇银行吸收存款能力较差

主要原因：一是村镇银行成立时间较短，宣传力度不到位，公信度低。二是经营网点少，覆盖范围小，且处于县（市）城区。以设立村镇银行最多的河南省为例，截至2013年末，河南省共组建村镇银行61家，覆盖全省79%的县（市）城区，但设立的分支机构只有123家，平均每家村镇银行仅设立2家分支机构。三是受维护成本高、科技力量弱等方面制

约，村镇银行仅能通过发起行或其他商业银行代理加入人民银行跨行支付系统，清算、汇兑、同业拆借等业务难以进行，更无法实现跨行跨区结算，严重影响了村镇银行存款增长。

（二）金融服务水平低，创新能力差

目前，村镇银行与传统涉农金融机构的金融产品同质化，无竞争优势。同时，多数村镇银行业务人员少，且综合素质不高，导致其业务创新能力较差。

（三）抗风险能力较弱

村镇银行注册资本规模整体偏小，平均注册资本不足7 000万元，加之村镇银行自身管理制度不够完善，科技力量有限，服务对象主要为农民和农村小企业，导致村镇银行经营风险较大，抗风险能力弱。

三、政策建议

（一）加强对村镇银行的审慎监管

金融监管部门应建立科学、合理的准入制度、运营监管制度和信息披露制度，加强对其资产质量和风险指标的监测。

（二）加强村镇银行自身管理制度建设

村镇银行应建立健全法人治理结构、内控制度和风险管理机制，提高其自身风险防范能力。

（三）推进村镇银行核心业务系统等基础设施建设，提高服务水平和效率

村镇银行应深化与发起银行或同业之间在支付结算、风险管理和反洗钱技术系统等方面的合作，加强与支付清算组织和技术服务商合作，拓宽村镇银行网络渠道，提升其金融服务电子化水平，加强人才队伍建设，提高服务效率。

资料来源：中国人民银行郑州中心支行金融稳定处执笔

目前，银行非标准化债权资产形式多样，表现为信贷资产、信托贷款、委托债权、承兑汇票、信用证、应收账款、各类受（收）益权、带回购条款的股权性融资等。银行理财资金、自营资金甚至从同业拆借市场中获取的短期资金均直接或间接通过非银行金融机构、资产交易平台等投资于非标准化债权资产，该类业务规模快速增长。从微观方面看，非标准化债权资产的债务人存在信息不透明现象，多涉及“两高一剩”、房地产等领域，债务人资金链断裂、担保人不履约风险较大，银行机构面临较高信用风险、操作风险和市场风险。从宏观方面看，该类业务快速扩张，易导致社会融资数据失真、资金流向宏观调控限制性行业，金融体系流动性风险加大。

（四）证券期货经营机构稳步发展，创新业务面临的风险因素较多

2013年，中部地区证券期货经营机构实现稳健经营和创新发展。一是经营模式发生变革，经营服务主体增多。随着证券公司分支机构经营范围的拓宽、轻型营业部的试点，证券公司经营管理模式也呈现出新的趋势，部分证券公司将管理架构调整为“中心营业部”和“次级营业部”两个层级。安徽省、山西省分别新增5家和15家证券分公司、44家和18家证券营业部。

二是证券期货公司资产规模、盈利水平显著增加，综合实力逐步提高，各项风险控制指标总体稳健。截至2013年末，中部地区12家法人证券公司资产总额1 653.34亿元，同比增长15.09%；营业收入137.47亿元，同比增长35.44%。三是证券创新不断推进，创新业务收入快速增长。证券公司融资融券业务呈现较快发展势头，股票质押回购交易业务取得突破，债券质押式报价回购业务成交金额不断增多，约定购回业务待购回金额较快增长。

2013年以来，证券业金融创新进入加速发展阶段，促进了证券公司业务转型，提高服务实体经济的能力，但创新过程中蕴含的合规性风险、市场风险、杠杆化风险也逐步凸显。一是证券公司从事类贷款业务可能导致自有资金趋紧，财务杠杆增长较快，一旦融资客户不能按期归还本金，加上证券公司因财务杠杆过高无法利用新的筹资渠道时，可能面临一定的流动性风险。二是另类投资业务资金主要投向宏观政策限制行业，面临较大的信用风险。部分证券公司通过其从事直投业务的子公司间接使用募集资金进行委托贷款和投资信托计划业务，资金主要投向房地产业和县（市）级政府融资平台。三是融资融券业务市场风险管理压力较大。由于融资融券业务面临各种期限的资金需求结构，证券公司需合理评估融资融券业务规模、长期占款、盈利率等业务指标变动趋势，并对长、中、短期利率走势进行判断，对其市场风险管理能力提出更高要求。

（五）保险服务经济社会能力稳步提高，保险结构不均衡现象仍较突出

2013年，中部地区保险业稳步发展，市场服务主体进一步增多，产品创新试点逐步推进，产险业务保费收入较快增长，寿险业务保费收入降幅收窄，各项赔付支出快速增长，保险风险保障作用增强。一是风险保障作用突出，渗透度进一步提升。2013年，中部地区保险业赔款和给付支出1 179.39亿元，同比增长41.09%。其中，财产险公司赔付支出增长23.31%，人身险公司赔付支出增长62.31%。中部地区保险密度865.69元/人，同比增加81.03元/人。二是保险产品创新试点逐步推进，保险业服务领域不断拓宽。环境污染强制责任保险、森林保险、大病保险试点顺利启动。安徽省新增10个特色农业保险产品，4家保险公司共承办17个大病保险项目。江西省成为全国第一个在全省范围内推行特种设备责任险的省份。四是为重点工程项目和外贸出口保驾护航。湖南省产险业为848.3亿元的高速公路、地铁等重点项目建设提供了工程保险保障服务，保额同比增长67.2%。河南省出口信用保险提供出口保障45.68亿美元，同比增17.1%。五是保险资金投资范围不断拓宽。中国保监会与安徽省人民政府签署战略合作备忘录，在服务实体经济和社会管理、促进保险资金在皖运用等7个方面建立战略合作关系。截至2013年末，保险资金在山西省基础设施建设投资总额为318.76亿元，涉及12个重点建设工程项目。

虽然保险创新试点不断推进，保险产品不断丰富，但保险结构改善缓慢，发展不均衡现象仍较突出。一是“一险独大”局面仍未有效改变。财产险方面，保险公司业务主要集中在机动车辆保险，工程险、农业保险等发展不足。寿险方面，普通型寿险产品发展进展较慢，而投资型业务占比过高，保障型寿险产品发展相对滞后。2013年，车险保费收入在财产险保费收入中的占比和分红险保费收入在人身险保费收入中的占比分别为79.87%和59.72%。二是市场竞争不够充分。保险市场主体结构较为单一，中小型保险公司在费率、产品和服务等方面处于劣势地位，保险市场竞争不充分。山西省最大五家财产险公司市场份额占82.21%，最小十家市场份

额仅占3.35%；最大五家寿险公司市场份额占85.53%，最小十家市场份额仅占3.5%。安徽省前5家财产险、寿险公司保费收入的市场份额分别为81.45%和70.06%。

（六）定量评估

从定量评估结果来看，2013年中部地区金融稳定状况综合得分为85.6分，属于稳定区间，较上年下降2.3分，比全国平均水平高出0.9分。其中宏观经济、银行业和证券业得分比全国平均水平稍高，金融生态环境和保险业得分则略低于全国平均值（图17）。

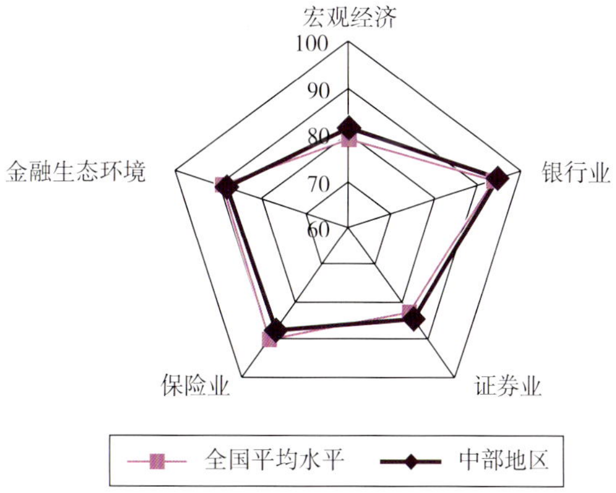

图17　2013年中部地区金融稳定状况和全国平均水平的比较

从具体指标变动情况来看（表10），中部地区共有6项指标较上年有所改善，9项指标较上年有所下降，10项指标基本与上年持平。宏观经济得分较上年出现回落，银行业得分略有下降，证券业得分上升，保险业得分出现下滑。金融生态环境得分因法制环境改善而较上年小幅上升。

表10　2013年中部地区评价指标及其变动情况

指标分类	变动方向	评价指标	变动情况		
			改善	稳定	下降
宏观经济	↓	地区生产总值增长率			✓
		第三产业增加值增长率			✓
		全社会固定资产投资增长率	✓		
		社会消费品零售总额增长率			✓
		实际利用外资增长率		✓	
		进出口总额增长率			✓
		城镇居民可支配收入增长率			✓
		农村人均纯收入增长率		✓	
		居民消费价格指数	✓		
		城镇登记失业率	✓		
		典型城市房地产销售价格指数	✓		

续表

指标分类		变动方向	评价指标	变动情况		
				改善	稳定	下降
金融机构	银行业	↓	核心资本充足率		✓	
			不良贷款率		✓	
			资产利润率		✓	
			流动比率			✓
	证券业	↑	净资本充足率		✓	
			净资本负债率		✓	
			资产利润率	✓		
	保险业	↓	应收保费率		✓	
			保费收入增长率			✓
			寿险公司退保率			✓
金融生态环境		↑	法制环境调查综合得分	✓		
			地方财政收入占 GDP 比重		✓	
			银行服务密度		✓	
			征信数据库覆盖率			✓

注：表中“↑”代表改善，“↓”代表下降，“→”表示稳定。

从历年综合得分变动趋势看（图 18），中部地区金融稳定水平连续两年有所下降但仍保持在稳定区间内。具体来看，2008 年以来，中部地区金融稳定综合得分连续四年明显上升，2011 年由较稳定区间跨入稳定区间，2012 年以后持续受宏观经济增速下滑影响，综合得分也有所下滑。分项来看（图 19），中部地区宏观经济得分最近两年持续下降，对金融稳定综合得分影响较大；银行业最近四年发展稳定，得分仅有小幅波动；2013 年证券业得分出现明显上升，和全国各区域趋势相同，得分增幅最大；保险业自 2011 年出现大幅下降后连续三年保持稳定，无明显改善；金融生态环境得分则从 2006 年以后连续 8 年逐年上升。

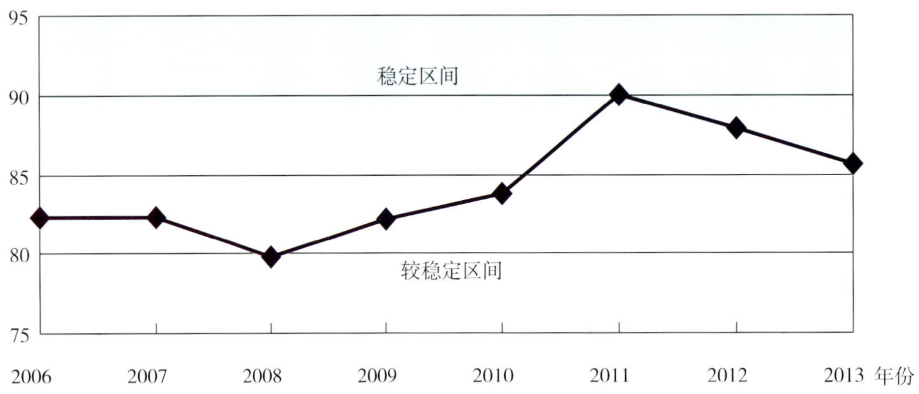

图 18　2006—2013 年中部地区金融稳定综合得分趋势图

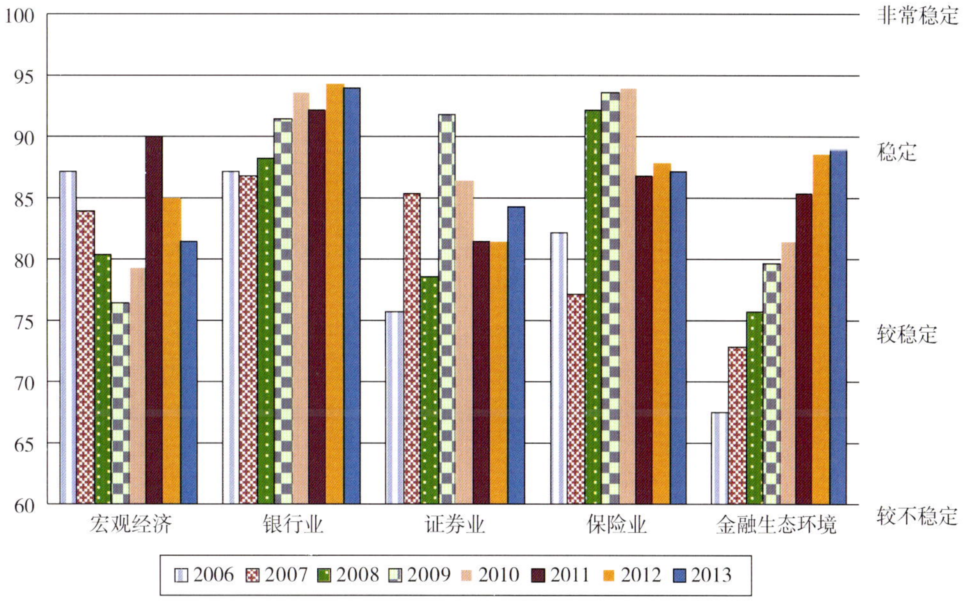

图 19　2006—2013 年中部地区金融稳定状况的比较

三、西部地区

2013 年，面对复杂的国内外经济金融形势，西部地区加快经济结构调整和发展方式转变，着力解决影响发展稳定的突出问题，经济呈现稳中有进、稳中向好的发展态势。西部地区金融业稳步发展，金融改革持续深化，综合实力和整体抗风险能力逐步提高，与经济形成良性互动。但同时，金融体系中仍存在一些不稳定因素，值得密切关注。

（一）经济保持平稳较快增长，金融与经济形成良性互动

2013 年，西部地区经济继续保持平稳的发展态势，全年实现地区生产总值 12.62 万亿元，同比增长 10.73%。三次产业结构由上年的 12.57:50.82:36.61 调整为 12.44:49.58:37.98，三次产业呈现协调发展。2013 年，西部地区共实现全社会固定资产投资（不含农户）12.19 万亿元，同比增长 21.99%；全年实现社会消费品零售总额 4.2 万亿元，同比增长 13.62%；进出口总额 2 781.57亿美元，同比增长 17.65%，其中出口总额 1 612.49 亿美元，同比增长 19.26%。投资、消费与进出口的稳步增长助推了西部地区经济发展，为金融体系稳健运行提供了有力的外部支撑。

另一方面，金融对实体经济的支持力度明显加大。2006 年以来西部地区全社会融资总量以年均 19.4% 的速度增长，2013 年社会融资总量超过 3 万亿元，与地区生产总值之比为 29.7%。具体来看，2013 年西部地区各省社会融资总量占地区生产总值的比重均高于全国水平，其中西藏、青海、贵州、甘肃四省区比值超过 40%，西藏高达 95.7%；青海、甘肃、新疆、贵州四省区社会融资总量占地区生产总值的比重较 2006 年提升幅度超过 20 个百分点，青海增幅达 40.3 个百分点。

专栏14 西部地区金融服务实体经济能力逐渐增强

一、西部地区金融服务实体经济力度不断增强

（一）实体经济信贷支持力度不断增强

一是重点优势产业信贷需求得到有力保障。2013 年，西部 12 个省区新增贷款重点投向制造业等重点优势行业。如内蒙古地区批发零售业、交通运输仓储邮政业、制造业和农林牧渔业获得的信贷资金占全部行业新增贷款 83.5%；广西新增贷款 89.5% 投向了批发零售业、交通运输业、制造业、租赁和水利行业；贵州交通运输仓储和邮政业新增贷款居行业之首，增幅达到 16%；四川 500 项重点项目新增贷款占比 22.8%。二是对小微企业、“三农”等薄弱环节支持力度逐渐增强。2013 年末西部地区小微企业、涉农贷款余额同比增长 33.4%、17%，分别高出各项贷款同比增速 18.6 个和 1.2 个百分点；其中新疆、甘肃、陕西、贵州、内蒙古小微企业同比增速均高于 12 个省区增速均值；当年涉农贷款新增额占各项贷款新增额的 38.1%，其中内蒙古、贵州、青海、陕西、甘肃占比高出均值。

（二）直接融资在配置资金中积极作用持续加大

2013 年西部省区非金融企业通过发行债券、股票等直接融资筹措资金 2 811.67 亿元，是 2006 年的 23.1 倍。部分省区债券融资取得新突破，如甘肃债券融资同比增速高出同期各项贷款余额增速 40.2 个百分点，广西首单 30 亿元小微企业专项金融债及 2.86 亿元区域集优中小企业集合票据成功发行，新疆首单 5 亿元保障房私募债及西北五省首单 4.8 亿元区域集优中小企业集合票据成功发行。

（三）非银行机构服务实体经济能力不断提高

西部地区中重庆、内蒙古、陕西三地小额贷款公司发展较早，其他省区基本在 2009 年、2010 年开始出现并发展迅速，截至 2013 年末，西部地区小额贷款公司各项贷款余额 1 889.65亿元，是 2010 年的 5.6 倍。保险业服务领域不断拓宽，经济补偿功能进一步发挥，2013 年保险公司累计赔偿金额 1 191.58 亿元，是 2006 年的 8.35 倍。

二、西部地区金融服务实体经济效能不断增强

（一）金融业相对实体经济发展步伐加快

2013 年，西部地区可比金融业增加值占 GDP 比率为 5.39%，虽然与同期沿海发达地区 10% ~20% 相比，发展相对缓慢和滞后，但与 2006 年的 3% 相比，金融业相对实体经济发展步伐加快。

（二）储蓄转化为投资的能力逐步增强

贷存比在一定程度上体现储蓄投资转化情况，2013 年末西部地区贷存比为 75.5%，较 2006 年上升 4.1 个百分点，高出全国同期水平 6.6 个百分点，储蓄投资转化率相对较高且整体向好。其中宁夏、重庆、内蒙古、云南、广西、贵州、青海 7 个省区持续高出全国均值 10 个百分点以上。

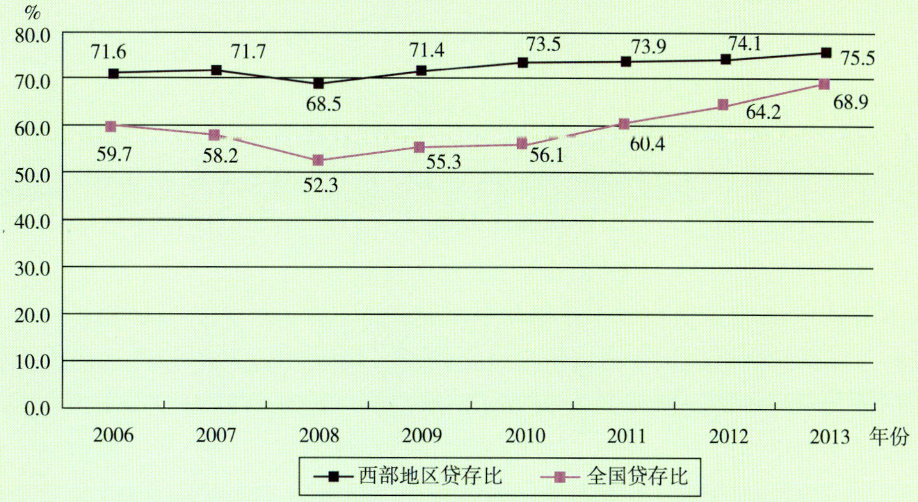

图1　西部地区与全国贷存比比较

（三）资金使用效率不断提高

2006年以来西部地区贷款产出比（地区生产总值/各项贷款余额）走势基本与全国一致，且均高于全国平均水平，2008年以前均在1.0以上，即单位贷款投入所获得的经济增加值大于1；2013年为0.86，仍然超过全国水平，资金运用效率较高。其中内蒙古、广西、四川、陕西、新疆、贵州、西藏7个省区2013年贷款产出比高于全国平均水平，前4个省区高于西部均值。

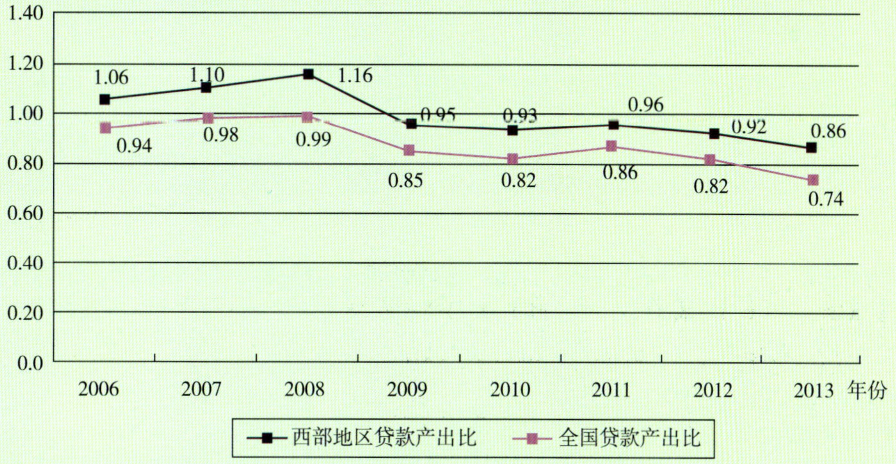

图2　西部地区与全国贷款产出比比较

资料来源：中国人民银行乌鲁木齐中心支行金融稳定处执笔

（二）银行业整体实力不断提高，但信用风险管控面临较大挑战

2013年，西部地区银行业认真贯彻执行稳健的货币政策，以金融支持实体经济发展为主线，整体实力不断提高。截至2013年末，银行业金融机构本外币资产总额达26.65万亿元，同比增长15.96%；本外币各项存款余额达20.12万亿元，同比增长15.83%；各项贷款余额达14.6万亿元，同比增长17.59%。信贷期限结构趋于优化，中长期贷款比率64.91%，同比减少1.72个百分点。经营效益整体提升，全年实现账面利润4 105.71亿元，同比增长24.4%。资产质量稳步提高，不良贷款率1.31%，同比减少0.15个百分点。

虽然2013年西部地区银行业不良贷款率依旧保持下降，但部分地区和机构不良贷款反弹现象开始显现。一是部分金融机构不良贷款增长较快。截至2013年末，广西股份制商业银行和城商行不良贷款余额较年初增加5.36亿元和10.48亿元。陕西省辖内股份制银行、城商行、农商行不良贷款较年初增加近13亿元。二是受资源价格下跌、民间融资等因素影响，部分地区企业经营困难加剧，地区信用风险不断累积。据调查，2013年第四季度至2014年第一季度，陕西某市有近80亿元贷款存在不同程度的偿还风险。四川省也发生多起企业突发性信贷违约事件。

专栏15　西部地区十省中小银行“借新还旧”业务调查

“借新还旧”是指银行贷款等授信到期后，不是以合同约定的还款来源清偿债务，而是通过重新发放贷款等授信方式，以新的借贷资金归还部分或全部原授信的行为。近几年，西部地区十省中小银行[①]信用规模高速扩张，但内部风险管理相对薄弱，抗风险能力相对不足，其“借新还旧”贷款业务隐藏较大风险，需加强监测。

一、基本情况

（一）操作模式多样化，“借新还旧”模式占比大

从操作方式上，“借新还旧”贷款可分为“借新还旧”[②]、“变相续贷”[③]、“置换贷款”[④]、“归还借款”[⑤] 等多种模式。截至2013年末，十省中小银行各类“借新还旧”贷款余额502.74亿元，其中“借新还旧”模式余额为343.35亿元，占68.3%。

---

① 包括西部地区十省（不含云南省和西藏自治区）的城市商业银行、农村商业银行、农村合作银行和农村信用联社。

② 操作流程一般是：甲公司在A银行的贷款到期时，A银行向甲公司重新发放1笔贷款用于归还全部或部分前期贷款。这种操作方式只涉及1家银行和1家企业，一般是银行的自主行为，目的是尽量减少不良贷款的产生或者是以流动性贷款形式实现发放长期贷款。

③ 操作流程一般是：甲公司在A银行贷款到期时，向乙公司借入资金用于归还在A银行的贷款，贷款归还后，A银行再向甲公司发放1笔同等金额的贷款，甲公司再将贷款用于归还向乙公司拆借的资金。拆借资金的企业绝大多数是借款企业的关联公司，或者是担保公司、小贷公司等其他准金融机构，以及民间借贷等。这种操作方式一般涉及1家银行和2家企业，与“借新还旧”模式相比，要求借款企业从银行之外先行筹集旧贷款的还款资金。这种方式既有可能是银行和企业的双方行为，又有可能是企业的单方行为。

④ 操作流程一般是：甲公司在B银行的贷款到期时，甲公司向A银行申请发放1笔贷款，其真实目的是用于归还其在B银行的前期贷款。这种操作方式一般涉及2家银行和1家企业。如果A银行不知情，则甲公司的贷款信用风险由B银行转移到了A银行；如果A银行和B银行有协议，相互进行贷款置换，则对外掩盖了各自的信用风险。

⑤ 操作流程一般是：甲公司在A银行贷款，用于归还甲公司前期向其公司股东或其他关联方的借款，比如企业向股东借款用于经营性物业建设的前期投入。一般涉及1家银行和1家企业及其股东。

表 1　西部十省地方中小银行"借新还旧"基本情况表　单位：万元

地域＼模式	各类"借新还旧"贷款总额	"借新还旧"类	"变相续贷"类	"置换贷款"类	"归还借款"类	其他类型
广西	88 952	69 076	13 676	0	6 200	0
贵州	78 736	60 349	4 528	8 123	5 570	166
甘肃	1 352 049	1 103 324	6 750	115 216	115 924	10 835
内蒙古	368 864	308 922	28 111	2 000	29 831	0
宁夏	54 511	50 511	0	0	4 000	0
陕西	1 083 688	890 333	3 013	79 001	43 904	67 437
新疆	282 819	50 274	989	227 059	0	4 497
重庆	298 642	21 157	1 600	204 587	71 298	0
四川	1 403 193	864 749	66 619	14 375	196 388	261 062
青海	15 949	14 835	245	146	175	548
合计	5 027 403	3 433 530	125 531	650 507	473 290	344 545

（二）"借新还旧"类笔数最多，"置换贷款"类单笔金额最高

截至 2013 年末，十省中小银行共发放各类"借新还旧"贷款 372 741 笔，平均每笔贷款余额为 13.5 万元，其中"借新还旧"类贷款笔数最多，达 318 942 笔；"置换贷款"类贷款平均每笔贷款金额最高，达 73.7 万元。

（三）地域分布较为集中，潜在风险较高

截至 2013 年末，中小银行各类"借新还旧"贷款主要集中于甘肃、陕西、四川三个省，贷款共计 383.89 亿元，占比为 76.36%。各类"借新还旧"不良贷款余额为 65.02 亿元，不良贷款率为 12.93%，远高于不良贷款率总体水平。

二、存在的问题

（一）主动掩盖了当期风险，可能造成风险的聚集，增加风险集中爆发的力度

如内蒙古某银行 2013 年末表面不良贷款率为 7.95%，实际不良贷款率为 9.34%，通过"借新还旧"操作，优化不良贷款率达 1.39 个百分点。在经济不景气的情况下，各行业、各企业存在的各种风险因素在"借新还旧"的操作下，在延缓过程中不断聚集、扩大，其叠加集中爆发的破坏力将远大于风险的逐个暴露。

（二）内部隐藏风险不自知，可能造成风险的扩散，增强风险暴露的突发性

中小银行侧重营销和业务发展，往往对各种灰色地带的操作持宽容的态度，加上内控机制和核查机制薄弱，无法在全局上掌握隐藏的风险总量、分布和程度，不能采取足够的预防、释缓和处置措施，可能造成风险在机构内的扩散和蔓延。

（三）对外粉饰了贷款质量，可能造成政策的失误，降低系统性风险的防范能力

表面良好的贷款质量数据降低了以此为基础制定货币政策和监管政策的针对性和有效性，并且不能及时抑制中小金融机构过度扩张冲动，降低了系统性风险的防范能力。此外，"借新还旧"操作催生了大量的短期"过渡资金"融资，多种主体大量参与，正规金融与民间信用混杂，隐藏风险较大。

（四）减弱资金流动性，可能造成贷款“固化”，降低银行资产使用效率

“借新还旧”贷款的大量存在，使短期贷款长期化，出现流动资金贷款普遍被长期占用的局面，其流动性有所“固化”。此外，“借新还旧”贷款长期被经营状况不理想的借款人占用，会使信贷资金难以优先配置到高效的部门和领域，降低信贷资金的使用效率和收益率。

资料来源：中国人民银行南宁中心支行金融稳定处执笔

（三）证券机构经营状况总体良好，但上市公司竞争力相对较弱

2013 年，西部地区资本市场规模不断扩大，总体保持了持续健康发展的良好态势。截至 2013 年末，西部地区共有 18 家法人证券机构、2 家基金管理公司和 17 家期货经纪公司，法人证券机构资产总额 1 732.44 亿元，同比增长 16.03%；全年实现营业收入 162.12 亿元，同比增长 25.83%。云南省太平洋证券在老挝设立了我国首家境外合资证券公司。受资本市场低迷、IPO 暂停的影响，上市公司全年股票市场累计募集资金总额 1 135.72 亿元，同比下降 66.28%，但部分省份的融资功能增强。例如，云南省上市公司股票募集资金 255.89 亿元，同比增长 2 458.90%；甘肃省上市公司利用资本市场实现直接融资 175.14 亿元，较上年高出 56.67 亿元，处于历史最好水平。新疆上市公司境内资本市场融资 155.46 亿元。

由于西部地区属于经济欠发达地区，受外部经营环境与企业经营管理水平等因素制约，上市公司整体竞争能力相对较弱，不论是规模还是盈利能力在同行业中排名普遍靠后，上市公司（尤其是制造业）存在产业链短、产品附加值低、科技研发能力不足、品牌意识和经营管理能力不强的问题，制约了上市公司做大做强，部分上市公司甚至面临退市风险。2013 年，西部某省上市公司中有 3 家被交易所实行退市风险警示，目前 3 家公司经营状况不容乐观，盈利能力持续下跌，且重组过程难度较大。

（四）保险业积极发挥经济补偿功能，但农业保险覆盖面和保障程度偏低

2013 年，西部地区保险业全年共实现保费收入 3 320.7 亿元，同比增长 13.63%。保险业积极发挥经济补偿功能，服务地方经济和“三农”的能力不断增强。一是充分发挥保险的风险保障功能。2013 年，西部地区保险业赔付支出 1 191.58 亿元，同比增长 31.31%。二是责任险等业务拓展有所突破。西部地区全年共实现责任险保费收入 44.17 亿元，同比增长 17.91%。其中，环境污染责任险试点在陕西全面启动，已为 160 家企业提供保险保障。三是涉农保险深入推进。全年共实现农业险保费收入 114.61 亿元，同比增长 38.42%，其中内蒙古政策性森林保险实现突破，承保林木 3.77 亿亩，实现保费收入 6.44 亿元，居全国第一位。四是居民医疗保险初见成效。青海省大病医疗保险已覆盖全省 423.09 万人，占全省总人口的 73.81%，大病医疗保险报销金额和基本医疗保险报销金额合计占全省居民医疗总费用的 75.27%。

农业保险在推动西部地区农业发展，维护农民灾害权益保障等方面发挥了积极的作用，但总体来说，政策性农业保险的覆盖面偏小，对经济社会的贡献度和渗透力不强，尤其无法满足农民风险保障的需求。由于政策性保险试点阶段，以“广覆盖、低保障”为原则，部分险种的

保额难以弥补农民的物化成本，且部分险种的保险责任范围不能覆盖农民所面临的最大风险，造成部分险种难以开展，接受度不高。同时由于试点规模较小，导致保险公司风险较为集中，影响保险公司经营农业保险的稳定性，不利于数据的积累和承保条件的改善，也难以降低保险成本。

（五）多层次金融综合改革有序启动，但地方金融管理体制亟待改革

2013 年西部地区金融改革持续深化。省级层面，人民银行、国家发改委等十一个部委联合下发《云南省　广西壮族自治区建设沿边金融综合改革试验区总体方案》，改革主要包括推动跨境人民币业务创新、完善金融组织体系、培育发展多层次资本市场等十方面内容。市级层面，陕西省和四川省分别推进以西安市和成都市为主要载体的西部金融中心建设，提高金融服务覆盖面与可获得性。重庆区域性金融要素市场建设初具规模，2013 年交易额超过 1 600 亿元，在优化资源配置方面发挥了重要作用。地区层面，在陕西省府谷县开展民营经济转型升级金融改革，提出包括成立府谷金融管理局，组建府谷金融控股集团公司，尝试由民间资本发起设立自担风险的民营银行、金融租赁公司和消费金融公司等 14 项具体金融改革措施。广西田东县和宁夏平罗县分别组建了首家农村产权交易中心。截至 2013 年末，广西田东县累计通过中心主持农村产权交易 57 宗、交易金额 1.87 亿元，组织农村资产评估 33 宗，价值 1.18 亿元。宁夏平罗县累计发放“三权”抵押贷款 949 笔、5 480 万元，并给予利率优惠，为农业生产经营提供了有力的资金支持。

随着地方金融机构的快速成长与发展，现行地方金融管理体制不适应地方金融改革和区域金融发展的问题逐渐暴露。一是地方金融管理体制不顺畅。地方政府虽然先后设立金融办，管理地方金融事务，实际上地方金融管理涉及多个主体，监管成本较高，监管效率有待提高。二是地方金融管理理念滞后。地方金融管理重市场准入、轻市场退出，重合规性监管、轻日常风险性监管，重管理、轻服务的监管理念导致地方金融管理不到位。

（六）定量评估

从定量评估结果来看，2013 年西部地区金融稳定状况综合得分为 86.9 分，处于稳定区间，较上年下降 0.3 分，比全国平均水平高 2.2 分。其中宏观经济和保险业得分明显超过全国平均水平，证券业得分比全国平均略高，银行业和金融生态环境得分则与全国平均水平存在一定差距（图 20）。

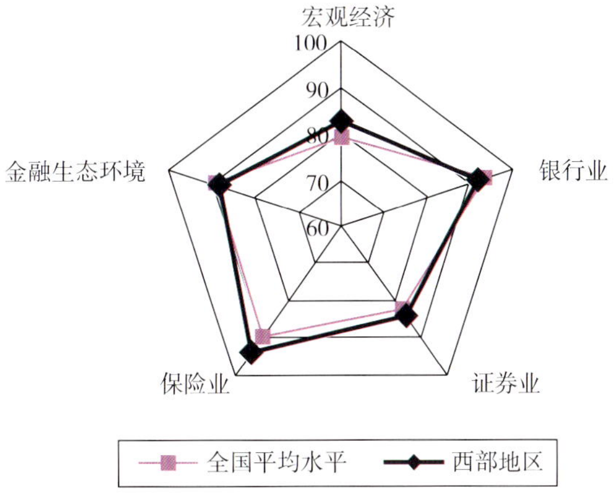

图 20　2013 年西部地区金融稳定状况和全国平均水平的比较

从具体指标变动情况来看（表11），西部地区共有8项指标较上年有所改善，7项指标较上年有所下降，10项指标与上年持平。宏观经济得分较上年有所回落。银行业得分下降较大，证券业得分上升，保险业得分有较大提升。法制环境继续改善，地方财政收入在地区生产总值中比重上升，征信数据库覆盖率进一步提高，使西部地区金融生态环境得分整体上升。

表11　　2013年西部地区评价指标及其变动情况

指标分类		变动方向	评价指标	变动情况		
				改善	稳定	下降
宏观经济		↓	地区生产总值增长率			✓
			第三产业增加值增长率			✓
			全社会固定资产投资增长率	✓		
			社会消费品零售总额增长率			✓
			实际利用外资增长率	✓		
			进出口总额增长率		✓	
			城镇居民可支配收入增长率			✓
			农村人均纯收入增长率		✓	
			居民消费价格指数		✓	
			城镇登记失业率			✓
			典型城市房地产销售价格指数	✓		
金融机构	银行业	↓	核心资本充足率		✓	
			不良贷款率		✓	
			资产利润率		✓	
			流动比率			✓
	证券业	↑	净资本充足率		✓	
			净资本负债率		✓	
			资产利润率	✓		
	保险业	↑	寿险公司退保率			✓
			应收保费率		✓	
			保费收入增长率	✓		
金融生态环境		↑	法制环境调查综合得分	✓		
			地方财政收入占GDP比重	✓		
			银行服务密度		✓	
			征信数据库覆盖率	✓		

注：表中“↑”代表改善，“↓”代表下降，“→”表示稳定。

从历年综合得分变动趋势看（图21），虽然2013年西部地区金融稳定综合得分同比有所下跌，但西部地区金融稳定水平多年来整体保持上升趋势，自2010年进入较稳定区间并连续四年保持在该区间。分项来看（图22），西部地区宏观经济得分近5年起伏较多，2013年得分相比历年处于较低水平，仅高于2009年。而在金融领域，西部地区的保险业在全国各区域中表现相对较好，连续多年得分较高且逐年上升；银行业得分连续多年保持稳定；证券业得分波动较大，

2013 年是得分增幅较明显的一年；金融生态环境得分从 2008 年以后每年都有不同程度的提升。

图 21　2006—2013 年西部地区金融稳定综合得分趋势图

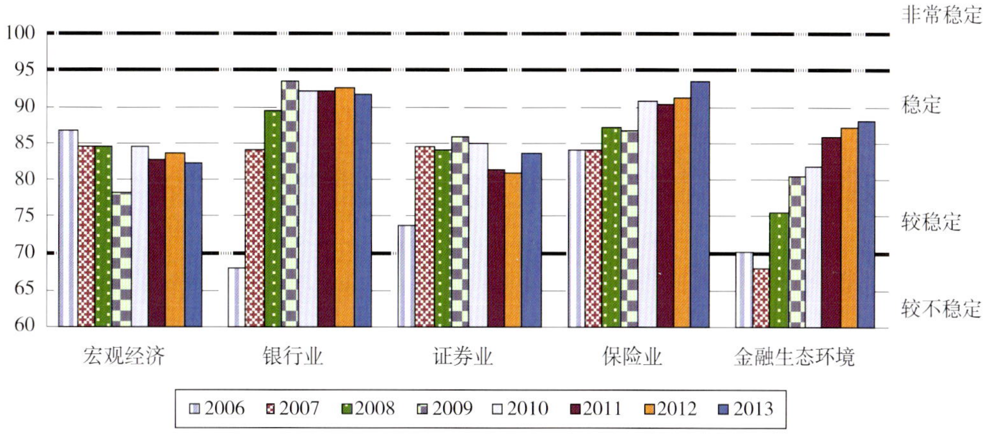

图 22　2006—2013 年西部地区金融稳定状况的比较

四、东北地区

2013 年，东北地区贯彻执行“稳中求进、稳中有为”的经济发展总基调，实现了经济总体稳定增长，但宏观经济面临较多挑战，经济增速有所放缓。金融业运行总体平稳，风险防控能力不断提高，服务实体经济的作用进一步加强。

（一）地区经济增速有所放缓，结构调整成效初步显现

2013 年，东北地区生产总值达到 5.49 万亿元，同比增长 8.4%，增速低于上年 1.8 个百分点。分省来看，辽宁省、吉林省和黑龙江省地区生产总值分别达到 2.71 万亿元、1.30 万亿元和 1.48 万亿元，同比分别增长 8.7%、8.3% 和 8.0%。受国际和国内经济下行的双重影响，辽宁省、吉林省和黑龙江省地区生产总值增速与上年相比分别下降了 0.8 个、3.7 个和 2.0 个百分点。

2013 年，东北地区经济结构调整成效初步显现。分省来看，辽宁省、吉林省和黑龙江省第

三产业占地区生产总值的比重分别上升1.2个、0.8个和4.0个百分点。虽然近几年东北老工业基地的第三产业发展迅速，但第三产业主要是围绕装备制造业、冶金化工行业等产业发展的，受第二产业影响较大。

（二）对外贸易增长较快，跨境人民币结算业务量大幅增长

2013年，东北地区进出口总额达1 790.13亿美元，同比增长7.67%，与全国增速基本持平。其中，辽宁省进出口总额1 142.80亿美元，同比增长9.9%，增速高于全国水平2.3个百分点，高于上年1.5个百分点。东北地区实际利用外资314.63亿美元，同比增长8.15%。其中，黑龙江省的主要外商投资来源于俄罗斯。

跨境人民币结算业务量大幅增长。其中，辽宁省跨境收支总量1 285.8亿美元，同比增长7.4%，比2012年高3.7个百分点。自试点开始至2013年末，该省跨境人民币结算金额累计达1 879.9亿美元。目前，该省已有61家银行的416家分支机构办理了跨境人民币结算业务，涉及企业2 207家，境外地域涉及108个国家和地区。吉林省跨境人民币结算业务在该省9个市州实现全覆盖，省内19家银行机构可提供跨境人民币结算服务，全年办理跨境人民币结算业务的企业达426家。

专栏16　中朝经贸合作面临新的发展机遇

近年来，中朝两国支持经贸交流的政策力度不断加大。2013年，朝鲜通过制定《经济开发区法》，将经济开发总局升格为国家经济开发委员会，经济特区的数量猛增至18个，成立民间团体“朝鲜经济开发协会”，举办开发特殊经济区国际研讨会等措施，加大经济特区建设力度，中朝经贸合作面临新的发展机遇。

一、中朝经贸合作面临的新机遇

（一）国际合作示范区发展获得新动力

2012年4月（珲春）国际合作示范区经国务院批复设立。中朝两国分别在沿边地区给予政策倾斜，对于促进中朝经贸合作、实现优势互补和互利共赢具有积极意义。随着两国共同开发共同管理罗先经济贸易区项目顺利实施，以及朝鲜对外开放和经济改革的深入，（珲春）国际合作示范区建设获得外部动力，将推动图们江区域国际合作和珲春开发开放进入新的发展阶段。

（二）对朝境外投资有望实现新突破

朝鲜修补了现有法律，为新增的14个经济特区招商引资提供法律支持。随着经济改革和对外开放步伐的加快，朝鲜几乎开放所有领域供外商投资，同时取消了最低投资金额要求，出资比例、方式、金额和期限等也由外方和朝方商议决定。投资环境的改善，有助于提高中方企业在朝投资的积极性。2013年，延边地区企业已在朝鲜设立了20家境外投资企业，中方投资额超过5 600万美元。

（三）中朝贸易需求得到释放

朝鲜对外开放水平的提升，为推动中朝进出口贸易的发展发挥了积极作用。2013年，延

边州对朝进出口总额为6.18亿美元，同比增长25.65%。朝鲜政府对新增经济特区建设的支持，将吸引更多的外资企业进驻，特区配套设施的建设和朝鲜经济发展水平的提升将有效扩大进出口需求，进而发挥带动中朝贸易发展的辐射效应。

（四）银行间国际金融合作意愿增强

为落实中朝两国政府《关于共同开发、共同管理罗先经济互贸区协议》的重要举措，2013年1月，中华商业银行在朝鲜罗先经济特区正式建立，这是朝鲜中央政府批准成立的第一家独资银行，经济特区建设对金融合作的推动作用已显现。此次朝鲜扩大经济特区，将推动中朝金融领域合作的深化，为有意向与朝鲜银行建立代理结算关系的金融机构带来新的机遇。

二、相关政策建议

（一）抓住历史机遇，形成区域发展合力

一是加快（珲春）国际合作示范区建设，不断推动中朝经贸合作纵向发展，实现生产要素的合理流动；二是总结中朝共同开发和共同管理中朝罗先经济贸易区的成功经验，积极吸引东北亚其他国家企业共同参与区域经济发展；三是加快对外通道建设，加大口岸基础设施建设力度，充分发挥延边的地缘优势，积极挖掘其作为“前沿阵地”的内在潜力。

（二）加快“走出去”步伐，提升境外投资合作层次

发挥中朝双方互补性优势，鼓励有意向的企业赴朝投资，充分运用朝鲜丰富自然资源、优越的港口条件和低廉的用工成本。同时，鼓励中方企业在人才和技术等方面对朝方予以支持，扩大深化双方利益的汇合点。在投资方式上可选择与朝方合资或合作经营，推进境外投资本地化战略，实现利益共享、风险共担。

（三）为企业提供政策支持，推动进出口贸易加速发展

政府部门应充分考虑经济政治环境的特殊性，加大对朝贸易企业的政策倾斜和保护。例如，在银行间汇路不畅的情况下，通过相关部门联合探讨，寻求对企业人民币现金结算予以退税的实现途径，最大限度地帮助企业降低成本。同时，引导企业利用朝鲜对外开发的有利时机，加大与朝方企业的联系，积极寻求商机，实现进出口贸易的长足发展。

（四）疏通对朝银行结算渠道，优化金融配套服务

政府部门应鼓励地方性商业银行与朝鲜银行建立结算合作关系，为中朝企业资金结算提供便利化服务。金融监管部门应在人民币跨境结算、调运等方面加大对银行的政策指导和支持力度。

资料来源：《吉林省金融稳定报告（2014）》

（三）房地产市场平稳运行，但相关贷款风险管控需进一步增强

2013年，东北地区共完成房地产开发投资9 308.03亿元，比上年增长12.1%。辽宁省、吉林省和黑龙江省分别完成商品房销售面积9 292.33万平方米、2 215.00万平方米和3 340.00万平方米。沈阳、大连和长春等典型城市住宅销售价格指数分别上涨4.4%、6.4%和8.6%。

东北地区房地产开发贷款余额3 264.61亿元、个人住房贷款余额5 438.15亿元。辽宁省部分银行的房地产贷款占比较高，增速较快。部分银行房地产贷款风险管理较为薄弱，有些银行的抵押物存在重复抵押、贷后管理不到位等现象，个别银行的房地产贷款抵押物未能覆盖风险敞口。黑龙江省抽样调查的40户房地产开发企业中，40%的企业已经出现项目资金紧张的状况，这在一定程度上增加了银行的信贷风险。

（四）银行业资产规模稳步增长，但部分行业资产质量下行压力较大

2013年，东北地区银行业金融机构资产总额9.71万亿元，比上年增长9.26%。其中，辽宁省、吉林省和黑龙江省银行业金融机构资产总额分别为5.10万亿元、2.05万亿元和2.56万亿元，同比分别增长8.69%、10.83%和9.17%。东北地区共有地方法人银行业金融机构363家，其中辽宁省146家、吉林省96家、黑龙江省121家。

专栏17　东北地区农行“三农”金融事业部改革成效显著

2010年、2012年，吉林省、黑龙江省农业银行先后被列为“三农”金融事业部（以下简称事业部）改革试点省份，全辖109家县农行（其中，吉林44家，黑龙江65家）进行了事业部改革试点。截至2013年末，两省农行事业部各项贷款余额合计为437.9亿元，同比增加97.4亿元，增幅为18.2%。

黑龙江省农行结合机械化、各地农业生产特色，实施“一县一品、一行一策”发展战略。鼓励各事业部结合实际，因地制宜，开展自主创新，主动进行产品和模式创新。一是依托产业化发展农户贷款的新路子，大力推行备春耕生产大额信贷投放的新模式，保障春耕资金发放。二是在农村地区加大电子机具布放力度，深化“惠农通”工程建设，实现农民“足不出户、人不出村”就能享受到现代金融服务。三是加快推广应用贷款服务成熟模式，大力实施服务模式转型创新工程。截至2013年末，黑龙江省农行“三农”金融事业部累计发放农村个人生产经营贷款近10亿元，同比增长47.1%；农民专业合作社流动资金贷款8 678万元，同比增长108.3%；社员农户贷款25.6亿元，同比增长5.8%；对农业产业化龙头企业贷款余额达26亿元，同比增长28.7%；在农村地区设立“金穗惠农通”工程服务点1.6万个，同比增长13.4%，对乡镇和行政村的服务覆盖率分别达到100%和91.6%；发放惠农卡396.8万张，同比增长35.3%，为广大农村居民提供了方便快捷的基础金融服务。

吉林省农行深化事业部改革试点工作。一是持续加大农村产业金融“千百工程”推进力度。有力地支持了吉林省县域经济发展。二是在进一步扩大金穗惠农通工程覆盖面的基础上，全面推进“金穗惠农通”工程服务点质量管理，提升工程价值创造力和品牌影响力。三是制定下发了《大中型农机具抵押贷款实施细则》，创新土地承包经营权抵押贷款和钢架大棚抵押贷款等新模式，不断优化农户贷款产品结构。并围绕特色农业产业，量身打造金融产品，为实施区域特色金融服务打好基础。四是制定加强事业部员工队伍建设的实施意见。加大人力资源倾斜补充与青年员工培养力度，加强县域事业部领导班子配备，完善干部激励政策。截至2013年末，吉林省“三农”事业部全年对家庭农场、专业大户、产业链上

农户等新型经营主体贷款余额12亿元，占比17.4%，较年初上升8.5个百分点。共服务“千百工程”客户111户，共建设“金穗惠农通”工程服务点10 490个，覆盖行政村6 452个，行政村覆盖率72.8%；实现助农取款13.2万笔、金额6 430万元，有力地支持了吉林省县域经济发展。

两省农行事业部继续深化改革还需建立健全“三农”业务风险分担和补偿机制；加大政策扶持力度与相关优惠政策的贯彻落实；进一步加快金融产品创新，增强服务“三农”的能力和水平；增大人才的引进力度，努力破解人才匮乏瓶颈。

资料来源：《黑龙江省金融稳定报告（2014）》

部分行业资产质量下行压力较大。目前，辽宁省产能过剩行业风险凸显对银行贷款质量形成较大挑战，部分周期性强、产能过剩行业的重点客户潜在违约风险较大，部分银行的钢贸贷款已形成呆、坏账。黑龙江省受多重自然灾害的影响，农林牧渔业不良贷款增加10亿元；采矿业不良贷款增加1.6亿元；信用卡和住房按揭贷款均出现不良贷款额和不良贷款率“双升”现象。

专栏18　存款保险制度对中小银行业金融机构的影响

存款保险制度与央行“最后贷款人”、宏观审慎监管并称“金融安全网”三大支柱，是防范金融风险、应对金融恐慌、组织问题金融机构市场退出的重要途径和制度安排。截至目前，全世界已有超过110个国家和地区建立了存款保险制度。中国政府从20世纪90年代起就一直致力于探索建立现代意义上的存款保险制度。2013年11月，党的十八届三中全会审议通过的《中共中央关于全面深化改革若干重大问题的决定》明确要求我国“建立存款保险制度，完善金融机构市场化退出机制”。存款保险制度的建立对维护金融安全稳定、保证市场有序退出、优化信贷资源配置起到积极的促进作用，对于银行业金融机构，特别是中小银行更是一个良好的发展契机。

存款保险制度可以赋予中小银行一定的竞争优势。显性存款保险制度的建立使储户相信存款存放在大银行、小银行都是安全的，增强了公众对中小银行的信心，对中小银行参与公平竞争是有利的。从制度设计角度来看，建立存款保险制度，将国家担保“显性化”、“制度化”，在保险费率的设计上采取按风险差别费率制，中小银行由于历史包袱小、资本充足率相对较高，因而交纳的保费相对于国有大型商业银行来说也会少得多。此外，由于中小银行更多地服于普通百姓，在显性的存款保险制度框架下，设定适当的赔付标准，可以有效覆盖公众存款。我们分别以辽宁、吉林、黑龙江三省有代表性的地方性中小银行业机构（盛京银行、吉林银行、龙江银行）为样本，对存款保障范围进行了测算。数据显示，在30万元赔付限额下，上述三家机构储蓄客户覆盖率分别为99.74%、99.78%、99.57%，资金覆盖率分别为88.61%、89.58%、76.89%；在50万元赔付限额下，上述三家机构储蓄客户覆盖率分别为99.89%、99.91%、99.84%，资金覆盖率分别为92.2%、92.96%、83.79%。较高的保障覆盖范围可以有效提升公众对中小银行的信心，这无疑有利于中小银行和国有大型商业银行的竞争。存款保险制度可以降低中小银行的准入门槛。建立存款保险制度，银行的退出交由市场负责，政府无须再为银行破产“埋单”，民间资本设立民营银行有望破题。存款保险制度可以减少问题银行退市社会成本。建立存款保险制度，对那些经营不善的银行可以及时关闭，能在对存款人提供充分保护的情况下最大限度地减少银行破产的社会成本。

资料来源：中国人民银行哈尔滨中心支行执笔

（五）证券市场优化资源配置能力有所增强，但服务经济的能力仍需进一步提高

2013 年，东北地区证券市场在推动经济转型发展中发挥了积极作用。辽宁省上市公司资产重组工作进展顺利，山东路桥重组 ST 丹化成功，实现借壳上市；壹桥苗业完成重大资产购买，企业实力有所增强；奥维通信完成重大资产重组项目。吉林省富奥汽车零部件股份有限公司成功借壳 ST 盛润在深交所上市，长春燃气等 6 家上市公司定向增发募集资金合计 50.09 亿元；东北证券发行公司债券募集资金 19 亿元。黑龙江省有 3 家上市公司非公开发行募集资金共计 25.9 亿元；中小企业私募债券试点成功推进，向上交所备案发行 4.5 亿元私募债。

证券市场各方主体，如证券机构、上市公司等服务和支持实体经济发展的功能尚未充分发挥。证券机构普遍存在规模偏小、经营模式单一、经营行为不规范、不正当竞争等问题；上市公司仍然存在治理结构不规范、关联交易等问题。各方主体未能充分利用东北地区经济快速发展的有利时机提高资本实力和竞争能力，参与经济建设的深度和广度与经济发展的客观要求存在一定差距。

（六）保险业总体发展平稳，但持续发展能力有待进一步提高

2013 年，东北地区保险业资产规模和保费收入稳步增长。截至 2013 年末，辽宁省共有保险经营机构 104 家，资产总额 1 275.80 亿元，同比增长 9.6%，实现保费收入 446.60 亿元，同比增长 11%。吉林省共有法人保险公司 3 家，省级保险分公司 27 家，资产总额 916.83 亿元，同比增长 14.66%，实现保费收入 266.4 亿元，同比增长 14.58%，是 2010 年以来的最高增速。黑龙江省保险市场主体 39 家，资产总额 1 060.7 亿元，同比增长 12.9%，实现保费收入 384.3 亿元，同比增长 11.67%。

目前，东北地区保险市场尚未形成相对成熟的增长模式，传统业务领域由于需求接近饱和而增速下降，新兴业务领域由于市场开发能力和行业发展水平等方面的制约难以形成规模，导致产品替代升级过程缓慢，行业增长点不突出。此外，由于公司发展定位同质化，同业竞争激烈，费用与支出呈上升趋势；行业外部竞争压力较大，银行理财产品、证券公司基金等业务迅速发展，并凭借收益率上的优势，挤占了保险公司的业务发展空间。

（七）定量评估

从定量评估结果来看，2013 年东北地区金融稳定状况综合得分为 84.5 分，处于较稳定区间，

较上年下降0.2分，比全国平均水平低0.1分。其中宏观经济得分明显低于全国平均值，银行业和保险业得分优于全国平均水平，但证券业和金融生态环境得分比全国平均水平略低（图23）。

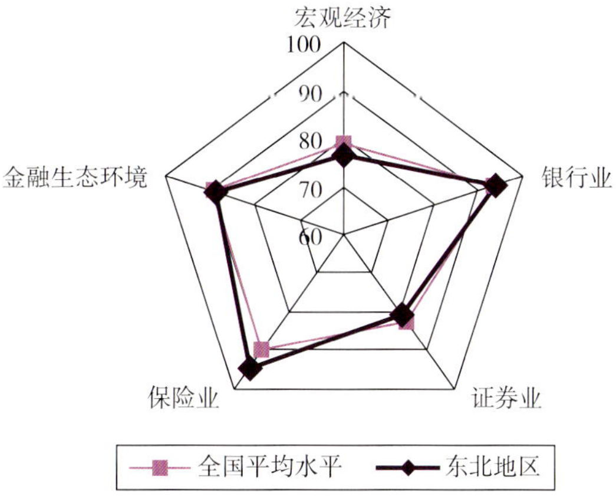

图23　2013年东北地区金融稳定状况和全国平均水平的比较

从具体指标变动情况来看（表12），东北地区共有11项指标较上年有所改善，6项指标较上年有所下降，8项指标基本与上年持平。宏观经济得分较上年明显下降。但银行业、证券业、保险业和金融生态环境得分都同比上升，各项指标评估得分都与上年持平或有所改善。

表12　2013年东北地区评价指标及其变动情况

指标分类		变动方向	评价指标	变动情况		
				改善	稳定	下降
宏观经济		↓	地区生产总值增长率			✓
			第三产业增加值增长率			✓
			全社会固定资产投资增长率	✓		
			社会消费品零售总额增长率			✓
			实际利用外资增长率			✓
			进出口总额增长率	✓		
			城镇居民可支配收入增长率			✓
			农村人均纯收入增长率			✓
			居民消费价格指数	✓		
			城镇登记失业率	✓		
			典型城市房地产销售价格指数	✓		
金融机构	银行业	↑	核心资本充足率		✓	
			不良贷款率		✓	
			资产利润率	✓		
			流动比率	✓		
	证券业	↑	净资本充足率		✓	
			净资本负债率		✓	
			资产利润率	✓		

续表

指标分类		变动方向	评价指标	变动情况		
				改善	稳定	下降
金融机构	保险业	↑	应收保费率		√	
			保费收入增长率	√		
			寿险公司退保率		√	
金融生态环境		↑	法制环境调查综合得分	√		
			地方财政收入占 GDP 比重		√	
			银行服务密度		√	
			征信数据库覆盖率	√		

注：表中“↑”代表改善，“↓”代表下降，“→”表示稳定。

从历年综合得分变动趋势来看（图 24），东北地区金融稳定得分自 2008 年后波动不大，每年在较稳定和稳定区间的边界线即 85 分左右小幅调整，2012 年和 2013 年连续两年同比有所下降。分项来看（图 25），东北地区宏观经济得分已经连续三年持续下滑且幅度较大，但维持在较稳定区间；银行业、保险业和金融生态环境则持续三年逐年向好，尤其是保险业得分提升明显；证券业得分较为波动，2012 年证券行业整体低迷，对东北地区证券业得分影响较大，2013 年有所好转。

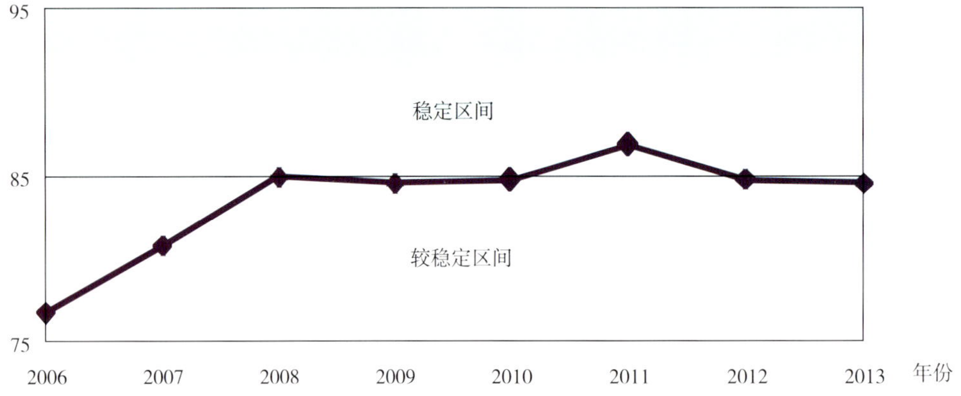

图 24　2006—2013 年东北地区金融稳定综合得分趋势图

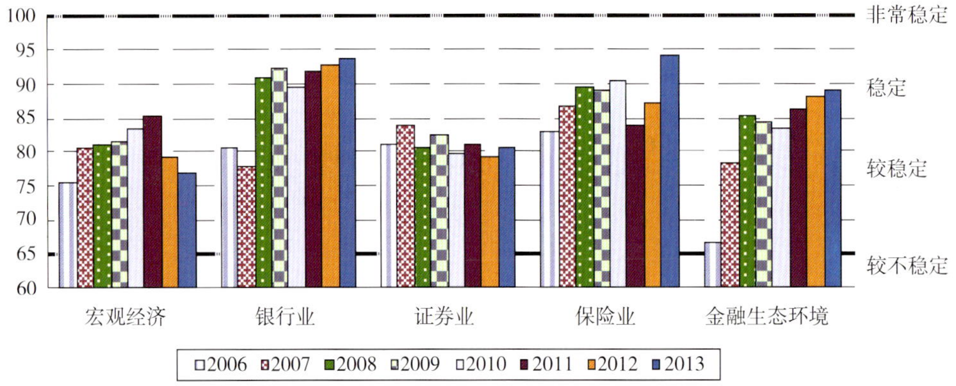

图 25　2006—2013 年东北地区金融稳定状况的比较

第五部分　总体评估与政策建议

一、总体评估

2014年，各地区经济金融整体稳健运行，区域发展协调性增强。各地区经济发展稳中有进、稳中向好；农业生产形势良好，工业生产增速企稳回升；投资、消费稳定增长，进出口结构优化；消费价格涨幅和就业基本稳定；经济结构调整成效初现。各地区金融业改革逐步深化，业务创新和转型发展稳步推进，金融支持和服务实体经济力度不断加大。银行业总体运行平稳，信贷保持合理增长，银行体系风险处于较低水平；银行业金融机构经营效益保持平稳，服务实体经济的效率提升。证券业机构资产规模进一步扩大，证券公司经营收入明显好转；多层次资本市场建设进一步完善，区域性资本市场加快发展；基础制度建设成果显著，业务创新和制度规范齐头并进。保险业呈现良好发展态势，保险机构资产规模和保费收入稳步增长，整体实力持续增强，服务能力继续提升，风险保障功能进一步发挥。

面对世界经济复苏艰难、国内经济下行压力加大的复杂形势，我国宏观经济发展面临多方面的压力，各地区都存在一些影响金融稳定的因素：经济增长内生动力有待增强，结构调整和转型升级的任务仍然艰巨，农产品、服务业等领域的潜在价格上行压力依然存在。在银行业，金融机构流动性管理难度加大，不良贷款反弹压力上升。在证券业，证券公司杠杆率上升，流动性风险加大，区域性股权市场亟待政策规范和有效监管。在保险业，满期给付和退保风险、偿付能力不足风险、资金运用和流动性管理风险需要被关注。

分地区来看，各地区存在的不稳定因素各有不同。东部地区不良贷款持续反弹，资产质量控制压力较大，流动性管理面临多重挑战。中部地区部分企业生产经营困难较多，证券创新业务存在风险隐患，保险结构不平衡现象仍较突出。西部地区银行业金融机构信用风险有所上升，上市公司竞争力相对较弱，农业保险覆盖面和保障程度偏低。东北地区经济增速有所放缓，部分行业信贷资产质量下行压力增大，金融稳定形势面临挑战。

从定量评估的结果来看（图26），2013年东部地区和东北地区的金融稳定综合得分处于较稳定区间，中部和西部地区则处于稳定区间，排序结果为：西部地区的得分列各区域之首，中部地区列第二位；东北地区列第三位；东部地区列第四位。具体来说，东部和东北地区综合得分低，主要受其宏观经济分值偏低的影响，尤其是地区生产总值增长率、进出口总额增长率两项指标得分均明显下降。另外，2013年东北地区的证券业得分相对落后，也影响了其综合得分。中部地区的综合得分排名被西部赶超，主要因其宏观经济得分和保险业得分偏低。西部地区的宏观经济、证券业和保险业得分均超过全国平均水平，使其综合得分列首位。

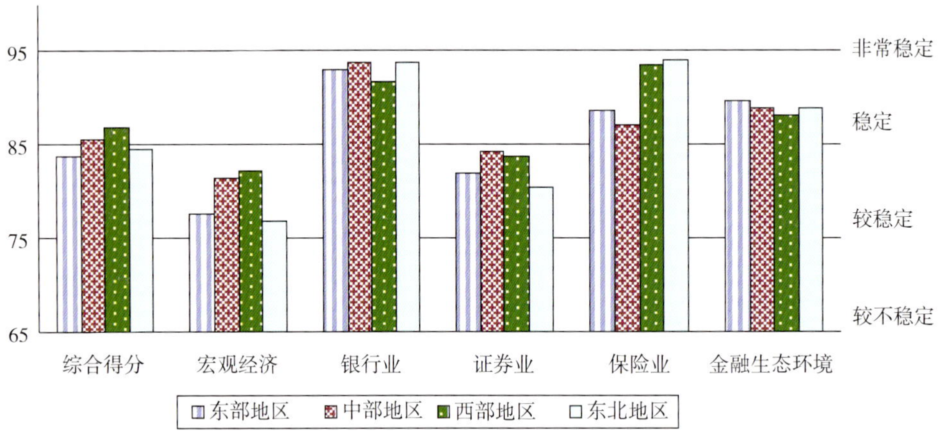

图 26　2013 年各区域金融稳定评估结果比较图

二、政策建议

2014 年是落实党的十八届三中全会精神、全面深化改革的第一年。随着各项改革措施陆续出台，新技术产业向好发展，新商业模式不断推出，消费结构逐步升级，未来一段时间各地区经济仍有望保持平稳向好、稳中有进的态势。但也要看到，各地区经济金融运行中仍面临不少风险和挑战，对维护区域金融稳定提出更高要求。

（一）深入实施区域发展总体战略，促进区域经济协调发展

近年来，各地区贯彻实施推进西部大开发、振兴东北地区等老工业基地、促进中部地区崛起、鼓励东部地区率先发展的区域发展总体战略，区域经济发展格局出现了积极变化，一批区域增长极陆续涌现，区域经济平稳较快发展。区域协调发展是一项长期、艰巨、复杂的系统工程，要继续深入实施区域发展总体战略，坚定不移实施主体功能区制度，完善并创新区域政策，提高区域政策精准性。一是充分发挥和积极培育地区比较优势，拓展地区发展潜力和核心竞争力，促进区域合理分工与一体化发展。二是继续加强重点地区先行先试，特别是打造和依托必要的试验平台，探索试验体现国际通行规则、发展规律和方向的相关事项。三是根据各地区实际，积极推进区域产业结构调整和优化升级，统筹区域协调发展。

（二）优化金融资源配置，支持各地区经济结构调整和转型升级

进一步优化金融资源配置，改善和优化融资结构、信贷结构，更充分地发挥市场在资源配置中的决定性作用，提高资源配置效率。针对金融深化和创新发展，完善调控模式，疏通传导机制，提高金融运行效率和服务实体经济的能力。鼓励金融机构创新组织、机制、产品和服务模式，优化金融组织体系，进一步改善和加强金融服务。引导金融机构盘活存量，优化增量，加大对“三农”领域和小微企业的金融支持力度，进一步发展消费金融，促进消费升级。配合

国家区域经济发展政策，继续做好区域经济协调发展的金融支持和服务工作。严格控制对高耗能、高排放行业和产能过剩行业的信贷投放，化解产能过剩矛盾。完善绿色信贷机制，提升对节能环保、循环经济、防治大气污染领域的金融服务水平。

（三）深化金融改革，处理好改革创新和风险防范的关系

积极推动地区经济金融领域改革，通过改革创新，解决经济金融运行的深层次矛盾，并正确处理改革创新与风险防范的关系。银行业金融机构应充分认识利率市场化、汇率形成机制改革等带来的机遇与挑战，积极转变经营方式，实现可持续发展。证券业机构应强化内部管理和风险控制，加强对创新业务的风险管理，健全风险隔离制度，提高风险防控能力。保险公司应强化差异化服务，加大业务结构调整力度，积极发展农业保险、责任保险、巨灾保险等与民生、社会稳定密切相关的保险业务。

（四）强化重点领域的风险防控，切实防范系统性、区域性风险

在支持金融创新的同时，加强对金融机构理财、同业等业务发展潜在风险的监测与防范。加强对地方政府性债务和偿债能力的跟踪监测，审慎稳妥地缓释和化解地方政府融资平台贷款风险。高度关注房地产、产能过剩等行业信用风险，开展动态压力测试，防范单体风险传染和扩大。强化交叉性、跨市场金融产品的风险监测和监管协调，建立健全相关统计数据的信息共享机制。采取综合措施维护各地区金融稳定，守住不发生系统性、区域性金融风险的底线。

专题1　跨行业、跨市场金融创新问题与建议

近年来，随着市场竞争逐渐加剧，我国金融机构跨行业、跨市场合作创新层出不穷，金融行业边界逐渐模糊，并逐步向混业经营模式发展。通过跨行业、跨市场合作，金融机构相互发挥各自领域优势，共同开拓市场，共享客户资源，提高自身的金融服务能力。同时，金融创新也在宏观审慎和微观审慎方面对中国当前的金融监管提出了新的挑战。

一、跨行业、跨市场金融创新模式及特点

（一）跨行业、跨市场金融创新概述

跨行业、跨市场金融创新主要是指银行、证券、保险及其他金融机构利用各自优势合作设计的交叉性金融产品。从发展情况看，自2004年起，随着金融改革和金融创新的进一步推进，跨行业、跨市场金融创新迅速发展。在《关于推进资本市场改革开放和稳定发展的若干意见》、《商业银行设立基金管理公司试点管理办法》等一系列支持政策的推动下，各类跨行业、跨市场业务逐渐兴起，并于2008年达到第一个高峰。随后虽然受国际金融危机和监管部门加强监管等因素影响出现短暂下滑，但跨行业、跨市场经营已是大势所趋，金融机构为加速发展，不断推出新的合作模式，理财产品就是其中的一个典型。

此外，随着互联网金融的迅速发展，带来了跨行业、跨市场金融创新发展的新机遇。在互联网平台上，银行、证券、保险、信托、基金和来自其他行业的机构合作不断加深，跨行业、跨市场金融业务发展再次驶上了“快车道”。

同时，监管部门也在不断出台制度和措施，以促进市场健康发展，维护金融稳定。如2006年证监会发布《关于落实〈证券法〉规范证券经营机构证券经纪业务有关行为的通知》，叫停了当时存在一定法律风险的“银证通”合作业务；2009—2013年，银监会先后下发《中国银监会关于进一步规范银信合作有关事项的通知》、《中国银监会关于规范商业银行理财业务投资运作有关问题的通知》等一系列文件，对银行的理财资金运用及“银信”合作等业务进行了规范；在互联网金融跨行业、跨市场合作方面，《支付机构网络支付业务管理办法》等一系列规范性文件也在逐渐修订和完善中。

（二）典型跨行业、跨市场合作模式分析

1. “通道”类合作

“通道”类合作主要指金融机构间的合作中，某一方不直接参与实际项目开发、产品设计、风险控制等环节，而仅仅作为资金融通的通道而开展的合作。2012年以前，“通道”类合作的主要形态是“银信”合作，其后逐步扩展至“银证”、“银证信”合作等，且规模增长十分迅速，

合作方式日趋复杂。

"通道"类合作的业务类型主要包括证券公司的定向资产管理业务及信托公司的单一资金信托等业务。其流程可概括为：原始出资方（包括银行理财资金、银行自有资金或保险资金等）在选定具体资金投向后，与证券公司或信托公司（即"通道"机构）签订通道协议，以完成最终交易。图1列出了部分典型的"通道"类合作的运行模式。

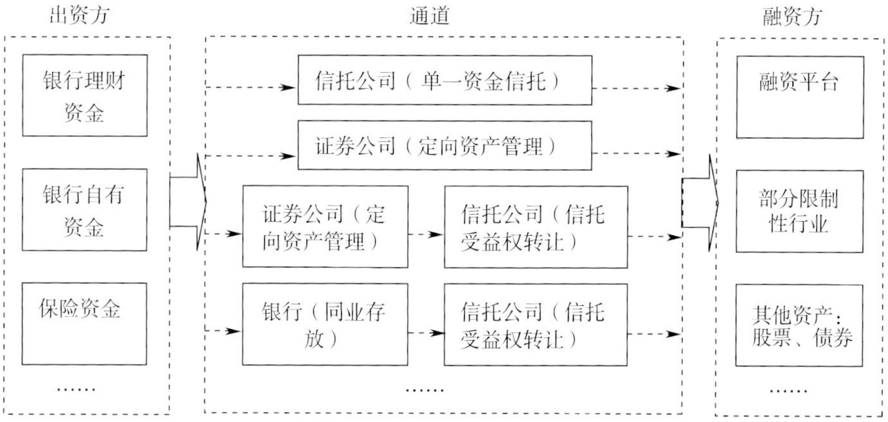

图1 "通道"类合作的运行模式图

2. "资金"类合作

"资金"类合作主要指金融机构间通过同业市场等市场相互拆借资金，调节自身资金头寸额度的合作。1998年人民银行颁布了《证券公司进入银行间同业市场管理规定》、《基金管理公司进入银行间同业市场管理规定》等政策的颁布，同业市场逐步向商业银行之外的各类金融机构开放，使得市场参与者大大丰富，各类金融机构资金大量通过"资金"类合作优化自身资金结构。

"资金"类合作的业务类型主要包括同业存放、同业拆借、同业票据转贴现等类型。具体运作中，金融机构间"资金"类合作业务开展较为灵活，一般没有固定的场所，机构间可根据需要，按各自约定的期限相互交易，利率由交易双方自定，交易可能存在抵押物，也可能直接以金融机构的信用做担保。图2反映了金融机构"资金"类合作的业务特点。

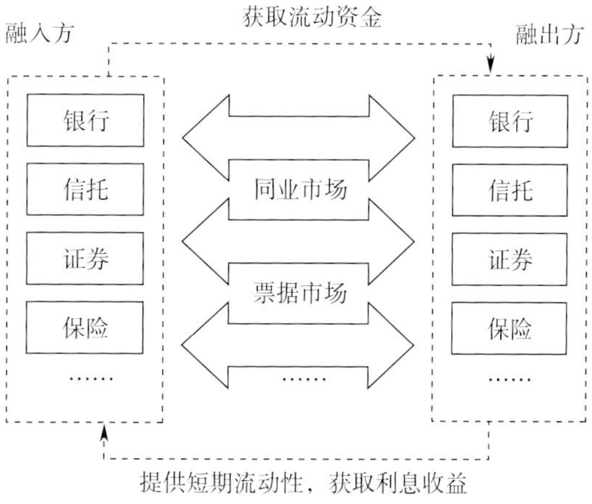

图2 "资金"类合作模式特点

3. “共享资源”类合作

“共享资源”类合作主要指金融机构通过发挥各自的业务优势，实现营销渠道和客户资源的共享。从我国的特点看，“共享资源”类合作主要表现为证券、保险、基金、信托等非银行类金融机构与银行合作，借助银行良好的信誉，庞大的网点优势以及广泛稳定的客户资源开拓新的市场。

从“共享资源”类合作模式的特点上看，主要以银保代销、银基代销等业务为代表。一般合作模式为：银行成立专门部门负责银保、银基业务的代理销售，合作范围既可以是单一的代理销售，也可以是涵盖产品研发、资金结算、现金管理、电子银行、银行卡、资金全托管、再保险等多个领域的全面合作。

4. “互联网创新”类合作

2013 年，互联网金融发展尤为迅速。一批以余额宝、财付通等为代表的互联网金融创新业务的兴起，互联网与金融之间互相渗透，演化出了一系列新型的跨行业、跨市场合作模式。

从“互联网创新”类合作特点上看，一是互联网销售金融产品的兴起，互联网企业和金融业正在交织和融合。二是支付领域的创新，使金融产品具有了支付功能，使投资与支付的界限、金融产品与货币的界限被打通。三是一些新型业务模式如 P2P 网络贷款、众筹融资等正在迅速发展，为跨行业、跨市场金融业务的未来带来了新的可能。

二、金融监管面临的挑战

跨行业、跨市场金融创新业务在迅速发展的同时，也给金融监管和风险防控带来了较大挑战。

（一）宏观审慎监管层面面临的新挑战

1. 缺乏宏观审慎监管制度

虽然我国监管协调制度框架雏形已初步建立，由中国人民银行牵头的金融监管协调部际联席会议制度已明确中国人民银行的职责之一是“交叉性金融产品、跨市场金融创新的协调”，但是仍缺乏配套的宏观审慎监管制度。

2. 缺乏宏观审慎监管工具

跨行业、跨市场的金融创新，风险传染性较大，加大了金融体系的脆弱性。目前对跨行业、跨市场金融风险的防控缺乏宏观审慎工具。一是缺乏专门针对跨行业、跨市场业务的监管统计指标，分业统计制度难以真实反映跨行业、跨市场业务真实风险状况。二是缺乏对跨行业、跨市场业务展业链条的整体把控，各监管部门只能掌握资金在各自行业中的流动情况，对于资金真实源头和最终流向则较难掌握。三是现行统计指标难以真实反映业务风险的实际承担者。由于“抽屉协议”等隐性担保存在，使风险的实际传导和分摊机制十分不透明。

3. 系统性流动性风险面临监管挑战

金融机构间通过跨行业、跨市场拆入拆出资金，微观上只是单机构资金的期限错配，或短期流动性紧张的问题；但从宏观上看，一旦出现系统性期限错配失败，将会引起整个市场流动性不足，银行系统出现“流动性黑洞”，加大了中央银行系统流动性风险管理的难度。

（二）微观审慎监管层面面临的新挑战

1. 行业监管标准不一，形成监管套利空间

一是大量的跨行业、跨市场的创新业务存在监管套利。如“通道”类合作中，大量券商或信托公司在合作中几乎不参与任何资金管理，资金的管理运用方式完全按委托人的指令行使，本质上是利用行业监管政策优势获取监管套利。二是易引发恶性竞争。据调查，2012年“银信”合作中，信托公司通道费率通常为3‰；之后逐渐兴起的“银证”合作中，证券公司收取的费率通常为5‰；部分信托公司为了继续保有合作份额竞相降价，而证券公司为竞争市场份额也相继压低价格，形成了监管套利的恶性竞争。

2. 监管政策不完善，易引发法律纠纷

一是存在制度性风险。对跨行业、跨市场的交叉性金融产品缺乏明确定义，也缺乏相关规范性标准，难以规范金融机构跨行业、跨市场的经营行为。二是存在执行性风险。由于跨行业、跨市场展业涉及多家金融机构，各机构内部人员素质、能力等方面良莠不齐，极易产生道德风险。

（三）以互联网金融为代表的新兴行业面临监管挑战

一是互联网金融兼具互联网和金融两个行业的双重特征，且其监管尚处于探索阶段，监管协调难。如互联网金融机构的牌照发放、日常监管和风险处置等问题在不同的监管部门之间如何协调。二是监管难度大。一方面，互联网金融风险交叉传染的可能性大，并且会放大传统金融风险；由于互联网金融是一种网状的信息传递模式，路径呈几何级数增长，对风险传导的路径把握和掌控难度都较大，风险交叉传染的可能性大，风险管理难。另一方面，互联网金融加剧了整个金融体系的内在脆弱性。互联网金融对金融网络安全提出了更高的要求。同时，由于互联网信息传输的快捷性，以及金融网络化形成的大量跨行业和跨市场的资金配置及套利机会，互联网金融使电商、金融机构之间进行跨行业交织，使股市、汇市、期市等市场之间发生大量关联交易，将会放大传统金融风险，加大了系统性风险的突发性、传染性和不可预测性。

三、政策建议

（一）加强监管部门在宏观审慎及微观审慎层面的沟通协作

党的十八届三中全会提出“完善监管协调机制，界定中央和地方金融监管职责和风险处置责任”。目前由人民银行牵头负责金融监管协调部际联席会议制度已经建立，但相关政策措施还须进一步夯实。一是加强“一行三会”之间的政策协调和相互协作。二是加强对跨行业、跨市场金融创新的非现场监管，完善联合统计监测机制。三是建立监管信息交流平台促进信息共享及协同监管。

（二）加强对跨行业跨市场金融创新风险预警及处置

跨行业、跨市场的金融创新快速发展客观要求建立危机预警机制，对风险状况做到“早发

现、早报告、早处置”。一是建立跨行业、跨市场金融创新业务预警机制，将风险防控端口前移，严防风险跨行业、跨市场进行传染。二是明确风险处置主体。按照“谁批设机构，谁负责风险处置”的原则，将审批权和处置责任相统一，从制度层面明确风险处置各方权责，确定有效的风险处置应急预案，建立完整的风险评估、识别、处理、补偿的有效风险处置机制。

（三）强化对互联网金融创新的引导和规范

互联网金融作为一种新兴产业，在发展过程中已出现跨行业、跨市场进行金融创新的迹象，须通过监管来引导并促进其健康发展。一是互联网金融由于参与主体较多元化，在监管沟通和协作方面更须加强。二是互联网金融业务由于涉及信息产业和金融业，一方面应通过对互联网金融业务和风险的监管来控制风险；另一方面应通过对互联金融机构及参与者行为的监管来促进合规经营。

资料来源：中国人民银行贵阳中心支行
中国证券监督管理委员会贵州监管局相关资料

专题 2　互联网金融快速发展

2013 年，我国互联网金融快速发展，在缓解小微企业资金需求、拓展投资渠道、提高金融效率等方面发挥了积极作用，但也对维护金融体系稳定带来新的挑战。

一、互联网金融的发展现状

互联网金融是传统金融行业与以互联网为代表的现代信息科技，特别是搜索引擎、移动支付、云计算、社会化网络和数据挖掘等相结合的新兴领域。根据互联网金融目前的创新方式将目前国内互联网金融创新分为支付方式创新、渠道创新、投融资方式创新和金融机构创新四种。

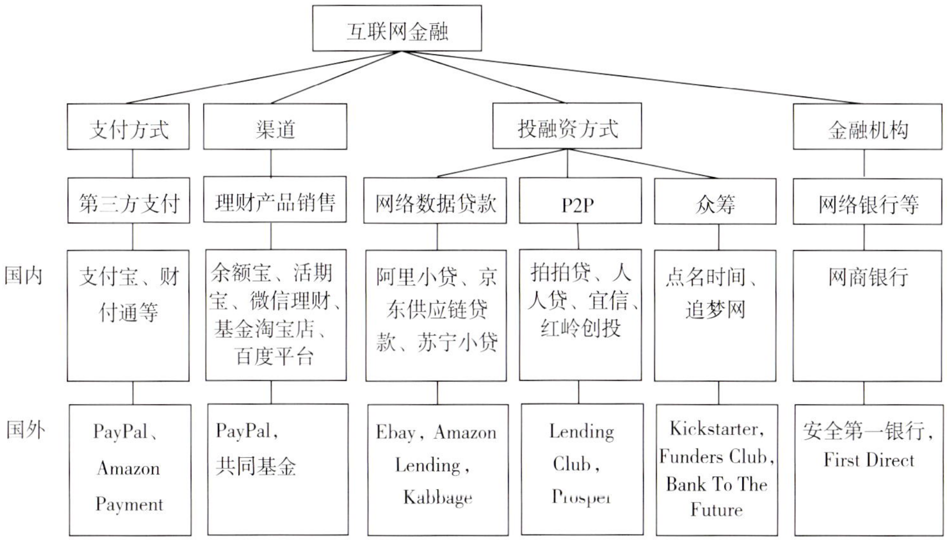

图 1　互联网金融的创新现状

（一）支付方式的创新

支付方式创新的典型代表是第三方支付。第三方支付的优势在于其基于互联网的 PC 端有较好的 Web 支付客户体验，并拥有庞大的客户资源与销售渠道。第三方支付作为资金支付结算的环节，按发展历程可分为“线下支付”、“线上支付”和“移动支付”。目前，已获得牌照的第三方支付机构达 250 家，2013 年支付机构累计发生互联网支付业务 153.38 亿笔，金额 9.22 万亿元，同比分别增长 56.06% 和 48.57%[①]。随着智能手机的普及、无线通讯技术的进步及第三方支

① 数据来源于《2013 年支付体系总体运行情况》。

付机构移动支付业务创新（如近场支付、Square 模式[①]），起于“线下支付”、兴于“线上支付”的“第三方支付”快速发展。2013 年移动支付市场已出现了爆发式增长，同比增幅达 800%[②]，未来第三方支付移动支付市场潜力巨大。

（二）渠道的创新

渠道的创新表现在传统金融渠道的虚拟化。互联网有效整合交易、支付和理财等业务，突破了时间和地域的限制，为客户提供一体化、多样化金融解决方案，促进虚拟市场的形成和发展。银行等传统物理中介基于成本效益的考虑，在产品销售中对高收入群体关注较多，但对中等和中下等收入群体关注较少。互联网金融新增顾客的边际成本极低，交易群体扩张迅速，可以有效开发这一潜在客户群体，实现“长尾效应”。典型代表余额宝自 2013 年 6 月 13 日问世 6 天时间内，客户突破 100 万人。截至 2014 年 3 月 19 日，“余额宝”用户数已突破 8 600 万，规模达 5 200 多亿元。随着余额宝的成功，支付宝也在尝试引入更多金融产品，腾讯、百度等其他具有第三方支付资质的互联网企业也纷纷效仿，推出类似“宝类”产品。

（三）投融资方式的创新

互联网金融投融资方式的创新实际上是部分取代了商业银行的信用中介职能，大幅降低借贷双方的信息不对称及交易成本。这类创新具有“短、急、小”等特点，目前多集中于银行忽视或不重视的金融服务领域，主要有基于网络数据贷款、P2P 平台和众筹融资三种模式。

基于网络数据贷款的代表是阿里小贷。阿里小贷依托自身在阿里体系内的巨大客户数据优势，将交易数据、客户评价度数据、货运数据、口碑评价、认证信息等结合外部数据进行量化处理，设定风险控制参数，建立中小企业贷款的数据库模型；放弃单体分析，通过标准批量筛选，用大数定律控制违约风险。这种量化放贷方式大幅提升了放贷效率。据统计，阿里户均贷款 7 000 元左右。截至 2013 年末，阿里小贷贷款余额约 9 亿元，余额客户数 4.17 万户，坏账率约 2%。此类小额贷款的网络量化放贷，其成本则大幅降低。但是量化放贷非常依赖平台和渠道内的封闭数据，向外扩展难度较大。

P2P 网贷，是指个人通过网络平台相互借贷，贷款方在 P2P 网站上发布贷款需求，投资人则通过网站将资金借给贷款方。2012 年以来，国内 P2P 网贷平台数量在国内迅速增长，迄今已达到 2 000 余家，比较活跃的有 350 家。据艾瑞咨询统计，2013 年 P2P 交易额达 680.3 亿元。P2P 网络借贷短期短、金额小，本质上属于民间小额借贷，其优势主要体现在方便、快捷和降低信息不对称等方面。目前，银行机构也开始涉足 P2P，招商银行推出“e + 稳健融资项目”，于 2013 年 9 月 17 日开始上线。2013 年底，中国银行也在深圳分行推出类 P2P 平台——中银投融资服务平台。

众筹融资，即大众筹资，是指用预购的形式，向网友募集项目资金的模式。众筹利用互联网和 SNS 传播的特性，让小企业、艺术家或个人对公众展示他们的创意，争取大家的关注和支持，进而获得所需要的资金援助。我国“点名时间”2011 年 7 月上线，是国内上线最早的众

---

① Square 模式，即在 iPhone 插上的小巧读卡器，在应用里输入金额，信用卡一划，交易即可完成，用户体验顺畅。

② 数据来源于易观智库。

筹平台，也是国内最大、发展最成熟的众筹网络平台。据其公开数据，“点名时间”上线不到两年就已经接到了7 000多个项目提案，有近700个项目上线，项目成功率接近50%。众筹模式从商业和资金流动的角度来看，其实是一种团购的形式，和非法集资有本质的差别，所有的项目不能够以股权或是资金作为回报，项目发起人更不能向支持者许诺任何资金上的收益，必须是以实物、服务或者媒体内容等作为回报，对一个项目的支持属于购买行为，而不是投资行为。

（四）金融机构的创新

金融机构创新指一些有资质的互联网企业通过申请金融牌照、收购中小金融机构等方式进军金融领域，并探索新的金融机构运行模式。国家目前对民间资本进入金融业持鼓励态度，阿里巴巴、腾讯等互联网企业在金融业各领域有所发展。2013年10月9日，支付宝母公司浙江阿里巴巴电子商务有限公司宣布拟出资11.8亿元认购天弘基金注册资本，浙江阿里巴巴将持有天弘基金51%的股本，成为天弘的控股股东。2013年10月16日，国内首家互联网保险公司“众安在线”获批开业，由阿里巴巴、腾讯和中国平安联手创立，“众安在线”将不设分支机构，产品销售和理赔工作完全通过互联网来进行。2014年3月，银监会公布了首批民营银行试点名单，阿里巴巴和腾讯名列其中。

二、互联网金融发展中应予以关注问题

（一）缺乏明确的行业标准规范

现有法律法规还没有对互联网金融的属性作出明确定位，也还没有专门的法律或规章进行有效规范。这为金融创新提供了空间，但也使机构业务运作易触碰法律底线。如2012年以来经历了爆发式发展的P2P网贷业务，如果其产品设计和运作模式略有改变，就可能违反现行法律法规。

（二）交易主体权益保护机制存在缺陷

互联网金融中，交易主体保护存在以下缺陷。一是资金第三方存管制度缺失。如P2P网贷的大量资金沉淀在平台账户里，存在资金被盗用等风险。二是消费者信息保护不足。互联网金融平台通过客户的交易活动掌握了大量的消费者信息，部分平台缺乏信息保护意识和技术。

（三）企业内控制度和风险管理制度不够健全

完善的内控制度可以有效防范经营风险。但在实践中，一些互联网金融企业片面追求业务拓展和盈利能力，采取了一些有争议、高风险的交易模式，也没有客户识别、交易记录保存和可疑交易分析报告机制，易为不法分子利用进行反洗钱等违法活动，也会给自身带来经营风险。

三、促进互联网金融稳健发展的建议

（一）鼓励创新发展，严守法律底线

创新是互联网金融赖以发展的原动力，对于没有违反现行法律法规、不会影响金融稳定以及有利于实体经济的互联网金融创新活动，应鼓励和包容其发展，并在发展中予以规范。互联网金融创新要把握好创新与安全的平衡点，绝不能触碰红线、突破底线，不能以创新之名行违法之实。

（二）加强监测评估，实施分类管理

相关行业管理部门加强对互联网金融相关业态的监测，梳理其存在问题和风险，增强管理政策和措施的针对性，并定期进行政策评估和调整。对于市场规模较大、主要风险基本暴露的互联网金融业态，应当加强引导和规范；对于仍处于起步阶段的业态，可在坚持“底线思维”的基础上，鼓励其对业务模式进行探索；对于传统金融业务通过互联网开展的业务，应当要求严格遵守线下业务的监管规定。

（三）注重行业自律作用，完善权益保护机制

积极的行业自律是推动互联网金融行业健康发展的重要保障。将政府管理和行业自律有机结合起来，有效发挥自律组织在行业管理中的自律性、灵活性，引导和支持互联网金融从业机构完善管理、守法经营，更好地促进互联网金融行业发展。

资料来源：中国人民银行杭州中心支行相关资料

专题3　区域银行业压力与金融风险预警研究

——以湖南为例

在世界经济金融发展史上，多次发生因区域银行业风险失控引发金融危机，进而形成大范围经济危机的悲剧。随着我国经济改革步入深水区，金融业在快速发展的同时面临着日趋复杂的严峻形势。央行基层行和基层金融监管机构为了及时掌握辖区内的风险动态，敏锐确定风险来源，迅速采取应对措施，有必要探索构建区域银行业金融风险预警系统。通过该预警系统，央行基层行和基层金融监管机构能够发现、识别辖内金融风险诱因，早期采取有效措施加以化解，将金融风险消除在萌芽期，保障区域金融稳健运行。本研究在借鉴以往金融风险预警研究成果的基础上，结合湖南省经济金融实际，对区域银行业金融风险预警进行了研究。首先，运用主成分分析法构建湖南省银行业压力指数；其次，分析影响湖南省银行业风险的因素，构建预测模型，对未来风险走势进行预测和预警；最后，提出了相应的政策建议。研究结果表明，2013年第二季度以来银行业风险呈上升趋势，需要引起高度重视。

一、区域银行业金融风险的测度

对区域银行业金融风险预警，关键是如何选取适当的方法来正确、及时地测度风险。本研究在借鉴以往研究成果的基础上，通过构建湖南省银行业压力指数，来测度湖南省银行业金融风险的大小。

（一）区域银行业金融风险的定义及测度方法

区域银行业金融风险是介于单家银行机构经营风险和宏观系统性金融风险之间的一种中观风险。根据研究需要，本研究将区域银行业金融风险定义为：在一个特定区域内，银行体系所面临的整体性风险。整体性风险即辖内所有银行业金融机构的信用风险、流动性风险、市场风险等诸多风险的有机综合。

借鉴以往研究成果，本研究将区域银行业压力指数定义为

$$B_t = \sum \omega_{it} X_{it} \tag{1}$$

其中，B_t 为 t 期的区域银行业压力指数，代表区域银行业金融风险的大小，ω_i 为 t 期第 i 个指标的权重，X_{it}为第 i 个指标在 t 期的取值。由于主成分分析法对权重的确定是客观的，所以本研究采用主成分分析法来赋予基础指标的权重。

（二）银行业压力指数

1. 指标选取

区域银行业压力指数是对某一区域内银行业面临的综合风险情况进行实时的定量描述。在

选择压力指数的构建指标时必须满足实时、准确、全面的原则。结合实际监测工作，考虑到区域统计数据的可得性和模型对样本数据的多期性，本研究从信用风险、流动性风险、抗风险能力三个方面，选取了十二个指标来考察区域银行业面临的综合风险情况。

表 1　区域银行业压力指数指标构成一览表

压力分类	指标	符号	指标属性		压力分类	指标	符号	指标属性	
			正指标	逆指标				正指标	逆指标
信用风险	不良资产率	blz	✓		抗风险能力	资产利润率	zll		✓
	不良贷款率	bld	✓			净息差	jxc		✓
	资产负债率	zfl	✓			资本充足率	cp		✓
流动性风险	流动性比例	ldb		✓		核心资本充足率	hcp		✓
	存贷款比例	cdb	✓			贷款损失准备充足率	szl		✓
	人民币备付金率	bfl		✓		拨备覆盖率	bbl		✓

2. 数据处理

本研究使用的数据为湖南省银行业的历史数据，时间段为 2008 年第一季度至 2013 年第二季度。

首先，对所有逆指标，均采用取其负数的方法来改变其方向属性，使其对压力指数的作用力与正指标趋于一致。逆指标取负后表示为 fx，如流动性比例 ldb 取负后表示为 fldb。

其次，对各指标进行标准化处理，使其具有相同的量纲。本研究运用 $(X_{it} - \overline{X_{it}})/\sigma_i$ 对变量 X_{it} 进行标准化处理，其中 $\overline{X_{it}}$ 为第 i 个指标在样本区间内的均值，σ_i 为第 i 个指标的标准差。标准化处理后的变量表示为 ZX_{it}，如不良资产率 blz 标准化后表示为 Zblz。

3. 指数合成

运用 SPSS 软件，对所选取的 Zblz 、Zfldb 等 12 个指标进行主成分分析。KMO 检验结果为 0.675，根据 Kaiser 给出的 KMO 度量标准，所选指标适合做因子分析。同时，共同度检验显示各指标提取公共因子之后的共同度都在 0.96 之上，说明指标间可测量的共同特质较多，适合进行因子分析。

提取主成分的结果显示，前 3 个主成分的特征值大于 1，且累计贡献率超过了 89% 。这表明前 3 个主成分已经提取了指标体系内涵的绝大部分信息，可以将它们作为湖南省银行业整体风险状况的代表性因子。

从因子载荷矩阵看，第一个主成分代表了资本充足率、核心资本充足率、贷款损失准备充足率、拨备覆盖率、不良资产率、不良贷款率、资产负债率、净息差、流动性比例、资产利润率这 10 个指标，这些指标综合反映了湖南省银行业的各类风险。第二个主成分代表了人民币备付金率。第三个主成分代表了存贷款比例。后两者反映了银行系统的流动性风险。

将 SPSS 输出的 3 个因子得分，按照方差贡献率为权数加权平均，可以得到因子综合得分 B。B 即为湖南省银行业压力指数，代表着湖南省银行业面临的整体风险程度，B 值越小意味着风险越小，反之，意味着风险越大。2008 年第一季度至 2013 年第二季度湖南省银行业压力指数 B 如图 1 所示。

图 1 显示，2008—2013 年，湖南省银行业的整体风险呈下降趋势。这主要是由于：第一，随着金融体制改革的推进，尤其是农村合作金融机构加快了法人治理结构调整的步伐，一大批农村信用合作社通过合并重组改制为农村商业银行，湖南省金融机构的公司治理结构不断优化，

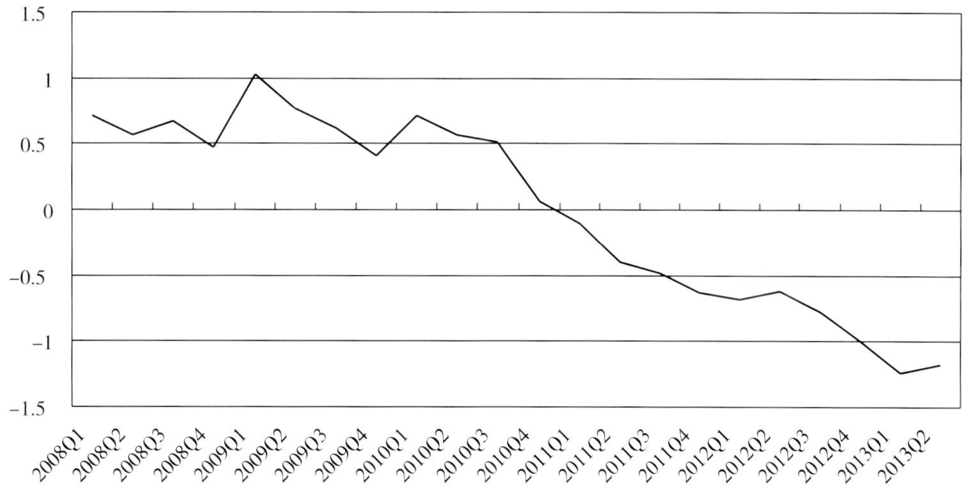

图1　湖南省银行业压力指数

风险控制机制不断加强，资产质量不断提高。第二，2008 年以来，我国宏观经济企稳回升，经济整体保持了较快的增长速度，湖南省银行业的资产规模和盈利水平随之顺势增长。第三，次贷危机后，国际社会维持持续宽松的货币政策；加之我国为应对危机，进行了四万亿元投资的财政刺激政策，这大大改善了湖南省银行业整体的流动性状况，也扩大了金融机构发展和盈利的空间。所以相对来说，近年来湖南省银行业整体风险状况不断改善，银行系统面临的风险压力并不是很大。

（三）近年来银行业金融风险的变动趋势

合成的湖南省银行业压力指数会因研究时间段的不同而有所变化。为便于比较分析，我们通过下式：

$$H_t = \frac{B_t - B_{min}}{B_{max} - B_{min}} \times 100 \tag{2}$$

将湖南省银行业压力指数转换为百分制的风险分值，并进一步将风险状态分为 5 个等级：80～100 分设定为高度风险；60～80 分设定为中高度风险；40～60 分设定为中度风险；20～40 分设定为中低度风险；0～20 分设定为低度风险。据此，2008 年第一季度至 2013 年第二季度，湖南省银行业金融风险等级如表 2 所示。

表 2　　湖南省银行业金融风险等级表

风险等级	标准	风险时期
高度	80～100	2008 年第一、第二、第三季度；2009 年第一、第二、第三季度；2010 年第一、第二季度
中高度	60～80	2008 年第四季度、2009 年第四季度、2010 年第三季度
中度	40～60	2010 年第四季度、2011 年第一季度
中低度	20～40	2011 年第二、第三、第四季度；2012 年第一、第二、第三季度
低度	0～20	2012 年第四季度；2013 年第一、第二季度

注：划分标准为临界值含下限不含上限，如风险分值为 80 时划入高度风险等级。

从风险等级的划分和压力指数的具体走势可以看出，从2008年第一季度至2010年第三季度，湖南省银行业的整体风险状况一直处在高度风险等级，很可能是因为2008年世界金融危机对湖南省银行机构产生了较大冲击。2010年第四季度至2013年第一季度，整体风险状况不断改善，压力指数由2010年第三季度的0.515下降至2013年第一季度的-1.242，相应的风险等级也由高度风险降为低度风险。这很可能是由于针对金融危机，我国采取了财政刺激政策，改善了金融机构的生存环境。同时，面对激烈的市场竞争，金融机构自身也在不断加强内部管理，强化风险管控，提升综合竞争力，所以这一阶段湖南省银行业不仅在"量"上快速发展，而且在"质"上不断改善。

2013年第二季度，虽然风险等级仍处于低度风险，但压力指数出现向上抬头的迹象，这主要是受全国经济增长放缓的大趋势影响，2012年以来，我国经济增长速度较前几年的高速增长有所降低，经济增速的放缓，通过实体经济直接作用在金融机构上导致金融风险逐步显现。

二、区域银行业金融风险的预警

风险预警的核心就是根据已有历史数据来预测未来的风险。根据上文对区域银行业压力指数的测度，以对银行业金融风险具有重大影响的四个风险因素作为自变量，银行压力指数作为因变量，构建区域银行业金融风险预测模型，对未来半年的风险状况进行预测和预警。

（一）变量的选取

根据对相关文献的研究，以及结合对多家银行机构的实地调研，我们将湖南省银行业压力指数作为因变量（即时风险指标）；湖南省生产总值季度发生额（G）、湖南省房地产开发投资季度发生额（K）、货币发行量（M）以及前几期的湖南省银行业压力指数（B）作为自变量（风险预测指标）。依据获得的数据情况，我们确定样本区间为湖南省2008年第一季度至2013年第二季度，数据频率为季度数据。

（二）预测模型

构建预测模型前，先将原始变量：G、K和M取对数，以除去原始变量的量纲，取对数后各变量分别用符号表示为：$\ln G$、$\ln K$、$\ln M$。根据研究需要，本研究运用VAR模型来构建预测模型。运用Eviews软件进行计算，AIC和SC值表明，VAR模型的最优滞后期为4，故本研究对B、$\ln G$、$\ln K$、$\ln M$的VAR（4）模型进行估计[①]。根据研究需要，提取VAR（4）方程中以B为因变量的子方程，作为金融风险预测模型：

$$\begin{aligned} B = & 20.31 + 1.40B(-1) - 0.12B(-2) - 1.26B(-3) + 0.78B(-4) - \\ & (1.67) \quad (14.29) \quad (-1.15) \quad (-8.41) \quad (8.74) \\ & 4.55\ln G(-1) - 2.43\ln G(-2) - 3.76\ln G(-3) + 0.05\ln G(-4) - \\ & (-4.07) \quad (-2.13) \quad (-3.67) \quad (0.06) \end{aligned} \tag{3}$$

① 由于数据期数较短，所以VAR模型的单位根检验并没通过，但是作为一种研究思路，本研究还是继续运用VAR模型进行估计，待日后数据量丰富可继续完善研究。

$$9.86\ln M(-1) + 2.53\ln M(-2) - 0.52\ln M(-3) + 11.26\ln M(-4) +$$
$$(-8.30)\qquad (3.49)\qquad (-0.75)\qquad (8.56)$$
$$1.99\ln K(-1) + 1.83\ln K(-2) + 3.28\ln K(-3) - 1.49\ln K(-4) + u$$
$$(2.77)\qquad (2.72)\qquad (4.73)\qquad (-2.21)$$

adj. $R^2=95.2\%$，$F=766.64$，绝大部分的系数都通过了 t 检验，这表明模型的拟合程度很好。$B(-1)$ 的系数为1.40，且通过了 t 检验，意味着上1期区域银行业金融风险越大则本期的银行业金融风险也会随之增大。$B(-3)$ 的系数为 -1.26 且通过检验，意味着前3期的风险越大，本期的风险会相对越小。这主要是由于短期内金融风险具有传递性，而从中长期来看，金融机构针对风险，会加强风险管理的力度，提高风险管理的水平，使风险程度有所下降。

$\ln G(-1)$、$\ln G(-2)$、$\ln G(-3)$ 的系数均为负，且都通过了显著性检验。这意味着经济发展与金融风险存在着高度的负相关，经济发展状况越好，金融系统面临的风险越小。

$\ln M(-1)$ 的系数为负，且通过显著性检验，意味着上一期的货币发行量越大，本期的金融风险越小。$\ln M(-2)$、$\ln M(-4)$ 的系数均为正且通过了显著性检验，而且 $\ln M(-4)$ 的系数还高达11.26比 $\ln M(-1)$ 系数的绝对值还大，这意味着增加货币发行量，虽然在短期内可以改善金融风险状况，但是从中长期来看，反而会增加金融系统的风险。

$\ln K(-1)$、$\ln K(-2)$、$\ln K(-3)$ 的系数均为正，且都通过了显著性检验，这表明房地产开发投资越多，银行系统面临的风险将越大。

更进一步，基于估计的 VAR（4）模型进行 Granger 因果检验表明：$\ln G$、$\ln K$、$\ln M$ 均是 B 的 Granger 原因。这进一步说明，GDP 增长额、房地产开放投资额、货币发行量都是影响区域银行业金融风险变动的主要因素。

依据拟合程度、系数大小以及 Granger 因果检验进行判断，本研究可以运用（3）式进行区域银行业金融风险的预测和预警。

（三）区域金融风险的预测及预警

将2012年第三、第四季度和2013年第一、第二季度 $\ln G$、$\ln K$、$\ln M$ 和 B 的实际值代入预测模型（3）式，预测出2013年第三季度湖南省银行业压力指数 B 的预测值为 -0.3955；然后将2012年第四季度和2013年第一、第二、第三季度 $\ln G$、$\ln K$ 和 $\ln M$ 的实际值以及预测的2013年第三季度的 B 值代入（3）式，预测出2013年第四季度湖南省银行业压力指数的预测值为0.2753。接着运用转换公式 $H_t=\dfrac{B_t-B_{min}}{B_{max}-B_{min}}\times 100$，将预测到的 B 值转换为百分制的风险分值，分别为37分和67分。

图2表明，湖南省银行业整体风险状况在2013年第一季度达到最低点后，有强烈的触底反弹迹象。预测2013年第三、第四季度风险程度将逐季快速提升，第三季度的风险等级将较第二季度提升一级至中低度风险，第四季度的风险等级则直接跳跃至中高度风险。这主要是由于以下三个方面的原因造成的：一是湖南省经济增速明显减缓。2013年上半年湖南省生产总值同比增长10.0%，增速分别较2011年、2012年同期下滑3.4个和1.5个百分点。二是货币供应增速有所减缓，银行机构流动性趋紧。2013年第二季度末货币供应量同比增长9.7%，增速分别较

2011 年第二季度末、2012 年第二季度末下滑 4.6 个和 1.1 个百分点。三是房地产开发投资仍然保持快速增长。2013 年上半年湖南省房地产开发投资同比增长 20%，增速虽较 2011 年同期有所下滑，但比 2012 年同期提高了近 6.6 个百分点。由此可见，尽管目前看来，湖南省银行业风险状况良好，但是未来短期内风险可能呈直线上升趋势，应引起金融机构和监管部门的高度重视。

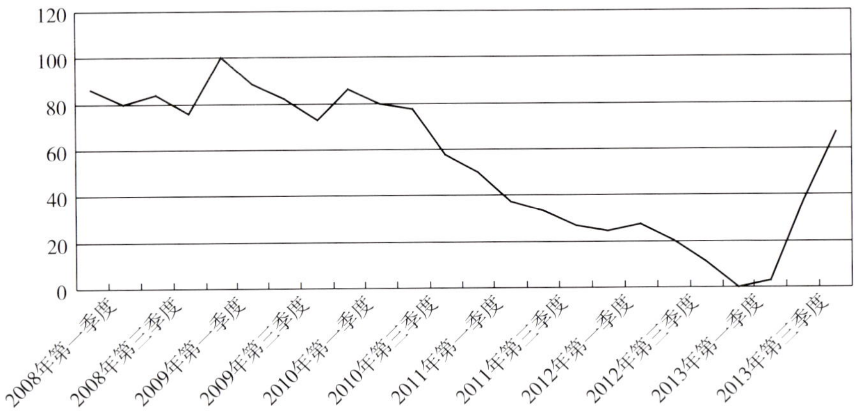

图 2 湖南省银行业金融风险走势图①

三、结论与政策建议

研究结论为：（1）2008 年第一季度至 2013 年第一季度，湖南省银行业的整体风险呈下降趋势；从 2013 年第二季度开始，湖南省银行业风险 V 形反转，并呈现加速上升趋势。（2）经济增长、房地产投资、货币供应量以及银行业以往的风险状况是影响湖南省银行业整体风险的四个主要因素。经济增速减缓将导致银行业风险加大；房地产投资额越大给银行业带来的风险越多；货币供应量增加在短期内能够增强银行机构的流动性，但从长期来看则会加大银行业的风险；银行业以往的风险状况也会对其未来的风险产生重大影响。为此，提出以下几点政策建议。

一是维护区域金融稳定应确保较快的经济增长速度。当下，湖南省处于经济增长方式转型升级、优化区域经济产业结构的阶段，区域金融风险有所抬头。湖南省政府部门应把预防经济失速作为工作的重中之重，保持一定的经济增长速度，调动各种积极因素做好稳增长工作。

二是防范区域金融风险应切实把握好货币投放节奏。货币投放的引致效应在不同阶段有不同表现，且随着时间推移对金融风险的影响有放大趋势，在某个时期较大的货币投放量将会在后续阶段对银行稳健经营产生较大冲击。因此，宏观调控部门应主动运用货币政策工具，注意信贷投放的节奏和力度，通过保持货币的稳定增长速度来减缓货币对银行机构和实体经济的冲击。

三是提高个体银行机构抗风险能力。通过提高单个银行的信贷资产质量、增加银行流动性，改善风险控制管理可以有效降低银行业风险水平。

资料来源：中国人民银行长沙中心支行相关资料

① 2008 年第一季度至 2013 年第二季度，风险分值为实际值，2013 年第三、第四季度的风险分值为预测值。

专题4 商业银行同业业务发展存在的问题及建议

近年来，我国商业银行同业业务规模急剧扩张，目前已经成为金融机构融通资金、管理资产负债、创新产品和拓展利润增长点的重要渠道。但是，同业业务在发展过程中存在一些不规范现象，提高了融资成本，加大了流动性管理和风险防控的难度，并在一定程度上削弱了宏观调控效果。因此，有必要对银行发展同业业务进行规范，加强宏观审慎管理，维护金融稳定。

一、我国商业银行同业业务发展现状

同业业务是商业银行之间及其与其他金融机构（证券、保险、信托公司等）之间的资金往来行为，主要包括同业拆借、同业存放、买入返售（卖出回购）、同业借款等，涉及票据、债券、理财产品、信托受益权、资产管理计划等交易标的，横跨多个金融市场。

近年来，我国商业银行同业业务发展迅速，2009—2012 年我国银行业同业资产和同业负债年均增速分别为 36.4% 和 25.8%，远快于同期银行总资产和总负债增长。截至 2012 年末，银行业同业资产占比和同业负债占比分别为 21.5% 和 12.8%，较 2009 年末分别上升 7.3 个和 2.2 个百分点[1]。在经历了前期高速增长之后，受监管部门加强同业业务监管和金融市场流动性变化等因素影响，2013 年我国商业银行同业业务发展速度明显放缓（见图 1），但同业负债总体规模仍

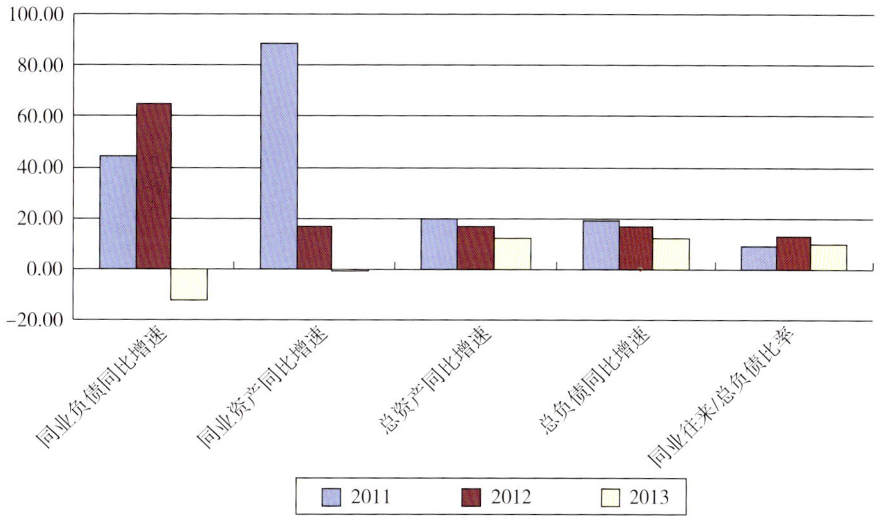

数据来源：中国人民银行信贷收支表（2011—2013）。

图 1 近年来我国中资商业银行同业业务发展情况

① 姜再勇：《商业银行同业业务发展及对宏观调控的影响》，载《金融时报》，2013－07－29。

高达10万亿元人民币左右，占银行总负债的比重超过10%。

根据不同业务类型及特征，一般可将同业业务划分为传统型和创新型两大类别。

（一）传统型同业业务

一般而言，传统型同业业务主要以短期资金融通和闲置资金运用为主，譬如同业拆借和债券投资。但随着商业银行对资金需求的变化，传统同业业务被赋予了更多新功能。一是期限转换功能。例如，商业银行利用自身在同业拆借市场的交易便利和信用优势，滚动拆入短期资金，以长期借款方式借给其他金融机构，套取期限利差。二是杠杆功能。例如，商业银行将债券进行质押回购融资后再投资，通过循环操作做大自营业务的杠杆。

（二）创新型同业业务

创新型同业业务以同业资产买卖为主，交易标的包括票据、债券、信贷资产、理财产品以及信托受益权等。相对于传统以买断为主的资产交易方式，创新型同业业务具有几个特征。一是借助通道机构发挥信用中介作用。由单家或多家商业银行与信托、证券公司、保险公司等其他金融机构合作，通过各种资产管理计划，向实体企业提供资金，性质介于直接融资和间接融资之间。例如，商业银行发行理财产品募集资金，然后通过同业借款或委托贷款由非银行金融机构过桥给融资企业。二是以回购式交易为主。包括买入返售票据、信托受益权以及同业应收账款等，一般采取签订带回购承诺的三方协议、担保（反担保）的方式。三是规避监管约束。例如，通过同业代付业务将企业贷款变为委托支付，通过买入返售业务将信托贷款变为同业投资，以规避资本约束、存贷比考核以及信贷总量与投向管理。

以目前最为普遍的买入返售业务操作模式为例（见图2），A银行以自有资金设立信托计划，将资金融出给企业，然后A、B、C银行签订三方协议，A银行将信托受益权转让给B银行，同时B银行与C银行签订远期回购协议。操作中，A银行为过桥银行，B银行持有C银行的回购承诺，计入“买入返售资产”，C银行的回购承诺在表外反映为或有负债。C银行为客户银行，实际出资人可以是B银行（C银行为维护客户资源与B银行合作），也可以是C银行（以存放同业的形式向B银行提供资金）。

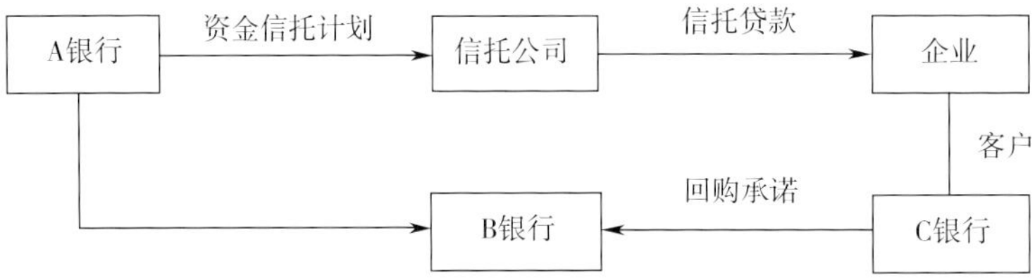

图2 银行同业买入返售业务中的“三方协议模式”

买入返售业务相当于逆回购，实质是资金融出过程。由于卖出方和回购方不是同一家机构，三方协议模式本质上是两次买断业务，但通过签订回购协议，买入返售业务以商业银行投资同业资产的形式入账，对应的基础资产不体现在金融机构的资产负债表内，起到了节约资本和规避监管的作用。买入返售业务标的资产包括债券、票据、同业应收账款和信托受益权等，一般计入“可供出售金融资产”、“买入返售资产”、“应收账款”等投资类科目。

同业业务具有期限转换和信用创造功能，特别是创新型同业业务承担了连接货币市场与信贷市场功能的中介运作体系，商业银行理财资金、同业拆借资金直接或通过非银行金融机构投资于信贷资产、信托贷款、委托债权、票据以及各类受益权等非标准化债权，在银行同业资产和表外理财之间相互倒腾，信托、证券公司、保险公司通道业务盛行，是对传统银行信用扩张渠道的变相替代和补充，可划入影子银行体系。

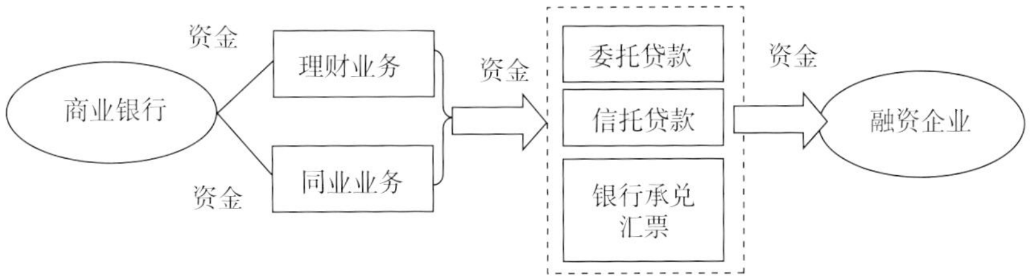

资料来源：张鹏：《影子银行影响货币市场流动性的机制研究》，载《金融监管研究》，2014（1）。

图3 中国狭义影子银行的典型模式

二、同业业务发展潜伏的风险及问题

目前部分机构在开展同业业务中存在操作不规范、信息不透明、期限错配较严重等现象，银行资金有脱离实体经济和规避监管的趋势，加大了流动性管理和风险防控的难度，并对维护金融稳定构成潜在挑战。

（一）对货币政策的影响

一是提高金融体系货币创造能力。同业业务使资金盈余银行和资金短缺银行的需求得到及时融通和调剂，闲置资金重新进入货币创造过程，资金的配置效率得到提高，整个银行体系派生存款的能力进一步增强。特别是在信贷规模控制下，同业业务通过灵活多变的操作手法和层出不穷的金融创新，规避信贷规模管制，在弥补信贷供需缺口的同时，创造出“额外”的货币供给。

二是弱化货币政策调控效果。银行为发展同业业务不断开发和推广各种理财产品，加大了对一般性存款的分流和替代作用，缩小了存款准备金的计提基数，影响了超额准备金率和现金漏损率，弱化了法定存款准备金的效力。一般性存款“同业化”形成的庞大资金池，加大了中央银行公开市场操作的成本和宏观调控的难度。

三是改变货币政策传导渠道。一方面，强化了价格型工具的作用。同业资金利率市场化程度高，较小的市场利率波动在杠杆策略助推下能够成倍放大投资收益或损失，商业银行对同业资金的依赖增强了其对利率的敏感性。另一方面，削弱了数量型工具的效力。同业代付、买入返售等业务，将贷款在商业银行表内“投资类”和“贷款类”科目转换，降低了信贷规模管理对存款创造过程的抑制作用。

四是削弱信贷政策对经济结构调整的作用。同业业务替代和改变了传统的资金配置渠道，一些从银行正规渠道融资受限的企业，转而求助于银行同业业务。部分银行资金以此为通道流向了融资平台、房地产、“两高一剩”等调控领域，加剧了上述领域的信贷风险，使中央银行信贷政策效果大打折扣。

（二）对金融监管政策的影响

一是资本充足率失真，风险资产规模被低估。资本充足率反映银行以自有资本承受风险的能力。同样的资本金，从事同业业务的银行资产规模可以是从事信贷业务的银行资产规模的4倍。为减少资本占用，一方面，商业银行通过同业“通道”腾挪信贷资产，大幅缩减风险资本；另一方面，借助投资类科目隐匿信贷规模，将信贷资产转化为同业资产，降低风险权重。由此导致风险加权资产被低估，资本充足率数据失真，银行风险状况不能得到充分、真实的反映。

二是拨备充足率虚高，对未来风险抵御准备不足。拨备充足率是衡量银行抵御信用风险能力的重要指标。商业银行应对未来预期损失主要以贷款损失准备金为主。与直接发放贷款相比，买入返售业务只是资产结构由信贷变为投资，交易对手由企业变成同业，银行仍然是项目和资金的实际提供方，是信用风险的承担者。类信贷同业业务使相当部分的信用风险资产游离于传统风险覆盖范围以外，实际拨备水平低于应提拨备水平。拨备充足率的虚高，导致监管部门和金融机构对当前风险缓冲能力过于乐观，对未来风险抵御准备不足。

三是降低存贷比对资产负债比例管理和防控流动性风险的约束效力。随着同业资产和同业负债在商业银行资产和负债中占比提升，“各项存款”和“各项贷款”统计已难以完整反映商业银行资金来源和运用情况，大量杠杆体现在同业科目和表外项目，通过存贷比的硬性约束已无法实现对商业银行资产负债比例的有效管理。而且，同业业务的期限错配特征，也大大降低了存贷比、流动性比例等指标对商业银行流动性风险防控的效力。

（三）对金融稳定的影响

一是以过桥融资为主的合作模式，存在法律风险和信用风险。首先，风险承担机制与现实不符。以买入返售业务为例，表面上以交易对手信用为保障，实际风险控制主要依靠“抽屉协议”和阴阳合同。一旦发生信用风险，容易出现合同纠纷。其次，资金来源和运用不匹配。以理财资金对接资产管理计划为例，大部分资金池业务并非采用“一对一”方式，商业银行名义上是资金托管方，实质上承担了信用风险兜底的责任。

二是高杠杆和期限错配特征，加大了个体流动性风险演变为系统流动性危机的可能。除同业拆借业务外，大部分同业业务属于网下交易，在定价机制、接受监管等方面具有很强的灵活性和隐蔽性，商业银行往往利用其与融资利率之间的利差从事套利，通过杠杆操作和期限错配提高收益。随着金融脱媒的不断加快，同业间的批发性融资在金融机构负债中的占比不断攀升，一旦市场流动性出现紧张，机构不但面临去杠杆化压力同时还将压力通过同业链条传导给其他机构，产生多米诺骨牌效应。

三是通过对资产负债表的影响，加大了维护金融稳定的难度。首先，“通道”机构的加入延长了资产管理链条，使金融体系资产负债表环环相扣，资金来源、资金投向涉及多个不同机构，横跨商业银行、证券、保险、信托等多个行业。社会融资体系的复杂化，带来了风险传导机制不透明的问题，加大了极端情况下金融体系的脆弱性，以及风险跨行业、跨市场传递的可能。

其次，资产回购业务和票据循环贴现，使商业银行资产负债表快速膨胀，部分资金在金融体系内部空转，提高了融资成本。最后，同业业务通过违规账务处理和表内外科目的转化，使对应基础资产风险并未在资产负债表内反映，导致监管指标难以真实反映金融机构的风险状况，进一步加大了维护金融稳定的难度。

三、规范发展同业业务、防范相关风险的政策建议

（一）完善货币政策中介目标体系，提高货币政策的针对性和有效性

针对货币范畴的不断扩大、传统的统计方法难以完整反映货币供应量的问题，适时修订存贷款统计口径，使其能客观准确地反映理财产品、同业业务等影子银行体系对货币供应量乃至广义流动性的影响和冲击，为货币政策的制定与调控提供充分的信息支持。

（二）加强货币政策与宏观审慎政策的协调配合，防范系统性风险

针对同业业务的顺周期性和跨市场特征，将其纳入宏观审慎管理框架，在逆周期调控中，与信贷政策和流动性管理的总量调节相结合。同时，加强分业监管体制下的监管合作和信息共享，加强对交叉性金融业务的综合监管和协调，减少监管制度割裂留下的监管套利空间。

（三）加快利率市场化和金融市场改革创新，加大对同业负债业务的引导

针对同业存款等业务存在的监管困难、信息不对称、市场割裂等问题，应积极发展同业存单等替代性金融产品，稳定商业银行资金来源和优化中长端市场利率形成机制，降低对短期批发资金的依赖。同时，为避免同业业务的无序发展和恶性竞争，应推动商业银行改革同业业务经营模式，统一同业业务授信管理政策，由法人总部建立专营部门单独经营，其他部门和分支机构不再经营。

（四）推动同业资产配置向资产证券化转型，化解影子银行风险

针对非标准化债权在银行同业资产和表外理财之间相互倒腾、通道业务盛行的情况，应逐步扩大资产证券化试点，推动商业银行“非标准化债权”向“标准化债权”的转变，以改善商业银行资产负债结构，减轻资本压力，实现“盘活存量、用好增量”的目标。同时，引入简单透明的资产证券化产品，疏导游离于监管体系之外的资金融通行为，提高市场透明度和交易规范性，化解影子银行风险。

（五）加强对创新业务的会计审查，减少套利行为

会计核算是监管指标计量的基础。无论票据回购、同业代付，还是信托受益权转让，都是以投资同业资产的形式入账，掩盖信贷融资的本质。这种所谓的创新手法，实质上是利用新业务缺乏会计核算标准的漏洞。借鉴国际上对影子银行、表外业务等非传统银行业务的监管改革，应按照“实质重于形式”的原则，规范同业业务的科目设置、会计核算和金融统计。

（六）优化资产负债运行机制，加强交易对手风险管理

针对同业业务存在的高杠杆和期限错配问题，应强化商业银行盈利性必须服从于流动性和安全性的理念，加强对同业资金杠杆比率、期限缺口的监测，重构“总量平衡、结构对称”的资产负债运行机制，完善以“流动性覆盖率＋净稳定资金比例＋流动性比例”的流动性风险管理体系。同时，将同业大额敞口风险纳入监管范畴，加强交易对手风险管理，通过综合分析计量潜在交易对手的信用风险敞口，从总体上把握交易风险和交易规模。

资料来源：中国人民银行重庆营业管理部相关资料

专题5 民营银行发展与风险管理研究

2013年以来，为进一步深化银行业改革，拓宽民间资本进入银行业的渠道和方式，我国启动了由民间资本发起设立商业银行的改革试点工作。目前，银监会明确了试点的“纯民资发起、自愿承担风险、承诺股东接受监管、实行有限牌照、订立生前遗嘱”五大原则。同时，初步确定了首批由阿里巴巴、万向、腾讯、百业源、均瑶、复星、商汇、华北、正泰、华峰等10家企业发起成立5家民营银行的试点方案。

一、民营银行的发展路径设计

（一）突出市场机制

当前，在国内民营资本以参股的形式进入各类银行机构较为普遍，但是民营资本在行使股东权利方面仍主要集中于按入股比例获取相应的收益权，而缺少在经营决策方面的决定权。民营银行试点将探索由民营资本完全自主发起设立银行，独立决策的经营模式。将强调建立完全由资本说话的公司治理机制，董事会、监事会、经营管理层依法行使职权和开展业务。民营银行的经营运作将更为显著地体现出市场机制对银行的业绩和风险的影响，最大限度地激活民营资本的经营活力。

（二）实现差异化经营

民营银行试点将更关注创新和差异化经营，重点是服务小微，服务社区功能，等等，并由此进一步完善多层次的银行业的金融服务体系。试点提出了有限牌照，突出特色化业务、差异化经营的方案，从首批试点5家民营银行披露的4种经营模式来看，分别是：“小存小贷”，即设定存款上限和贷款上限，主要做小额存款和小额贷款业务，例如阿里巴巴提出的方案；“大存小贷”，即以大额存款为主，并设置存款的最低限额，而贷款业务则主要以小额贷款为主，例如腾讯提出的方案；“公存公贷”，即主营业务针对公司法人开展相关存贷款业务；“特定区域存贷款”，即在区域范围内开展有关银行业务。

（三）制定“生前遗嘱”

民营银行经营要切实遵照风险和收益自担的商业原则，重点是依法做好风险管控和损失承担的制度安排，也就是说要制定“生前遗嘱”，明确经营失败后的风险化解、债务清算和机构处置等安排，防止银行经营失败后侵害消费者、存款人和纳税人的合法权益。

（四）加强对股东监督管理

银监会表示，民营银行试点，将进行严格的股东资格审核，合格后受理正式申请。首批试点的每家银行有两名大股东，采取共同发起人制度，有利于股东权利制衡。同时，股东承诺接受监管，保证持续注资能力，自愿承担银行经营风险，承诺承担剩余风险。监管部门也将加强对股东行为的监管，依法监管银行和股东的关联交易。关注股东对银行的持续注资能力和它的风险承担能力，防止试点银行成为股东的融资工具。

二、按照市场规则运作与风险防范

（一）深入推进市场化改革要求

民营银行试点是我国促进金融业对内对外开放，完善金融体系的重大改革举措。从试点的原则来看，民营资本将对银行的战略经营真正发挥决定性的作用，而且要自担风险，完全按照商业化、市场化规则运作。一方面，允许民营资本发起设立民营银行，逐渐放宽民营资本直接进入银行业的条件，拓宽了民间资金投资渠道，有助于实现产业资本与金融业更为紧密的融合。另一方面，民营银行的进入，将使我国金融业形成新的格局，通过市场竞争，也将促进金融业在资源配置、服务质量、运作效率等方面自觉优化调整，有望在解决小微企业贷款难，推进金融创新等方面发挥“鲶鱼效应”。

应当关注的是，在传统的银行经营模式下，商业银行为了追求效益，会倾向于向经济发达地区配置资源，信贷投放偏向大中型企业，大量开展收益率较高的同业业务等。但这也导致了中小企业融资难，贷款风险集中，虚拟经济膨胀，实体经济失血等一系列问题。民营银行如何通过创新突破传统模式，在市场机制的导向下兼顾经济效益和社会责任，动员更多社会资金进入实体经济，提高金融对实体经济的服务能力，将是影响民营银行试点能否实现预期效果的一个关键因素。

（二）政策导向的实现机制

在制度设计方面，应坚持试点明确的导向性。试点不应仅以实现民营资本进入银行，调整投资者结构为目的；而是要探索完善多层次金融组织体系，推动解决经济结构中的矛盾问题。在微观层面，要通过民营银行试点探索创新银行经营模式，支持民营银行走特色化、差异化经营的道路，避免民营银行简单复制现有商业银行的经营模式。以民营银行的创新发展，倒逼传统金融业改革，提升金融配置效率，促进银行业健康发展。

在基础环境方面，应当看到，以往银行业高盈利的制度条件和市场环境正在发生转变。随着我国经济结构转型和利率市场化改革的推进，银行业高盈利增长的经济环境、制度条件、竞争态势都在发生改变，经济增长放缓、产能过剩、房地产行业等各方面风险因素的积聚也正在造成商业银行不良贷款上行压力增加。对于民营银行来说，虽然不排除个别具有特殊优势的企业创办的民营银行会实现高增长率、高回报率，但大多数民营银行在市场竞争机制作用下，盈利空间必将逐步缩窄，在经营达到一定规模之后，各类风险防范压力会更为突出。因此，民营银行要生存和发展下去，就不能走其他商业银行的老路，必须合理定位，积极创新，提升效率。

三、推进金融创新与风险控制

从试点的十家民营资本发起人看，阿里巴巴、腾讯是拥有成熟第三方支付平台的国内著名互联网公司，而且阿里巴巴、华北集团、正泰集团和华峰集团等旗下均已拥有小额贷款公司，天津商汇投资、复星集团等企业均对银行、保险等金融机构拥有股份投资。股东发起人的身份为民营银行试点中尝试经营模式创新、业务创新提供了良好的基础，将有利于开展互联网银行业务、供应链金融、消费金融和区域化的小微金融等多方面的创新。

（一）有利于推动互联网金融业务创新

在十家股东发起人中，阿里巴巴和腾讯是知名度最高两家互联网公司，拥有用户规模庞大的互联网平台，以及“支付宝”、“财付通”等第三方支付平台。阿里巴巴公司推出“余额宝”之后更是对传统的银行存款和理财业务带来了巨大的挑战，同时也带动了基金、理财产品网络销售和运作模式的创新。对于阿里巴巴和腾讯创设的民营银行，最受关注的是其能否将互联网平台、大数据技术和银行风险定价技术深度结合，进一步推动网络支付、移动支付业务的发展和创新，进而开创互联网银行的新型银行模式。

银行互联网业务创新方面应当注意的是，在创新中必须坚持稳健性原则。金融业务的基础是信用机制，而在互联网平台的虚拟环境中，如何实现存款人对互联网银行的信任，以及互联网银行如何真实准确获取借款人的资信信息，将是互联网银行面对的最大挑战。在存款业务方面，存款人关心的是一旦银行出现风险，能否保证客户的存款安全。贷款业务方面，如果贷款流程完全在互联网中完成，应该如何进行贷前调查与贷后管理；如果不能执行银行与客户的面谈面签，还将面临合规性问题以及客户违约后债权追索时的举证问题。此外，发展互联网银行还需要解决如何执行账户实名制、反洗钱制度、保证信息安全等多方面问题。总之，随着电子信息技术的日益发展和普及，互联网金融发展的前景广泛。但是，发展互联网银行并不能要求一步到位，在不能全面控制风险的情况下应坚持由易到难，成熟一项推出一项的原则，先小规模试点，成熟后再逐步推广和开放。

（二）引导民间借贷规范化发展

近年来，我国民间借贷活动发展十分迅速，在解决小微贷款需求的同时，也滋生了高利贷、非法集资等影响社会稳定的问题，而且形成了“影子银行”体系，部分资金流向了房地产、“两高一剩”等政策限制行业。通过民营银行打通民间资本进入正规银行的通道，使参与民间借贷的资金看到向正规银行转型的可能性，将有助于整合民间借贷资金，引导小额贷款公司等民间借贷活动主体树立守法经营意识，健全公司治理机制，加强风险管理，自觉抵制非法集资等违规行为。

第一批参与试点的民营资本股东均为大型企业或具有大型企业背景的公司，资源优势明显，可以利用资金和产业链优势迅速积累客户，有望通过细分市场和差异化经营获取市场份额。在试点地域的选择来看，都是经济发达，民间金融活跃的地区；从模式来看，“特定区域存贷款”的模式说明民营银行很有可能会依托区域产业集群来实现业务发展。如果民营银行在区域经营方面取得成功，将有助于推动区域民间借贷活动与正规银行业的对接机制建设。

四、风险控制与分担机制建设

银行业是经营货币风险的行业，风险具有较强的外溢性。银行经营失败，不仅股东权益受损，还将损害存款人利益，严重情况下还会影响金融稳定，甚至引发系统性、区域性金融风险。新设立的民营银行不仅要面对银行业已经非常激烈的竞争，还需要应对各类风险隐患。能否建立有效的风险管控机制将是民营银行试点成败的关键性问题。

（一）建立符合自身特色的风险防控体系

民营银行首先要面对的是独立建设健全完善的风险内控体系。首先，民营银行可以通过引进人才、效仿其他金融机构等多种方式来构建自身的风控组织架构。但应注意的是，民营银行持有的是有限牌照，并设置了四种模式。民营银行的风控体系也应充分考虑自身的经营特点，不能简单照搬照抄其他大型商业银行，要适应自身服务小微的特色，探索新的风控技术和手段。

（二）防范关联交易风险

要防范大股东利用关联交易损害其他股东和存款人的利益。有很多民营企业热衷于控股民营银行的动机是认为可以利用这家银行解决自身的融资问题。实际上，这种做法恰恰是市场监管要重点防范的内容。金融机构违规的关联交易行为不仅有悖公平竞争原则，而且潜藏巨大的道德风险，“德隆系”和农村资金互助社等风险案例都与关联交易有直接关系。因此，民营银行的关联交易行为有必要受到更为严格的监管，加强对关联交易的信息披露要求，还可以考虑对其集团客户授信集中度和单一客户授信集中度等集中度指标执行比其他商业银行更为严格的标准。同时，对民营银行的发起人进行监督，要求民营银行的发起人公司治理完善，核心主业突出，净资本充足，现金流充裕，能够有效控制关联交易风险，能够承担经营失败风险。在试点中已经设置有股东承诺接受监管的协议条款，要求发起人承诺其股东接受监管部门的监管。

（三）健全市场退出机制

按照市场规律办银行，意味着银行要自主经营、自负盈亏、自担风险，要实现市场机制下的优胜劣汰。在民营银行试点的原则中也明确提出了“自愿承担风险、订立生前遗嘱”等要求，股东保证持续注资能力，自愿承担银行经营风险，承诺承担剩余风险。实际上，一家银行从出现风险到完全的市场退出中间还会经历一个复杂的过程，包括资产的处置变现也需要一个时间过程，在事先建立一个完备的恢复、救助、退出、清算程序尤为重要。在试点中虽然民营银行股东承诺承担剩余风险，还应当进一步明确银行经营失败时对存款人利益的保护机制。实际上，无论是从有效保护存款人利益，还是从市场公平的角度出发，建立外部机制给予存款担保仍然是保护存款人合法利益的必要制度保障。鉴于国家很难对民营银行存款实现隐性的担保，应尽快建立存款保险制度，将民营银行纳入存款保险体系。

资料来源：中国人民银行长春中心支行相关资料

China Regional Financial Stability Report

(2014)

Part Ⅰ Overview

In 2013, amid difficult world economic recovery and mounting downward pressure on the domestic economy, regions [1] across China successfully achieved their main targets of economic and social development. Regional economic performance remained stable and turned for the better, with economic restructuring producing positive results and development across regions becoming better coordinated. Based on the implementation of prudent monetary policy, the financial sector reform in all regions made steady progress and the financial system enjoyed stable performance. However, the difficulties and problems in economic and financial operation call for attention.

1. Regional financial performance remained generally stable

1.1 Regional economic performance remained stable and sound and development across regions became better coordinated

In the first half of 2013, China witnessed sharp fluctuations in its exports and ongoing economic downturn. The central government revenue once registered negative growth, and the interbank funding rate soared excessively high for a time. In view of the perplexing situation, China specified the macro management targets of stabilizing growth, ensuring employment and preventing inflation. The government adhered to proactive fiscal policy and prudent monetary policy so as to increase effective supply, stimulate potential demand and keep the economy running within a proper range. Efforts were also devoted to economic growth mode transformation and restructuring, with positive results achieved in the adjustment of industrial structure and in the coordination of regional development.

Regionally speaking, the eastern region witnessed a slowdown in economic growth but a pickup

[1] The eastern region consists of the ten provinces and municipalities of Beijing, Tianjin, Hebei, Shanghai, Jiangsu, Zhejiang, Fujian, Shandong, Guangdong and Hainan. The central region is made up of the six provinces of Shanxi, Anhui, Jiangxi, Henan, Hunan and Hubei. The western region is composed of the 12 provinces and autonomous regions of Guangxi, Chongqing, Sichuan, Guizhou, Yunnan, Tibet, Shaanxi, Gansu, Qinhai, Ningxia, Xinjiang and Inner Mongolia. The northeastern region includes the three provinces of Heilongjiang, Jilin and Liaoning. Hong Kong, Macau and Taiwan are not covered in this report.

in the pace of structural adjustment and industrial upgrading. The central region maintained stable and rapid development, with its main economic indicators rising at a rate above the national average. The contribution of the western region to the national GDP continued to increase, with investment, consumption as well as imports and exports on steady rise. As for the northeastern region, economic restructuring began to show effect and its tertiary industry grew fast. Of the 16 provinces, municipalities and autonomous regions that boasted a GDP growth rate of over 10% , two were from the eastern region, four from the central region, and ten from the western region, indicating narrower relative gaps between regions. Better - coordinated regional development has laid a solid foundation for regional financial stability.

1. 2 Financial institutions in all regions operated soundly and the development of the financial sector remainedgenerally stable

Banking institutions witnessed steady growth in asset scale with increasing profitability. As of end - 2013, RMB and foreign currency assets of China's banking institutions totaled 151. 35 trillion yuan, a year - on - year growth of 13. 27% , while their total liabilities in RMB and foreign currencies grew 12. 99% over the previous year to 141. 18 trillion yuan. Banking institutions made a net profit of 1. 74 trillion yuan, 15. 23% more than that of 2012. In particular, commercial banks harvested an annual net profit of 1. 42 trillion yuan, a year - on - year increase of 15. 23%. Outstanding non - performing loans (NPLs) of banking institutions stood at 1. 18 trillion yuan, posting an NPL ratio of 1. 49%. In particular, commercial banks reported an outstanding NPL balance of 592. 1 billion yuan or an NPL ratio of 1. 0%. Moreover, the weighted average core Tier 1 capital adequacy ratio of commercial banks (excluding foreign bank subsidiaries) amounted to 9. 95% and the weighted average capital adequacy ratio hit 12. 19%. By region, over 50% of China's banking assets were concentrated in the eastern region, including the headquarters of the big four state - owned commercial banks and joint - stock commercial banks as well as most foreign - funded banks. The western region recorded the fastest banking asset growth rate of 15. 96%. Banking institutions in the central and western regions also saw rapid growth in profitability, posting a year - on - year book profit increase of over 20% for both regions in 2013.

The securities sector enjoyed stable operation as a whole, with improvements in business operation and profitability. As of end - 2013, the total assets of 115 securities companies across the country posted 2. 08 trillion yuan, a year - on - year growth of 20. 80%. Net assets of the securities sector amounted to 753. 855 billion yuan and net capital 520. 458 billion yuan, up 8. 54% and 8. 78% over that of 2012 respectively. For the full year, the securities sector reported operating revenue of 159.241 billion yuan and net profits of 44.021 billion yuan, rising 22.37% and 32.93% year - on - year respectively. As many as 104 securities companies, 90.43% of the total, made profits, a significant turnaround from the previous year. By region, incorporated securities companies in the eastern, central, western and northeastern regions saw a year - on - year asset growth of 22.25%, 15.09%, 16.03% and 22.12% respectively and a year - on - year operating revenue increase of 21.19%, 35.14%, 25.83% and 8.65% respectively.[1]

Total assets and premium income of the insurance sector rose steadily. In 2013, the cumulative direct insurance premium income of the insurance sector stood at 1.72 trillion yuan, a year - on - year increase of 11.2%, while thecumulative direct insurance indemnity payment increased by 31.7% over 2012 to 621.29 billion yuan. The total assets of the insurance sector hit 8.29 trillion yuan and net assets 847.465 billion yuan, 12.7% and 7% more than that at the beginning of the year respectively. By region, growth of insurance businesses in the western and northeastern regions surpassed that of the eastern and central regions. The proportions of premium of insurance companies in the western and northeastern regions in the nationwide total were 0.37 and 0.21 percentage points higher as compared with the previous year. The total assets of insurance companies at the regional branch level or higher in the eastern, central, western and northeastern regions witnessed a year - on - year increase of 14.96%, 37.52%, 14.97% and 12.15% respectively. Insurance depth and density in all the regions were enhanced.

1.3 Financial institutions were actively involved in financial market trading and market activity improved somewhat

Financial institutions in all regions, especially small and medium - sized regional financial institutions like urban commercial banks, became active market participants and began to play an important role in financial markets. On the whole, China's financial market activity improved somewhat in 2013.

Money market trading remained stable. In 2013, the cumulative trading volume of the interbank funding market hit 35.52 trillion yuan, with a daily turnover of 142.076 billion yuan, down 23.9% year - on - year. The trading volume of bond repo transactions on the interbank funding market reached 158.16 trillion yuan cumulatively, with a daily turnover of 632.656 billion yuan, 11.16% more than that of the previous year. The money market enjoyed generally stable operation,

---

[1] Source: CSRC branches in China's provinces, autonomous regions and municipalities.

although the market rate witnessed short - term volatilities. The annual average rate was higher as compared with the previous year. The 7 - day funding rate and daily weighted average pledged repo rate increased from 4. 09% and 4. 04% at the beginning of the year to 5. 31% and 5. 40% at the year - end respectively, averaging 4. 17% and 4. 32% for the full year respectively.

The bond market witnessedcontinuously expanding issuance with the trading volume declining year - on - year. In 2013, the cumulative issuance of bonds (including central bank notes) hit 8. 86 trillion yuan, 887. 9 billion yuan more than that of the previous year, a year - on - year increase of 12. 5%. The spot trading volume on the interbank bond market posted 41. 6 trillion yuan with a daily turnover of 166. 4 billion yuan, down 44. 7% year - on - year.

The stock market traded briskly. In 2013, the cumulative trading value of Shanghai and Shenzhen stock exchanges grew 49% over 2012 to 46. 35 trillion yuan. The cumulative trading value of the ChiNext reached 5. 1 trillion yuan, up 119. 6% year - on - year. Due to the IPO suspension, funds raised by enterprises on the domestic stock market declined. For the full year, listed companies raised a total of 280. 276 billion yuan on the market, a year - on - year decrease of 10. 38%. Both trading volume and trading value of commodities futures increased substantially to hit new historic highs. The cumulative trading volume commodities futures stood at 1. 868 billion yuan, and the trading value 126. 47 trillion yuan, a year - on - year increase of 38. 86% and 32. 73% respectively. The trading volume of stock index futures reached 193 million and the trading value 140. 71 trillion yuan, 83. 91% and 85. 52% more than that of 2012 respectively. The trading of 5 - year government bond futures, starting in September totaled 32. 88 million lots, or 306. 389 billion yuan, by end - 2013.

The foreign exchange market boasted growing market participants and stable performance. As of end - 2013, the foreign exchange spot market, forward market, swap market, currency swap market and options market had 405, 88, 87, 80 and 33 members respectively. The annual turnover of foreign exchange spot trading, swap trading and forward trading stood at 4. 1 trillion yuan, 3. 4 trillion yuan and 323. 7 trillion yuan respectively. The annual turnover of foreign exchange spot trading and swap trading were 21. 4% and 35% higher than that of the previous year respectively while that of foreign exchange forward trading was down 62. 6% year - on - year.

1. 4 More efforts were made in pushing forward comprehensive regional financial reform

In 2013, with comprehensive regional financial reform further pushed forward. the eastern region remained at the forefront. Firstly, the China (Shanghai) Pilot Free Trade Zone

(Shanghai FTZ) was launched, kicking off a series of financial reform measures. A total of 51 policy measures were promulgated by the People's Bank of China (PBC), the China Banking Regulatory Commission (CBRC), the China Securities Regulatory Commission (CSRC) and the China Insurance Regulatory Commission (CIRC) in support of financial reforms in such areas as capital account convertibility, cross - border RMB use, interest rate liberalization and foreign exchange administration. As of February 2014, there were altogether 43 licensed financial institutions, over 80 financial leasing companies and over 120 financial information services companies that were registered in the Shanghai FTZ, and the outstanding amount of RMB and foreign currency deposits in the Shanghai FTZ reached US $4. 8 billion. Businesses such as personal small - amount foreign currency deposit, offshore RMB borrowing by domestic enterprises in the Shanghai FTZ and private equity investment were put into operation one after another. Secondly, financial reform in Wenzhou moved ahead. The People's Congress of Zhejiang Province passed the *Regulation of Wenzhou Municipality on the Administration of Private Finance*, the first regional financial regulation in China. The Wenzhou Index was also launched, and its coverage was extended to 31 municipalities nationwide so that the Composite Index of Private Finance Interest Rate of Wenzhou China was released. Private capital was encouraged to participate in the capital increment and share expansion of banks and the shareholding reform of rural cooperative financial institutions. In 2013, private capital bought 13. 3 billion yuan of stakes in financial institutions, 43. 8% more than that before the launch of the reform. Eleven private capital management companies with local characteristics were set up, raising funds up to 2. 08 billion yuan to support 618 projects and taking part in the resolution of 820 million yuan of banking institutions' NPLs. Thirdly, the pilot financial reform in Qianhai made steady headway. In 2013, cross - border RMB loans on record in Qianhai totaled 15 billion yuan. There were 17 foreign - funded funds and 45 foreign - funded financial leasing companies newly established with approval, with their registered capital totaling US $ 190 million and US $806 million respectively. Qianhai witnessed the launch of nine financial factor markets, which boasted brisk trading.

Comprehensive financial reform in the western region made noteworthy achievements, with the greatest breakthrough being the launch of the plan for setting up comprehensive financial reform pilot zones in the southwestern border regions. In November, the PBC, the National Development and Reform Commission (NDRC) and nine other ministries issued the *Overall Plan for Setting up Border Pilot Zones for Comprehensive Financial Reforms in Yunnan Province and Guangxi Zhuang Autonomous Region.* The reforms covered the following ten areas, such as cross - border RMB business innovation, architectural improvement of the financial system and cultivation of a multi – layered capital market.

Thanks to the central government's policy measures of speeding up the building of a modernized market system, developing inclusive finance and encouraging private capital to start small and medium – sized financial institutions, the reform and development of regional financial institutions were faced with good opportunities. The ownership reform of rural credit cooperatives in all regions made headway and began to show effect. As of end – 2013, 1 690 incorporated rural credit cooperatives, 468 rural commercial banks and 122 rural cooperative banks were established at the county (city) level across the country, substantially raising the level of financial services in rural areas.

1.5 All regions stepped up financial infrastructure building and financial eco – environment further improved

In 2013, more work was done to improve financial eco – environment and step up financial infrastructure investment and building. In the meantime, both the central government and local authorities took steps to improve financial administration mechanism, with special emphasis on preventing systemic and regional financial risks and safeguarding financial stability. Firstly, macroprudential management was further strengthened. The mechanism of joint ministerial meeting for financial regulatory coordination, led by the PBC, was established, signaling the institutionalization and standardization of financial regulatory coordination. Secondly, the Third Plenary Session of the 18th CPC Central Committee came up with the requirement that regulatory coordination mechanism be improved and that the responsibilities for financial regulation and risk resolution be defined between central and local government. This was a step forward for the reform of regional financial administration system. Thirdly, all regions stepped up efforts to develop financial infrastructure and the payment, clearing and settlement system operated stably. The second – generation payment system was successfully launched and non – cash payment instruments saw rapid development. The credit information system was gradually improved and the construction of local credit information system was in steady progress. The coordination mechanism for anti – money laundering was remarkably effective, playing a positive role in preventing and combating money laundering. The RMB issuance system continued to operate soundly and state treasury management was improving. RMB settlement of cross – border trade increased considerably. With the adoption of a number of accounting rules, accounting standards were further improved. New progress was also made in improving financial laws and regulations and the judicial environment so that the legitimate rights and interests of financial institutions were protected.

2. Issues of concern in safeguarding regional financial stability

Currently, regional economic and financial development is still confronted with complicated situations both at home and abroad. Instability and uncertainty linger over global economic recovery. Confronted with strategic opportunities, the national economic development calls for arduous endeavors in reform. As the progress of industrialization and urbanization brings fresh opportunities to regional economic development, the financial sector is expected to provide broader and more in - depth support for the development of the real economy. At the same time, new problems will arise in regional financial reform and development. Therefore, close attention should be paid to regional economic and financial development. Macroprudential management should be strengthened with focus on potential systemic and regional risks, so as to ensure the overall stability of the financial system and safeguard regional financial stability.

2. 1 Regional economic growth continues to decelerate and the internal impetus for economic growth was insufficient

Although the economic growth rates of all regions remained within a reasonable range in 2013, regional GDP growth further slowed down. The eastern, central, western and northeastern regions witnessed a year - on - year GDP growth rate of 8. 91% , 9. 81% , 10. 73% and 8. 42% respectively. The GDP growth rates of the four regions were down 0. 38, 1. 14, 1. 75 and 1. 80 percentage points as compared with the previous year respectively. The internal impetus for economic growth had yet to be stimulated. Due to sluggish growth of consumption demand, regional economic development was still heavily dependent on investment and external demand, while enterprises were reluctant to invest. There was still potential upward pressure on the prices of agricultural products and services. Some enterprises were faced with the challenges of soaring costs and weak competitiveness. Macro indebtedness was rising, with local government debts increasing fast and some enterprises overly indebted. Some industries were plagued by severe excess capacity and the emerging industries of strategic importance saw growth below expectations. Competition on the export market was becoming increasingly fierce against the backdrop of uncertain external environment and unclear global economic recovery.

2. 2 Regional economy saw coordinated development while problems differedin economic and financial development across regions

While regional economy on the whole saw coordinated development, different regions were confronted with different problems in economic and financial development. Most directly influenced by the international environment, the eastern region saw decelerating economic growth. As NPLs in industries such as steel, solar panels and shipbuilding increased fast, pressures were mounting on commercial banks' asset quality management. And the rapid growth of interbank businesses added to difficulties in liquidity management. Structural upgrading of industrial products in the central region had yet to be sped up. Growing manufacturing costs added to the uncertainties of operation. Some conventional industries had quite a number of loss – making enterprises. Industries with excess capacity witnessed deteriorating quality of loans. Regional financial institutions were at a disadvantage in product and service innovation for lack of market competition. In the western region, some enterprises had a hard time running their business and credit risks were building up due to declining resource prices and problems with private funding. Besides, listed companies in the western region were less competitive and ranked poorly either by scale or by profitability. Economic growth in the eastern region slowed down, with mounting pressure on the quality of credit assets in some industries. The role of the capital market in supporting the development of the real economy had yet to be brought into full play.

2.3 The financial sector in all regions enjoyed stable performance although there still existed potential risks

In 2013, China's financial sector sped up reform and innovation, and became more market – based. Institutions in all sectors enjoyed ballooning asset scale and the operation turned for the better. Nonetheless, risks loomed in various aspects. Firstly, commercial banks were faced with greater pressure from possible NPL rebound. Due to the slowdown of economic growth and excess capacity, commercial banks in all regions were struggling with rising NPLs. Industries with excess capacity, such as steel, solar panels and shipbuilding, were most affected by NPL growth. As for regions, new NPLs were concentrated in the Yangtze River Delta region and the Pearl River Delta region which boast brisk market trading, large numbers of small and medium – sized enterprises (SMEs) and export – oriented economy. Rising NPLs also encroached on other parts of the coastal areas. Secondly, innovation of securities businesses might bring about potential risks. Some asset management businesses of securities companies, acting as channels for arbitrage, amplified the overall leverage of the financial sector and potentially posed systemic risks. The rapid development of credit businesses exacerbated liquidity risks of securities companies. Thirdly, an increasing number of life insurance companies made payment of dividends upon expiration of insurance policies. Participating insurance products were exposed to the growing risk of surrender of policies. These factors worked together to aggravate the liquidity risks of life insurance companies. Solvency adequacy ratios of some companies are low which might drain solvency amid low profitability and rising bond issuance costs. Moreover, more regulatory work needed to be done to bring order to the insurance market.

2.4 The financial system remained generally stable while systemic and regional risks continued to warrant attention

In 2013, the prevention of systemic and regional financial risks continued to be the focus of financial stability efforts in all regions. Firstly, attention was paid to the stable operation and sustainable development of systemically important incorporated financial institutions. Secondly, with the progress of financial innovation and the construction of multi – layered financial markets, financial institutions in all regions were burdened with mounting liquidity management pressure. Thirdly, cross – sector and cross – market risks needed to be monitored to prevent the transmission of risks from related sectors to the financial system. With financial institutions involved in more and more cross – sector and cross – market cooperation in innovation. Sector boundaries in the financial system have become increasingly blurred, prompting the development of integrated business model. This has made cross – sector and cross – market risk transmission all the more easier, increasing vulnerabilities in the financial system.

Part Ⅱ Regional Economic Performance

In 2013, Chinese economy presented a stable, growing and improving development trend. The outlook for the agricultural sector was good, and the growth of industrial production stabilized and picked up. Investment and consumption grew steadily, and the structure of imports and exports was optimized. The hike in both consumer prices and employment remained fairly stable. The economic structural adjustments appeared a series of new and positive changes, and market confidence was improving.

1. Basic situation of regional economies

1.1 Regional economies remained stable and headed for the better, and the relative gap between regions narrowed continually

In 2013, regional economies tended to be stable with the growth rate of regional economies remained at a reasonablerange. The Gross Domestic Product (GDP) in eastern, central, western and northeastern regions reached 32.23 trillion, 12.73 trillion, 12.62 trillion and 5.44 trillion yuan, growing 8.91%, 9.81%, 10.73% and 8.42% year-on-year respectively, down 0.38, 1.14, 1.75 and 1.8 percentage points compared with the growth rate of 2012 (Table 1). The GDP of Tianjin in eastern region, Guizhou and Chongqing in western region increased 12.50%, 12.50% and 12.30% respectively, which ranked top three across China. Economic growth rate in central and western regions continued to outpace that in eastern region. There were 16 provinces whose GDP rose more than 10%, including 2 from eastern region, 4 from central region, and 10 from western region (Figure 1). The economic gap among regions kept narrowing and regional economies became more balanced.

Table 1 GDP and Growth Rate of Various Regions

Item	Eastern		Central		Western		Northeastern	
	2013	2012	2013	2012	2013	2012	2013	2012
GDP (100 million yuan)	322 258.90	295 665.23	127 275.66	116 487.91	126 152.53	113 978.64	54 442.06	50 430.72
Proportion in national GDP (%)	51.14	51.28	20.20	20.20	20.02	19.77	8.64	8.75
Growth rate (%)	8.91	9.29	9.81	10.95	10.73	12.48	8.42	10.22

Sources: Statistics bureaus of China's provinces, autonomous regions and municipalities directly under the central government.

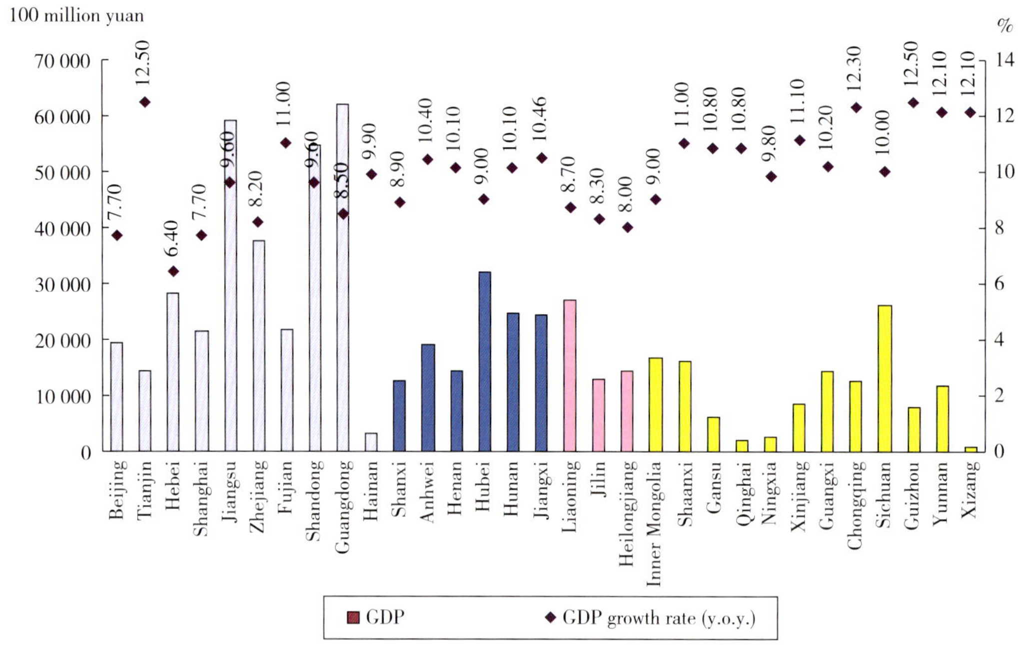

Sources: Statistics bureaus of China's provinces, autonomous regions and municipalities directly under the central government.

Figure 1 GDP and Growth Rate of Provinces in 2013

1.2 The outlook for the three industries in all regions was good and the growth of industrial output rebounded

In 2013, the value added of primary industry in eastern, central, western and northeastern regions reached 1.99 trillion, 1.50 trillion, 1.57 trillion and 0.63 trillion yuan, up 4.26%, 4.06%, 4.91% and 4.73% year – on – year respectively. A bumper harvest of agriculture was once again achieved. In 2013, the output of grain rose by 2.1 percent to reach 601.94 million tons. The total output of meat (including pork, beef, mutton and poultry) rose by 1.8 percent year on year to reach 83.73 million tons.

The secondary industry ineastern, central, western and northeastern regions realized a value added of 15.10 trillion, 6.64 trillion, 6.25 trillion and 2.70 trillion yuan, up 9.05%, 10.76%, 12.22% and 8.36% year – on – year respectively. The growth of industrial output was stable. In 2013 the value – added of national scale industrial enterprises grew 9.7 percent year on year, calculated at comparable prices. The profits of industrial enterprises grew rapidly. The regional statistically large enterprises realized a profit of 6.3 trillion yuan, up 12.2 percent year – on – year, the growth rate increased 6.9 percentage points over last year. In 2013, among the 41 industries, the total profits of 35 industries rose compared with the last year, of which 5 industries accounted for 55.3 percent, i.e., heat generation and distribution, automotive industry, non – metallic mineral products manufacturing, computer communications and other electronic equipment manufacturing. The profits of statistically large enterprises in eastern, central, western and northeastern regions posted 3 571. 90 billion, 1 213. 99 billion, 996. 53 billion and 471. 78 billion yuan, up10. 38%, 16. 19%, 4. 28% and 10. 51% year – on – year respectively.

The value added of tertiary industry in eastern, central, western and northeastern regions reached 15. 14 trillion, 4. 59 trillion, 4. 79 trillion and 2. 10 trillion yuan, up 9. 44%, 10. 11%, 10. 29% and 9. 43% year – on – year respectively (Figure 2). Among these regions, the proportion of the tertiary industry in GDP continued to increase. In particular, the proportion in eastern region was 46. 97%, continuing to take the lead across China.

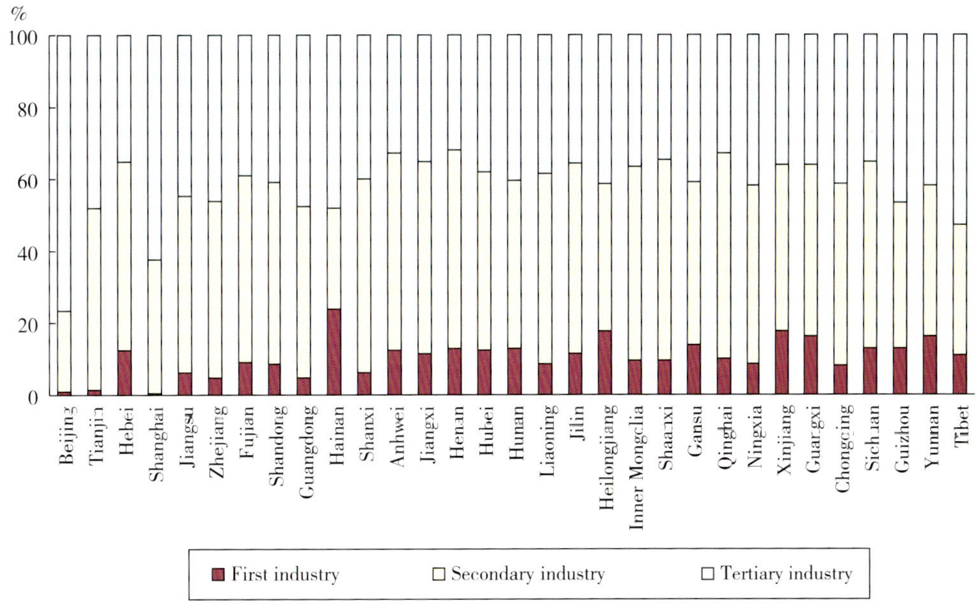

Sources: Statistics bureaus of China's provinces, autonomous regions and municipalities directly under the central government.

Figure 2 Industrial Structure of Provinces in 2013

1. 3 Consumption and investment in all regions grew steadily, the structure of imports and exports improved

The income of urban and rural residents in all the regions continued to increase, the consumption demand grew steadily. In 2013, retail sales of consumer goods totaled 23. 4 trillion yuan, representing a year – on – year growth of 13. 1%, or 11. 5% in real terms. Retail sales in urban areas totaled 20. 2 trillion yuan, up 12. 9% year – on – year, while retail sales in the rural areas grew 14. 6% year – on – year to 3. 2 trillion yuan. In terms of regions, the consumption of central region grew fastest across China. Retail sales of consumer goods in eastern, central, western and northeastern regions reached 12.35 trillion yuan, 4.77 trillion yuan, 4.20 trillion yuan and 2.22 trillion yuan, up 12.39%, 13.83%, 13.62% and 13.73% year-on-year respectively (Figure 3).

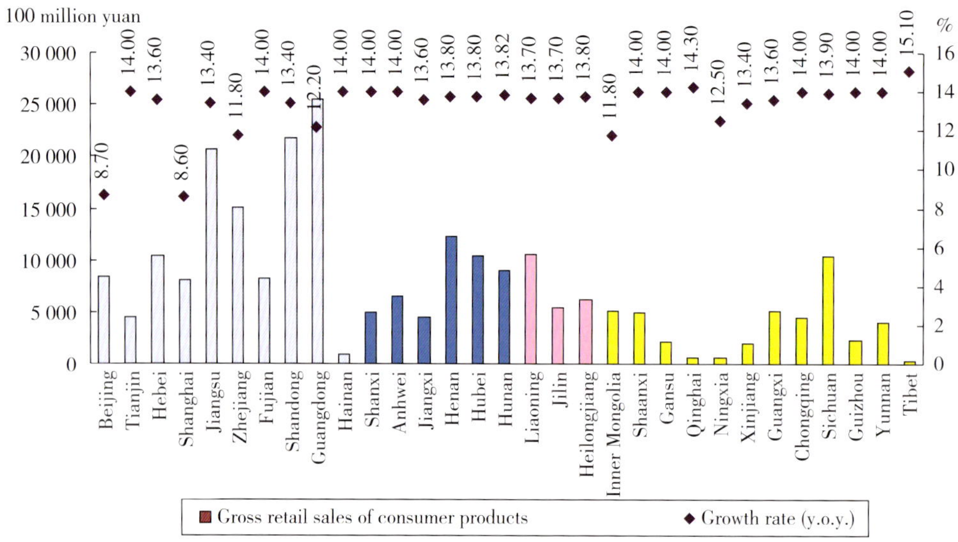

Sources: Statistics bureaus of China's provinces, autonomous regions and municipalities directly under the central government.

Figure 3 Retail Sales of Consumer Goods and Growth Rate of Provinces in 2013

The growth of fixed-asset investments in all regions continued to drop. The growth of fixed-asset investments in central, western regions continued to outpace that in the eastern region. In 2013, fixed-asset investment in all regions (excluding investments by rural households) totaled 43.7 trillion yuan, up 19.6% year-on-year, or 19.2% in real terms. In terms of regions, total fixed-asset investments of eastern, central, western and northeastern region grew 17.83%, 23.32%, 21.99% and 18.25% year-on-year respectively (Table 2, Figure 4). The growths of fixed-asset investments in central and western regions were obviously faster than that in the eastern region. In terms of sector distribution, fixed-asset investments in the first, secondary and tertiary industries grew 32.5%, 17.4% and 21.0% year-on-year respectively.

Table 2 Total Fixed-asset Investments of Various Regions

Item	Eastern		Central		Western		Northeastern	
	2013	2012	2013	2012	2013	2012	2013	2012
Social fixed asset investment (100 million yuan)	177 719.43	153 535.28	105 782.55	88 462.53	121 881.16	98 529.16	46 767.60	41 027.67
Proportion in China's total (%)	39.31	40.24	23.40	23.18	26.96	25.82	10.34	10.75
Proportion in GDP (%)	55.15	51.93	83.11	75.94	96.61	86.45	85.90	81.35
Growth rate (%)	17.83	19.12	23.32	25.88	21.99	27.21	18.25	26.64

Sources: Statistics bureaus of China's provinces, autonomous regions and municipalities directly under the central government.

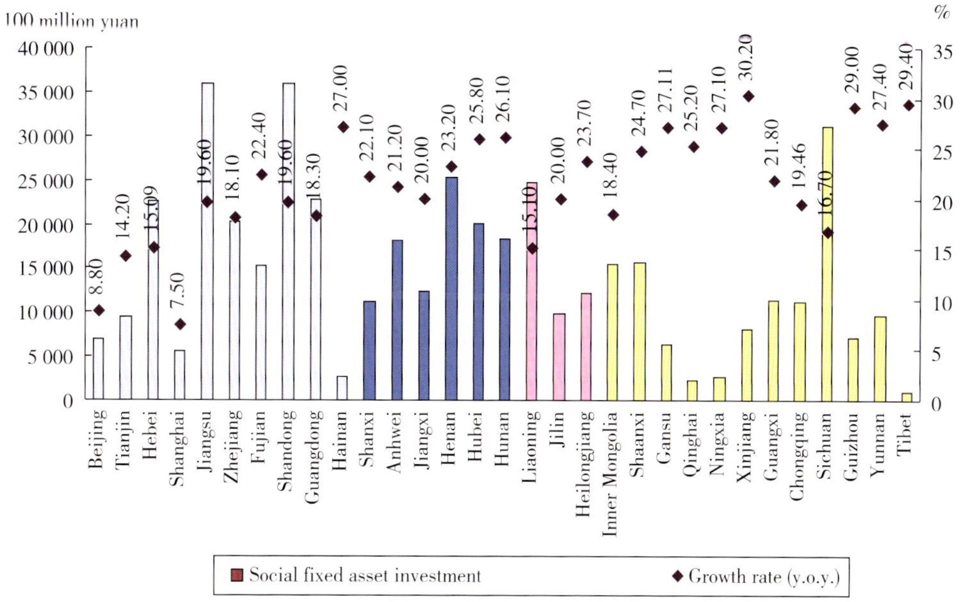

Source: Statistics bureaus of China's provinces, autonomous regions and municipalities directly under the central government.

Figure 4 Fix - asset Investments and Growth Rate of Provinces in 2013

The growth of exports and imports in all regions rebounded, and the structure of exports and imports improved. In 2013, total exports and imports reached 4.2 trillion yuan, up 7.6% year - on - year. In particular, exports registered $2.2 trillion, up 7.9% year - on - year, equal to 2012; import posted $2.0 trillion, up 7.3% year - on - year, increasing 3 percentage

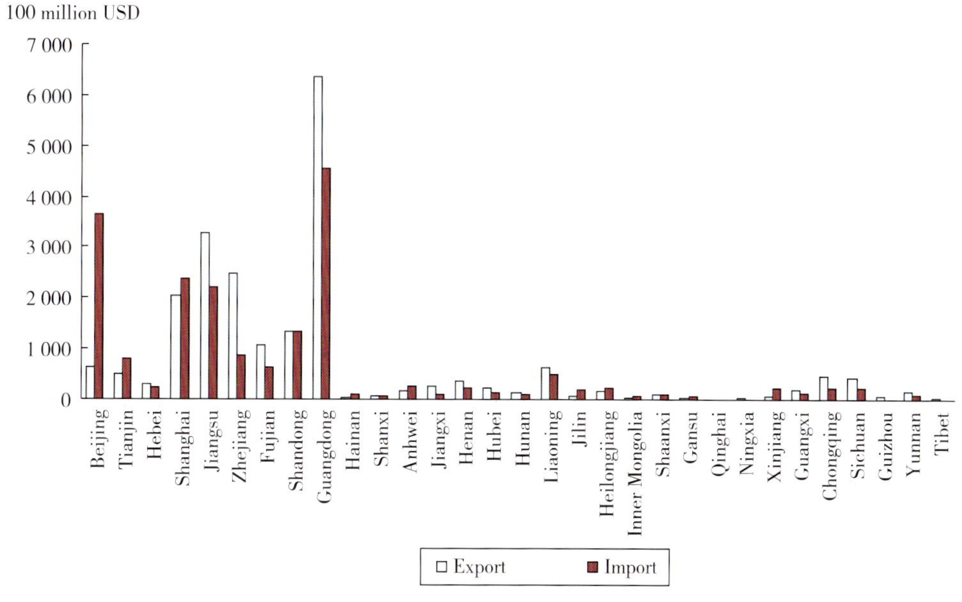

Sources: Statistics bureaus of China's provinces, autonomous regions and municipalities directly under the central government.

Figure 5 Exports and Imports of Provinces in 2013

points over 2012. The trade surplus was ＄259. 75 billion. The shares from the US, EU and Japanese traditional markets dropped, while the emerging markets as ASEAN countries, South Africa and five Central Asia countries became new growth points. Self – development capacity of the external trade was growing. The proportion of general trade increased, while the proportion of processing trade decreased. In terms of regions, total exports and imports in eastern, central, western and northeastern regions reached ＄3 483. 66 billion, ＄219. 66 billion, ＄278. 16 billion, ＄179. 01billion, up 6. 48%, 13. 60%, 17. 65% and 7. 67% year – on – year respectively. The external trade in western region grew greatly. In particular, the total exports and imports of Ningxia, Shanxi, Chongqing, Guizhou and Yunnan increased 45. 20%, 36. 00%, 29. 10%, 25. 00% and 22. 90% year – on – year respectively.

In 2013, actual foreign direct investment in eastern, central, western and northeastern regions reached ＄136. 80 billion, ＄50. 10 billion, ＄28. 68 billion and ＄31. 46 billion, up 6. 32%, 16. 40%, 15. 37% and 8. 15% year – on – year respectively. Domestic investors had directly invested 5 090 enterprises abroad in 156 countries and areas, and realized non – financial direct investment ＄90. 17 billion totally.

1. 4 Regional consumer price growth was basically stable, and industrial production price decline expanded slightly

The growth of consumer price index (CPI) in all regions was the same with the previous year. In 2013, CPI grew 2. 6% year – on – year, and CPI growth rate in the four quarters was 2. 4%, 2. 4%, 2. 8% and 2. 9% year – on – year respectively. In terms of food categories, the growth rate of food prices fell back slightly, and the growth rate of non – food prices was basically stable. Food prices rose 4. 7%, down 0. 1 percentage point compared with 2012; non – food prices rose 1. 6%, keeping the same growth rate with the previous year.

The decline of industrial production price expanded slightly. In 2013, ex – factory prices of industrial products dropped 1. 9% year – on – year with 0. 2 percentage point more than the previous year, and decreased 1. 7%, 2. 7%, 1. 7% and 1. 4% year – on – year respectively in four quarters. Producer purchasing prices dropped 2. 0% year – on – year, and the decline rate widened 0. 2 percentage point compared with 2012. Producer purchasing prices declined 1. 9%, 2. 8%, 1. 8% and 1. 5% respectively in four quarters in 2013. Corporate goods prices dropped 1. 2% year – on – year. The growth of agricultural producer prices was higher than agricultural means of production prices. In 2013, agricultural producer prices rose 3. 2%, and agricultural means of production prices rose 1. 4%.

1.5 Fiscal revenue growth in all regions slowed down, and the growth of residents' income was faster than economic growth

In 2013, local fiscal revenue in all regions continued to grow slowly. Annual general government budget revenue of eastern, central, western and northeastern regions reached 3 674.26 billion yuan, 1 276.64 billion yuan, 1 732.95 billion yuan and 577.62 billion yuan, up 12.40%, 16.12%, 14.95% and 8.77% year – on – year respectively, declining 1.31, 4.88, 3.01 and 4.15 percentage points compared with the growth rate of 2012 (Figure 6). The growth rate of fiscal revenue in all regions dropped remarkably, affected mostly by slower economic growth, the implement of structural tax – reduction policy, and the slowing growth of general trade imports.

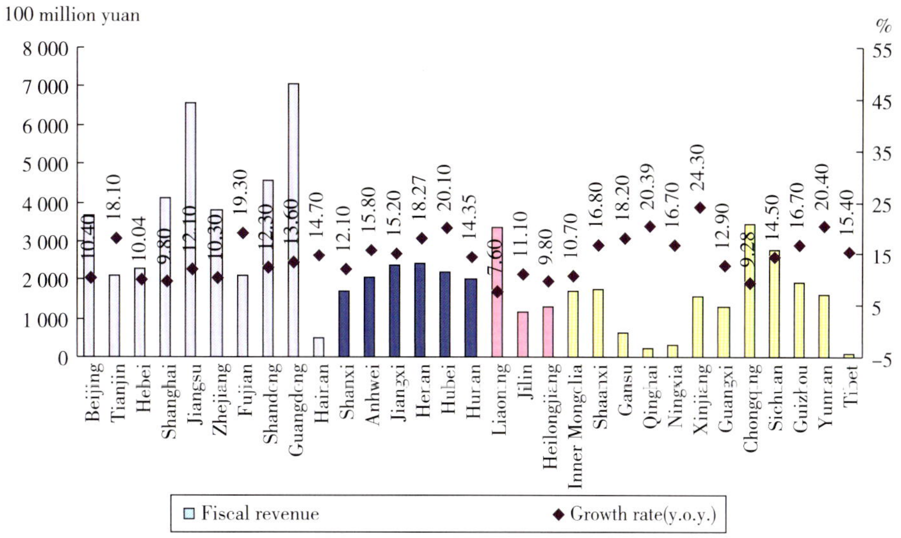

Sources: Statistics bureaus of China's provinces, autonomous regions and municipalities directly under the central government.

Figure 6 Fiscal General Budget Revenue and Growth Rate of Provinces in 2013

The income of urban and rural residents continued to increase. In 2013, per capita disposable income of urban residents reached 26.96 thousand yuan, up 9.7% year – on – year in nominal terms or up 7% on price adjusted basis. Net per capita income of rural residents reached 8 896 yuan, up 12.4% year – on – year in nominal terms or up 9.3% on price adjusted basis.

1.6 The growth rate of the sales of commercial buildings in all regions dropped month by month, and the investment in real estate development grew steadily

In 2013, floor space of commercial buildings sold in all regions reached 1.31 billion square meters, up 17. 3% year - on - year. Although the growth rates dropped month by month, the annual growth rate rose 15. 5 percentage points compared with 2012. The sales revenue of commercial buildings in all regions reached 8. 1 trillion yuan, up 26. 3% year - on - year, which rose 16. 3 percentage points compared with the previous year. The number of cities whose housing prices rose year - on - year increased obviously compared with the beginning of 2013, and there were big differences of housing prices variation between different cities. In December of 2013, among 70 large and medium sized cities in the whole country, new commercial residential housing prices rose year - on - year in 69 cities, 16 cities over that in January, and the highest year - on - year growth rate was 21. 9%, meanwhile the lowest one was minus 2. 8%.

The investment in realestate development increased stably. In 2013, investment in real estate development in all regions totaled 8. 6 trillion yuan, up 19. 8% year - on - year, an increase of 3. 6 percentage points compared with the previous year. The growth rate of real estate loans rebounded quickly. At the end of 2013, the outstanding real estate loans of main financial institutions (including foreign institutions) in all regions reached 14. 6 trillion yuan, up 19. 1% year - on - year, an increase of 6. 3 percentage points compared with the same time of last year. Real estate loans accounted for 21% of all outstanding loans, up 1. 2 percentage points compared with the end of 2012. New real estate loans accounted for 28. 1% of all new loans, up 10. 7 percentage points compared with the end of previous year.

2. Concerns on the regional economy

2. 1 Economic development in all regions showed a steady and sound trend, while inner driving of economic growth was expected to be enhanced

In 2013, it showed steady economic development in all regions with good posture, but the foundation of economic growth was not solid. Regional economy still faced many risks andchallenges. First, the economy was still under downward - going pressure that widespread low investment willingness, increased export competition, overcapacity in some industries, the development of strategic emerging industries lower than expected growth, lack of consumer demand motivation. Second, region's economic growth dependence on investment remained high. In recent years, local dominant mode of large - scale financing and construction had been further strengthened. While stabling the GDP growth, it also increased potential risks in the economic running. High investment and financing modes and resources over - concentration on the infrastructure, real estate and other areas might cause crowding effects to other economic entities, especially SMEs. Third, macro debt level continued to rise. The scale of governmental debt was large, and local government debt grew rapidly, local government had high dependence on land remise revenue to payoff debt. Some regions and sectors had much too high debt ratio and large solvency pressure.

2. 2 Regional industrial production situation was stable, but still faced some problems

In 2013, profits of industrial enterprises above designated size in eastern, central, western and northeastern regions increased by 10. 38% , 16. 19% , 4. 28% and 15. 45% , higher than the previous year growth rate by 6. 2, 11. 41, 2. 46 and 14. 1 percentage points. The annual production and sale rate of industrial enterprises above designated size was 97. 8% , a slight rebound in business climate conditions. However, some industies profits decreased over the previous year, some faced difficulties in business. First, there was urgent need to improve the export competitiveness of enterprises. Regarding to the international situation, with the United States gradually withdrawing quantitative easing policies, the global economy uncertainties still existed. International competitions faced by exports would be more intensified. At present, China's export enterprises were still relying on low value – added production, which was less competitive in the market. Second, enterprises' production costs continued to rise. In 2013, the prices of regional labor and capital and other production factors continued to rise, the cost of energy conservation and emissions reduction and other expenses had further increased, so that production costs remained high. Third, some industries or enterprises with excess capacity suffered serious business losses. Iron and steel, cement, plate glass, ships and photovoltaic, wind power equipment, and many other industries were obviously inadequate in production capacity utilization, some even less than 50%. In this context, some enterprises failed to transmit cost side pressures to the sales side effectively. The phenomenon of business losses was quite serious.

2. 3 Regional prices situation was basically stable, uncertainties still existed

At present, the domestic economy and currency environment was relatively stable, and industrial capacity was adequate, conduciveto basically stabilize regional consumer prices . But it also needed to be noted that the potential upward pressure on prices of agricultural products, services and other areas still existed. In 2013, regional agricultural producer prices rose by 3. 2% , service prices rose by 2. 9% , up by 0. 5 and 0. 9 percentage point respectively over the previous year. The overall real estate prices were still rising, especially the growth in the first –

tier cities was relatively great. In December 2013, 70 large and medium sized cities, the highest growth rate of new commercial housing prices was 21.9% year on year, the highest growth rate of second – hand housing prices was 19.7% year on year, which may spill over into other related areas, and increase cost pressures. In 2013, China's industrial producer prices decrease rate expanded, as the global economy recovered gradually, the major economies' industrial production price changes had an impact on domestic prices as well.

2.4 Regional fiscal revenue growth declined, while pressure on local fiscal balance increased

In 2013, regional local fiscal revenue growth slowed down, eastern, central, western and northeastern regions local general budget revenue growth rate were lower than the previous year by 1.31, 4.88, 3.01 and 4.15 percentage points respectively. Regarding to the structure of fiscal expenditure, regional fiscal spendings were mainly on education, social security and employment, agriculture, forestry and water affairs. Rigid livelihood – related expenditures grew fast, such as projects in urban and rural community affairs, social security and employment, energy conservation and environmental protection expenditures. In 2013, eastern, central, western and northeastern regions expenditure surpassed fiscal revenue by 1.030276 trillion yuan, 1.262551 trillion yuan, 2.021118 trillion yuan and 489.645 billion yuan respectively, except for the northeast, regional fiscal revenue and expenditure gap in eastern, central and western regions had widen by 113.282 billion yuan, 101.392 billion yuan, 92.35 billion yuan, compared to 2012, pressure on local fiscal balance increased. The regional financing platform loans remained high, and the maturity of the loan program was rather concentrated, thus greater compensatory pressure fell on local finances.

Part Ⅲ Regional Financial Stability by Sector

Since the beginning of 2013, in view of complex and ever - changing domestic and international economic and financial situations, the banking sector in all regions continued to deepen the reform and promote business innovation and transformational development. Efforts were also made in improving and optimizing the financing and credit structures so as to support the structural adjustment, transformation and upgrading of the economy.

1. Banking sector

In 2013, the banking sector in all regions witnessed stable performance, with credit assets growing at an appropriate level and risks controlled at a comparatively low level. The sector also enjoyed stable operation with enhanced service awareness.

1.1 Overview of banking sector's development in regional economy

1.1.1 Asset scale of the banking sector in all regions continued to grow

As of end - 2013, total assets of the banking sector in the eastern, central, western and northeastern regions reached 83.35 trillion yuan, 21.20 trillion yuan, 26.65 trillion yuan and 9.71 trillion yuan, up 12.59%, 14.57%, 15.96% and 9.26% year - on - year respectively and accounting for 59.15%, 15.05%, 18.91% and 6.89% of the total nationwide respectively. Total liabilities of the banking sector in the eastern, central, western and northeastern region reached 80.52 trillion yuan, 20.51 trillion yuan, 25.75 trillion yuan and 9.37 trillion yuan, up 12.44%, 14.18%, 15.66% and 8.78% year - on - year and accounting for 59.14%, 15.06%, 18.91% and 6.89% of the total nationwide respectively (Figure 7). Over 50% of banking assets concentrated in the eastern region, including the headquarters of the big - four state - owned commercial banks and joint - stock commercial banks and most of foreign - funded banks. The region's banking assets share increased by 1.19 percentage points over the previous year, signaling a noticeable recovery.

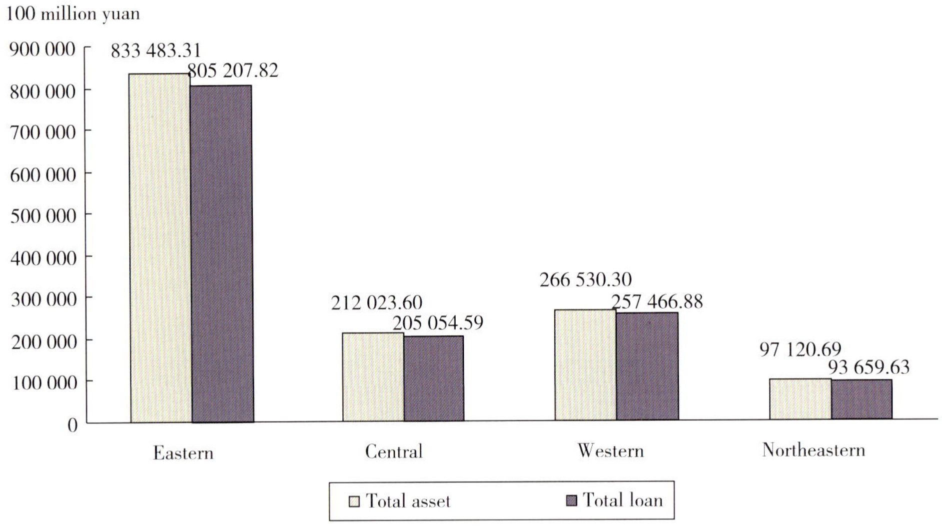

Source: PBC branches.

Figure 7 Assets and Liabilities Aggregates of Banking Institutions in 2013

In 2013, asset growth of banking sector in all regions witnessed an obvious slowdown. The asset growth rates of banking institutions in the eastern, central, western and northeastern regions were 4.44, 4.81, 5.23, 9.42 percentage points lower than those of 2012. Only the 3 provinces of Guizhou, Tibet and Fujian boasted an asset growth rate of over 20%, i.e., 29.04%, 22.20% and 20.20% respectively (Figure 8).

1.1.2 Asset quality of banking sector in all regions kept stable

As of end - 2013, outstanding non - performing loans (NPLs) of the banking sectors in the eastern, central, western and northeastern regions reached 495.00 billion yuan, 258.36 billion yuan, 191.35 billion yuan and 177.47 billion yuan respectively, with a NPL ratio of 1.15%, 2.32%, 1.31% and 3.39% respectively. The outstanding NPLs in the northeastern region dropped slightly while those of in eastern, central and western region climbed up. The NPL ratio in the central region increased by 0.01 percentage point over the previous year while that of the eastern, western and northeastern region declined continuously. As of end - 2013, the weighted average capital adequacy ratio① of commercial banks (excluding the branches of foreign banks) stood at 12.19%, down 0.29 percentage point over that of the beginning of the year, and provision coverage ratio dropped by 8.48 percentage points from end - 2012 to 287%.

① *The Capital Rules for Commercial Banks (Provisional)* was put into operation since January1, 2013.

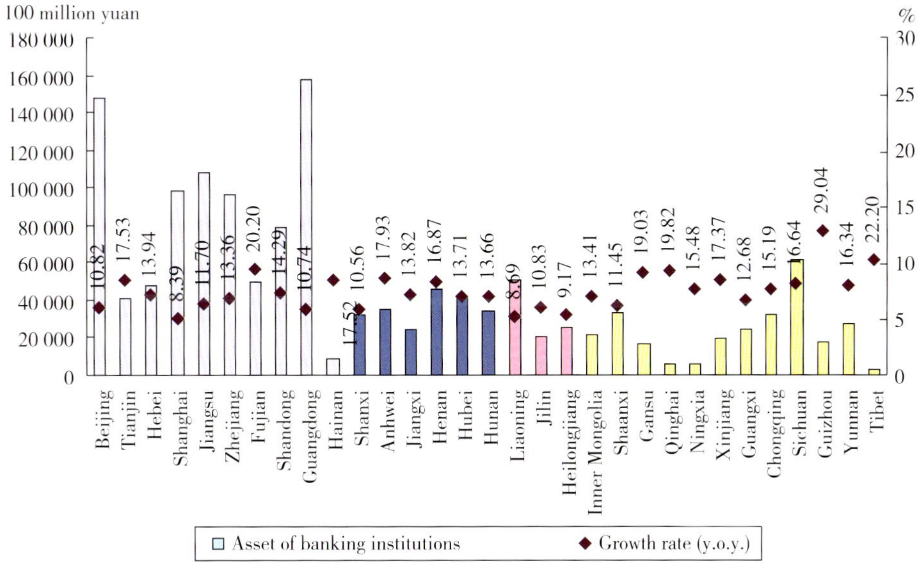

Source: PBC branches.

Figure 8 Assets and Growth Rate of Banking Institution by Province in 2013

Table 3 **Non – performing Loan by Region**

Item	Eastern		Central		Western		Northeastern	
	2013	2012	2013	2012	2013	2012	2013	2012
Non – performing loans (100 million yuan)	4 950. 04	4 494. 60	2 583. 64	2 221. 79	1 913. 51	1 818. 20	1 774. 71	1 816. 38
Non – performing loan rate (%)	1. 15	1. 17	2. 32	2. 31	1. 31	1. 46	3. 39	3. 96

Source: PBC branches.

1. 1. 3 Profit of banking institutions in all regions continued to grow

In 2013, the book profits of banking institutions in the eastern, central, western and northeastern regions reached 1 055. 72 billion yuan, 293. 35 billion yuan, 410. 57 billion yuan and 144. 63 billion yuan, up 11. 60%, 24. 34%, 24. 40% and 19. 05% year – on – year respectively (Figure 9). In 2013, the average ROA and ROE of banking institutions amounted to 1. 3% and 19. 2% respectively, 0. 01 percentage point and 0. 7 percentage point lower than that of last year. The main factors affecting the profits of banking institutions were raising cost of raising funds and narrowing net interest margin (NIM). As of end – 2013, the NIM of banking institutions was 2. 68%, down 0. 15 percentage point over that at end – 2012. The intermediate business income ratio reached 16. 43%, 1. 82 percentage points higher than that at the beginning of the year.

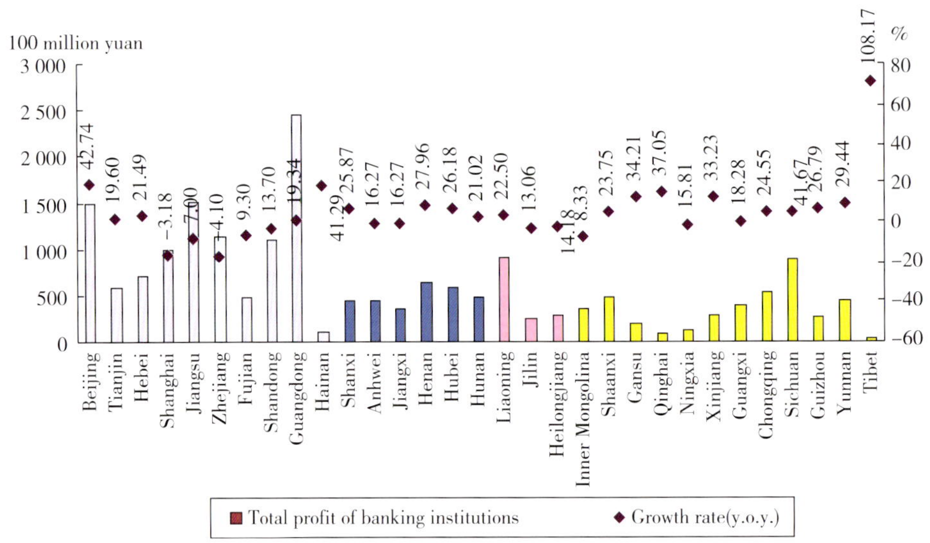

Source: PBC branches.

Figure 9 Total Profits and Growth Rates of Banking Institutions of Various Provinces in 2013

1.1.4 Deposits of banking institutions in all regions increased steadily, and banking loans maintained relatively rapid growth momentum

As of end - 2013, outstanding deposits in domestic and foreign currencies of financial institutions in the eastern, central, western and northeastern regions totaled 60.72 trillion yuan, 16.92 trillion yuan, 20.12 trillion yuan and 7.26 trillion yuan, up 12.96%, 15.34%, 15.83% and 12.28% year - on - year respectively and a deceleration of 1.36, 2.78, 2.6, 4.04 percentage points over that at end - 2012 respectively. Broken down by sectors, the growth rate of household deposits slowed down, while that of the non - financial corporate sector accelerated. At the end of 2013, outstanding household deposits in financial institutions registered a year - on - year growth rate of 13.6 percent, a deceleration of 3.1 percentage points from the beginning of the year. Outstanding deposits of the non - financial corporate sector registered a year - on - year growth rate of 10.4 percent, an acceleration of 2.5 percentage points over end - 2012.

Loans in all regions increased in a stable and relatively rapid manner. As of end - 2013, outstanding loans in domestic and foreign currencies of financial institutions in the eastern, central, western and northeastern regions reached 43.16 trillion yuan, 11.14 trillion yuan, 14.60 trillion yuan and 5.23 trillion yuan, up 12.36%, 15.93%, 17.59% and 14.12% year - on - year respectively (Figure 10). In terms of the credit structure, Household RMB loans increased relatively fast, while the growth rates of loans to the non - financial corporate sector and other sectors were relatively stable. As the end of 2013, outstanding loans to the household sector registered a year on year growth rate of 23. 1 percent, an acceleration of 4. 5 percentage points over end – 2012. In particular, personal home mortgage loans increased 1. 6 trillion yuan from the beginning of the year, representing an acceleration of 720. 4 billion yuan year – on – year. Loans to non – financial enterprises and other sectors grew 11. 1 percent year – on – year. Among different financial institutions, Domestic – funded large – scaled national banks①, domestic – funded small – and medium – sized national banks② and small – sized rural financial institutions boasted greater year – on – year growth rates of loans.

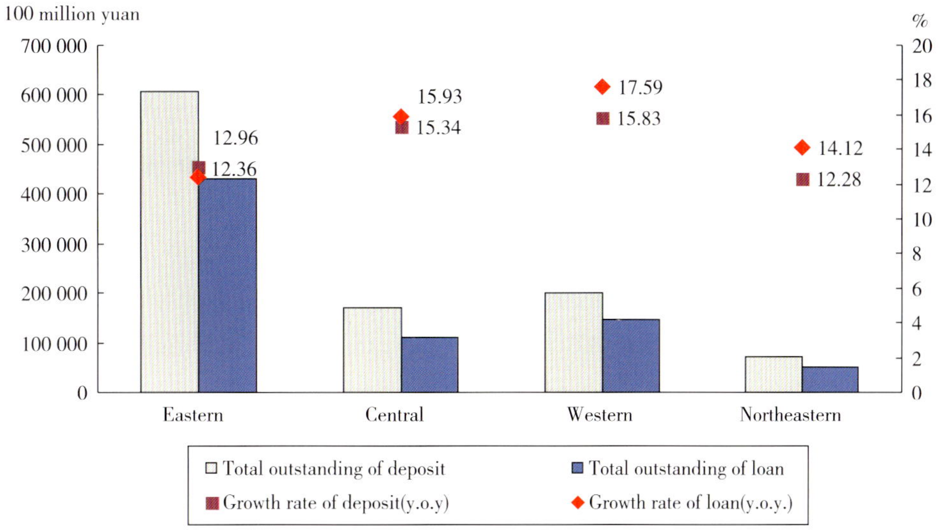

Source: PBC branches.

Figure 10 Outstanding of Deposits and Loans and Growth Rates of Various Regions in 2013

As of end – 2013, the outstanding medium and long – term loans of the eastern, central, western and northeastern regions reached 22. 33 trillion yuan, 6. 27 trillion yuan, 9. 48 trillion yuan and 2. 97 trillion yuan, an increase of 14. 74%, 14. 47%, 14. 56% and 11. 91% year – on – year respectively (Table 4). Except that the growth rate of medium and long – term loans in the northeastern region declined 0. 23 percentage point, the growth rates in eastern, central and western regions were 8. 32, 1. 01 and 2. 84 percentage points higher than those at end – 2012 respectively. The proportion of newly added medium and long – term loans rose. Newly added medium and long – term loans in the eastern, central, western and northeastern region

① Domestic – funded large – scaled banks refer to banks with assets denominated in foreign and domestic currencies equivalent to no less than 2 trillion yuan (according to the amount of total assets of the financial institutions in both domestic and foreign currencies at end – 2008).

② Domestic – funded small – and medium – sized banks operating nationwide refer to banks operating across the country with assets of less than 2 trillion yuan denominated in domestic and foreign currencies.

accounted for 51.97%, 52.49%, 56.80% and 47.11% of total loans denominated in domestic and foreign currencies nationwide in 2013. Except that the northeastern region saw a decline of 0.42 percentage point in the proportion of newly added loans to the nationwide total, the eastern, central and western regions enjoyed an acceleration of 6.44, 8.15 and 11.32 percentage points respectively.

Table 4 **Medium and Long－term Loans of Banking Institution of Various Regions**

Item	Eastern		Central		Western		Northeastern	
	2013	2012	2013	2012	2013	2012	2013	2012
Medium and long－term loans (100 million yuan)	223 267.79	194 580.72	62 744.60	54 811.67	94 779.20	82 730.51	29 730.87	26 566.14
Growth rate (%)	14.74	6.42	14.47	13.46	14.56	11.72	11.91	12.14

Source: PBC branches.

1.1.5 The reform of the banking sector in all regions was pushed forward further

The pilot scheme of the Rural Financial Business Division of the Agricultural Bank of China (ABC) was advanced. In October 2013, approved by the State Council, a total of 538 county－level sub－branches of the ABC in the seven provinces of Jiangsu, Zhejiang, Hunan, Yunnan, Jiangxi, Shanxi, and Guangdong were covered by the pilot scheme. After the expansion of the pilot scheme, the proportion of the business volume and profits of the pilot institutions in all the ABC county－level sub－branches rose from 40 percent to about 80 percent, making a greater contribution to the development of the agricultural sector, rural areasand farmers as well as economic growth in the pilot areas.

The market－based transformation of asset management companies was steadily promoted. China Cinda Asset Management Company was successfully listed on the Hong Kong Exchange in December 2013, the first one among nationwide financial asset management companies. This marked a phased achievement made in the joint－stock reform and market－based transformation of financial asset management companies.

Remarkable achievements were made in reforming the rural credit cooperatives (RCCs). The RCCs' capacity for sustainable development was strengthened significantly. Based on the five－category classification, as of end－2013, the NPL ratio of the RCCs declined by 0.4 percentage point from end－2012 to reach 4.1 percent, and the capital adequacy ratio of the RCCs was 12.5 percent, up 0.7 percentage point from end－2012. In 2013, the total profits of the RCCs amounted to 196.2 billion yuan. Steady progress was made in the property－rights reform of the RCCs. At the end of 2013, there were 1 690 RCCs, 468 rural commercial banks, and 122 rural cooperative banks that had been made legal entities at the country (city) level. The quality of rural financial services improved notably. Outstanding agro – linked loans and lending to rural households by RCCs posted 6.2 trillion yuan and 3 trillion yuan at end – 2013 respectively, representing a year – on – year growth rate of 16.4 percent and 14.5 percent respectively.

1.1.6 The financial sector's support and service for the real economy in all regions was improved

Credit support to micro and small – sized enterprises and to the agricultural sector, rural areas and farmers maintained strong growth momentum. At end – 2013, outstanding loans to micro – and small – sized enterprises issued by financial institutions grew 14.2 percent year – on – year, outpacing the growth rate of total loans by 0.1 percentage point. New loans to micro – and small – sized enterprises posted 2 trillion yuan, an increase of 357.6 billion yuan year – on – year. At end – 2013, outstanding RMB and foreign currency denominated agro – linked loans increased 18.4 percent year – on – year, outpacing the growth rate of total loans by 4.5 percentage points. New agro – linked loans in 2013 registered 3.39 trillion yuan, an increase of 380.6 billion yuan over the previous year.

In line with the overall arrangements of the Central Economic Work Conference and the State Council, the PBC stepped up efforts in providing financial services for the real economy, continued to bring into full play such central bank instruments as agro – linked central bank loans, central bank rediscounting and the reserve requirement ratio so as to guide the structural optimization of credit and consolidate financial resources to support the development of micro – and small – sized enterprise. In 2013, 21 commercial banks issued a total of 110 billion yuan worth of financial bonds earmarked to support micro – and small – sized enterprises. The PBC vigorously promoted financial products and service innovations in rural areas, and ratcheted up credit inputs to the agricultural sector, rural areas, and farmers so as to promote the development of a modern agricultural industry.

1.2 Noteworthy issues in the development of banking sector in regional economy

1.2.1 Locally incorporated financial institutions faced more difficulties in liquidity management

In 2013, the banking system faced a relatively complex situation in liquidity management. On the one hand, this was related to changing policy expectations of the major economies and changes in the direction of capital flows. On the other hand, balance – sheet expansion by banks and financial products innovation increased the market's demand for liquidity. Financial institutions, influenced by profit maximization and regulatory arbitrage, used the interbank business and wealth management tools to borrow short – term funds and to lend long – term funds. The asset and liability structures of financial institutions were very sensitive to interest – rate risk exposure, while financial institutions were highly dependent on the money market, leading to greater volatility of the money market. The small – and medium – sized locally incorporated financial institutions faced more difficulties in liquidity management. Some institutions experienced tight liquidity conditions with liquidity ratio and loan/deposit ratio witnessing significant seasonal fluctuation.

Efforts were made in further strengthening and improving liquidity management in the banking system. In January 2014, the branch offices of the PBC conducted pilot SLF (Short – term Lending Facility) operations in Beijing, Jiangsu, Shandong, Guangdong, Heibei, Shanxi, Zhejiang, Jilin, Henan, and Shenzhen. This was an innovative attempt by the central bank to adjust short – term liquidity, aiming to meet the liquidity requirements of local legal – entity financial institutions that complied with the requirements for macro – prudential regulations and to facilitate the central bank's liquidity provision for p small – and medium – sized financial institutions.

1. 2. 2 Non – performing assets (NPAs) of financial institutions in some regions were increasing

As of end – 2013, outstanding NPLs (Non – performing Loans) of banking sectors in the eastern, central and western regions grew 10. 13%, 16. 29% and 5. 24% year – on – year respectively, while that in Yangtze River Delta soared 27. 57% over the previous year. On the one hand, as banking sector is a pro – cyclically industry, declining macroeconomic growth would directly influence the profits and asset quality of banking institutions. On the other hand, due to the sluggish external and internal demands, the manufactory industry and export – oriented industry in some regions were under heightened operating pressure. Structural excess capacities became serious, which influenced the quality of banking loans and aggravated the regional and industrial aggregation of NPLS. The newly – added NPLs mainly came from the Yangtze River Delta and the Pearl River Delta where the market trading was active, small – and medium – sized enterprises concentrated and highly export – oriented, which later spread to Shanghai, Fujian and other coastal areas. Structural excess capacities were substantial with such industries as steel trade, photovoltaic shipping most influenced.

1.2.3 Risks were looming as banking innovation was excessively fast in some regions

In recent years, inter – bank business, off – balance sheet business, wealth management business of banking institutions developed accelerating and the scale of these business kept rising. These businesses' rapid development was based on the reality, which was also an important means of commercial banks in meeting challenges, managing liquidity and increasing earnings. To a certain extent, it also helps better meet the real economy's financing demand and the investment demand of enterprises and residents. But overly development of these businesses could bring about risks. Firstly, some banking institutions employed these businesses to circumvent financial regulations, even to finance the investment in restricted industries and areas, and to evade national macro – control policies. Secondly, these businesses generally had the problems as lower transparency and irregular accounting, which further complicated the risk monitoring and supervision. Thirdly, some banking institutions borrowed short – term funds with lower cost, and invested in long – term, high – reward projects and assets, which aggravated the term – mismatch of assets and liabilities and pushed higher the liquidity risk. Fourthly, with the rapid development of these businesses, the linkages between all kinds of financial institutions became more close and complex. Once a part had a problem, it would easily spread to the other parts due to contagious effects.

1.2.4 Banking institutions in all regions faced increasing information technology risk

With the rapid development of information technology, the operation and development of commercial banks were highly dependent on information technology system. Therefore, prevention of the information technology risk was more important. In the short term, the events of financial service suspended by technological glitches happened occasionally, which would exert direct impact on the normal operation of some banking branches. The risks in such areas as electronic banking, business outsourcings were on the rise. The safety of online payment faced various threats. Commercial banks' governance and core capability in tackling technological risks needed to be improved. In the long term, the information technology products and services now used by commercial banks were over reliant on foreign manufacturers, and lacked of necessary risk prevention measures. The commercial banks in all regions should speed up efforts in constructing an independent, safe and controllable information technology system.

1.2.5 Market risk management of banking institutions grew more complicated

In 2013, the pace of market – based reform of interested rate formation regime was spedup, and the Internet financial developed rapidly, which promoted the reform of banking institutions and posed challenges to its operation at the same time. Therefore, market risk monitoring and prevention ought to be attached more importance to. Firstly, the traditional profit – making model of banking institutions was affected by the fully elimination of lending rate controls and the expansion of deposit rate floating band. Secondly, the steadily promotion of market – based interested rate reform pushed higher demands on banking institutions' assets and liabilities management, market risk management and liquidity management. Thirdly, the Internet finance took away part of the traditional business of banking institutions, whose operating pressure was increasing. The rapid development of Internet finance forced the banking institutions to innovate their traditional businesses continuously.

2. Securities sector

In 2013, the total market value of listed companies in all regions witnessed a slight increase and direct financing scale declined. Stock trading was brisk and margin trading business saw a significant growth. The asset scale of securities companies continued to expand and operating revenue of these institutions picked up obviously. The construction of multi – level capital market was further promoted with noteworthy progress made in the infrastructure construction of the securities sector. Business innovation was pushed forward amid strengthened regulation.

2.1 Overview of securities sector's development in regional economy

2.1.1 Stock market traded birskly and futures market developed rapidly

In 2013, Shanghai and Shenzhen stock markets experienced downward fluctuations. In January, Shanghai Composite Index and Shenzhen Component Index reached the peak of 2013, which stood at 2 444.8 points and 100 057.97 points respectively, and after that, they declined continuously and closed at 2 115.98 points and 8 129.79 points at the end of 2013. The closing indexes were 13.45% and 19.25% lower compared with the peaks of the year or a decrease of 6.75% and 10.91% compared with those of end – 2012 respectively. However, Growth Enterprise Index (GEI) grew quickly and made historic new highs in succession and surged to 1 304.44 points at the end of 2013, an increase of 82.72% year – on – year (Figure 11). Total market value of Shanghai and Shenzhen Stock Markets increased slightly. As of the end of 2013, the market capitalization of Shanghai and Shenzhen stock markets reached 23.91 trillion yuan, which saw a year – on – year increase of 871. 957 billion yuan or a growth rate of 3. 79% year – on – year. In terms of the market's trading volume, the annual turnover of Shanghai and Shenzhen stock markets totaled 46. 35 trillion yuan, which saw a year – on – year increase of 49%. Moreover, the annual turnover of the Growth Enterprise Board (GEB) increased 119. 6% year – on – year to 5. 1 trillion yuan.

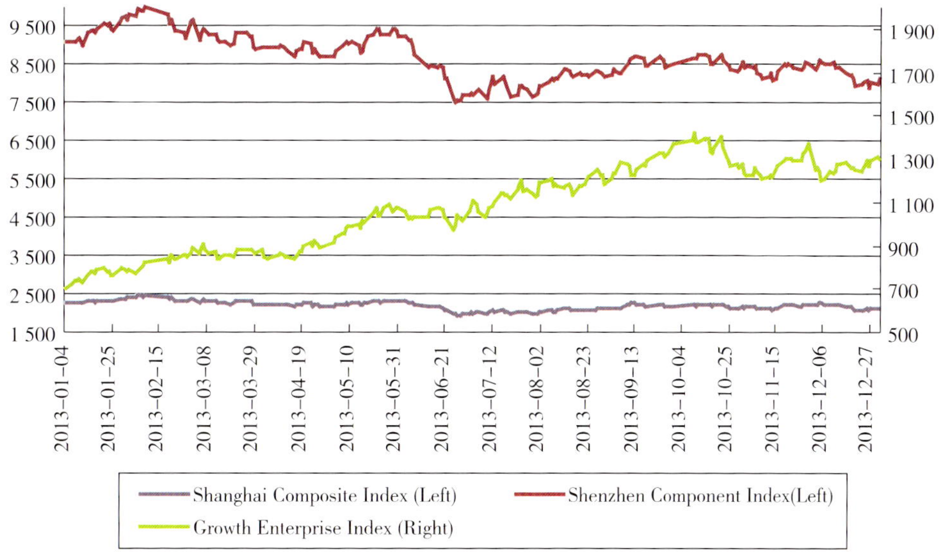

Source: Wind.

Figure 11 Movement of Shanghai & Shenzhen A – share Indices and GEI in 2013

The funds delivered a stable performance in 2013. As of the end of 2013, a total of 1 533 public offering funds were held by fund management companies, and total fund shares amounted to 3. 12 trillion units, down 1. 66% year – on – year. However, total net asset value of the funds amounted to 2. 93 trillion yuan, which witnessed a year – on – year increase of 4. 76%. Average net value per unit climbed from 0. 89 yuan to 0. 94 yuan, increased by 5. 62% year – on – year. Geographically speaking, Fund companies were mainly located in the eastern region, especially in Beijing, Shanghai and Guangdong. Fund management business in the eastern region took up 99. 4% of the total nationwide.

In 2013, China's commodity futures market maintained brisk trading momentum. Trading volume and turnover increased significantly, which both hit their all – time highs. The annual total trading volume of commodity futures reached 1. 868 billion contracts with a total turnover of 126. 47 trillion yuan, a year – on – year increase of 38. 86% and 32. 73% respectively. Meanwhile, holdings and volume of stock index futures increased steadily. As of the end of 2013, the number of accounts stood at 164 800. The annual total trading volume reached 193 million contracts with a total turnover of 140.7 trillion yuan, a year – on – year increase of 83.91% and 85.52% respectively. Five – year Treasury bonds futures went public on September 6, which gave an annual trading volume of 328 800 contracts and an annual trading value of 306.39 billion yuan at the year – end.

2.1.2 Domestic stock financing scale shrank slightly and the initial public offering was suspended

In 2013, the financing scale on the stock market scaled down in various regions, with a total of 291 stock financing and an aggregate value of 280.28 million yuan raised, decreased by 10.38% year – on – year. Due to the suspension of initial public offering, rights issues and private placements became the only financing channels on the stock market. The rights issue witnessed a sharp increase in 2013 with 276 deals in rights issues made, taking up 83.03% of the total. 232.70 billion yuan was raised through public placements and private placements (by cash), which saw a year – on – year increase of 17.99%. In terms of regional distribution[①], the total amount of domestic stock financing in the eastern region reached 198.374 billion yuan, which took a significant proportion of 49.28% nationwide compared with other areas. Financing amount in the central, western and northeastern regions reached 68.06 billion yuan, 111.753 billion yuan and 24.883 billion yuan respectively, with a proportion of 16.91%, 27.76% and 6.06% respectively (Figure 12).

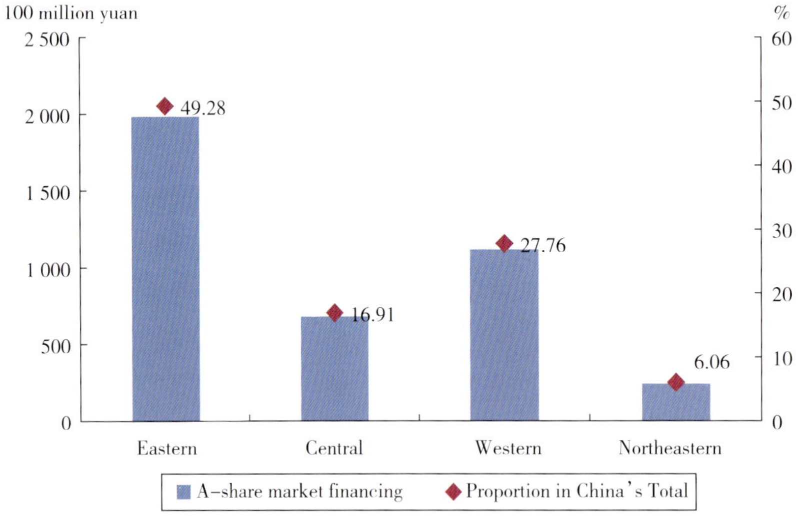

Source: Wind.

Figure 12 Regional Distribution of Financing Scale on the A – share Market in 2013

① Source: Wind.

In 2013, enterprises raised 6.457489 trillion yuanon the bond market, decreased by 0.07% year – on – year. Geographically speaking, the eastern, central, western and northeastern regions saw a total financing of 5.352685 trillion yuan, 469.705 billion yuan, 486.953 billion yuan and 469.705 billion yuan on the bond market, accounted for 82.89%, 7.27%, 7.54% and 82.89% respectively. The eastern region seized an obvious advantage.

2.1.3 The securities institutions showed an unbalanced regional distribution and the operating performance improved markedly

Regional development of securities institutions remained unbalanced. In 2013, the eastern region saw continuously increasing number of securities companies. The number of incorporated securities companies, fund companies and futures companies added up to 279 in the eastern region, while the other three regions took up only 79 (Table 5).

Table 5 Regional Distribution of Securities, Funds and Futures Companies

Item	Eastern		Central		Western		Northeastern	
	2013	2012	2013	2012	2013	2012	2013	2012
Securities companies	79	78	12	12	18	18	6	6
Fund management companies	87	70	0	0	2	2	0	1
Futures companies	113	115	13	17	17	15	11	13
Total	279	263	25	29	37	35	17	20

Source: Agencies of CSRC in provinces, autonomous regions and municipalities.

The asset scale of incorporated securities companies expanded continuously in various regions with the operating revenues and profits soaring. The total assets of incorporated securities companies in eastern, central, western and northwestern regions were 1 694.64, 165.33, 173.24 and 47.22 billion yuan, increased by 22.25%, 15.09%, 16.03% and 22.12% year – on – year respectively; the operating revenue reached 126.53, 13.75, 16.21 and 2.50 billion yuan, increased by 21.19%, 35.44%, 28.83% and 8.65%[①] year – on – year in eastern, central, western and northwestern regions respectively; the net profits of incorporated securities companies were 35.17, 4.19, 4.06 and 0.60 billion yuan in eastern, central, western and northwestern regions respectively (Figure 13).

In 2013, futures companies' capital adequacy was strengthened, with increasing M&A activities and rights issues. As of the end of 2013, futures companies' total assets (excluding customers' assets), total net assets and total net capital recorded 62.989 billion yuan, 52.214 billion yuan

① Sources: Agencies of CSRC in provinces, autonomous regions and municipalities directly under the central government.

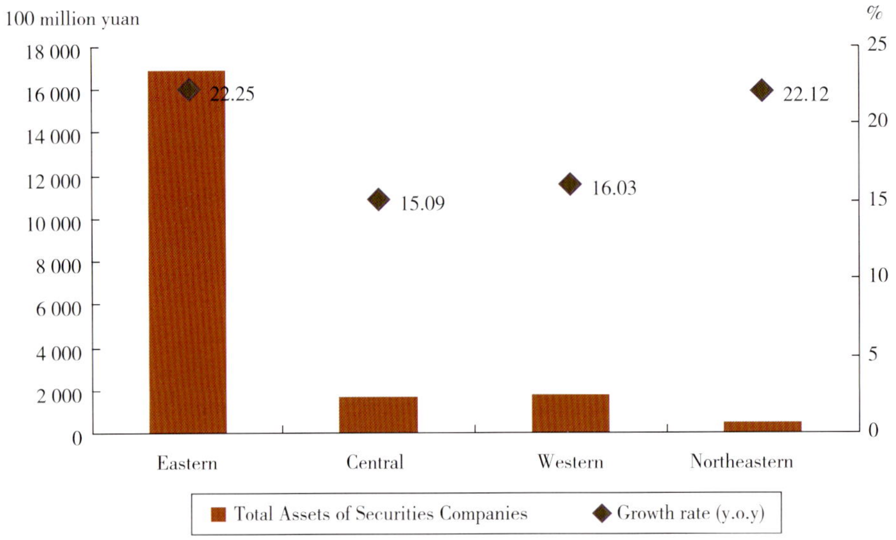

Source: CSRC.

Figure 13 Changes of Total Assets of Securities Companies in Various Regions in 2013

and 43.937 billion yuan, respectively, representing a year – on – year increase of 14.24%, 14.34% and 5.38% respectively. The total realized operating revenues jumped by 7.3% over that of 2012 to 18.304 billion yuan and net profits reached 3.549 billion yuan, decreased by 0.50% year – on – year. Futures companies have started their overseas mergers and acquisitions. Guangfa Futures Company (Hong Kong), a subsidiary wholly owned by GF Futures Co., Ltd., acquired 100% stake of British NCM Futures Company, which became the first case of Chinese futures companies' overseas mergers and acquisitions. Before that, Natixis (a French investment bank) was in charge of British NCM Futures Company.

2.1.4 Regional equity markets enjoyed fast development and the construction of a multi – level capital market made headways

As of the end of 2013, the number of officially opened regional equity markets reached 19, eight of which were regional equity trading center established in 2013. The number of listed companies added up to 5 868, about 2.35 times of the total number of main board listed companies in China. Qianhai equity trading center of Shenzhen embraced most of the listed enterprises, which reached 2 706.

The National Equities Exchange and Quotations (NEEQ) started its formal operation nationwide. In early 2013, The National Equities Exchange and Quotations (NEEQ) was officially launched. The State Council decided to expand the coverage of the pilot program to the whole country in June. Relevant rules were launched in succession, including the *Rules of Practice for the National Equities Exchange and Quotations (Trial)*, the *Rules of Investors' Suitability Management for the National Equities Exchange and Quotations (Trial)*, the *Rules of Listed Companies' Information Disclosure for the National Equities Exchange and Quotations (Trial)* and the *Bylaws of Lead Securities Companies Management for the National Equities Exchange and Quotations (Trial)*. The *Decisions on Issues Related to the National Equities Exchange and Quotations* was launched by the State Council in December which stipulated the NEEQ's functions, establishment of board transition, simplification of the administrative licensing mechanism, investors' suitability management and regulatory coordination. The launch of the NEEQ marked a new progress made in the construction of a multi – level capital market.

Inter – agency market took shape. In September, inter – agency private placement products' quotation and service system was put into operation. The pilot securities companieson the over – the – counter (OTC) market could release business market information through the online quotation system.

2.1.5 Fundamental institutional building reaped remarkable achievementsand business innovation developed coordinately with institutional regulation

In 2013, the institutional building of stock market pushed forward continuouslly. In terms of share issuance, the China Securities Regulatory Commission (CSRC) launched the *Opinions on Issues Related to Further Pushing Forward Institutional Reform In Share Issuance* in November, which started the fourth round of IPO system reform. In December, the CSRC revised and promulgated the *Measures for the Administration of Securities Issuance and Underwriting*, in order to meet requirements of the IPO reform. The stock market further enriched its product line with nine securities companies officially launching stock pledge repo transactions for the first time. The State Council launched the *Guidelines Regarding the Pilot Implementation of Preferred Stock* and decided to carry out a trial of preferred shares. Issuing preferred stock could help diversify the fund raising channels, speed up the development of direct financing, promote the enterprises' M&As and provide diversified investment channels for investors.

In 2013, the securities companies continued to pick up steam in business mode and capital market products innovation. At the same time, supporting regulations were also gradually improved, seeking a combination of regulated innovation and development. Firstly, efforts should be made in regulating the asset management business of securities companies. The CSRC officially released the *Provisions for the Asset Securitization Businesses of Securities*

Companies in March, in order to transfer asset securitization business from a pilot programmed to a normal practice. In June, the CSRC revised the *Measures for the Management of Customer Asset Management* and the *Implementation Rules for Collective Asset Management Business of Securities Firms*, and further standardized the development of the asset management business. Secondly, efforts should be made in the innovation and regulation of securities brokerage business. The CSRC promulgated the *Regulations on Overseeing Branches of Securities Companies* and canceled the number limits of securities outlets. Securities Association of China (SAC) issued the *Provisions for Customer Account Opening of Securities Firms*, approving such off - site approaches as online application and attestation. Thirdly, securities companies ought to be encouraged to carry out asset custody business. In March, the CSRC promulgated the *Trial Provisions for the Asset Custody Business of Securities Companies* (*Consultation Draft*) in order to solicit opinions from the public. The CSRC tried to allow qualified securities companies to carry out the asset custody business. Custody scope included but was not limited to stocks, bonds, derivatives and precious metals, etc. Fourthly, refinancing business and pilot securities refinancing will be pushed forward. Lending and borrowing business of securities witnessed a significant growth. By the end of 2013, the outstanding balance reached 346.547 billion yuan, which increased by 2.9 times compared with last year's 89.5 billion yuan.

In 2013, innovation of the futures industry accelerated and institutional building reaped fruitful achievements. Firstly, five - year Treasury bonds futures was listed. The China Financial Futures Exchange has set up business rules related to Treasury bonds futures and implemented the *Contracts for Five - year Treasury Bonds Futures*, the *Trading bylaws for Five - year Treasury Bonds Futures Contracts.* It has completed the signing of delivery business operation agreement and MOUs, which provided institutional assurance for the smooth operation of listed Treasury bonds futures. Secondly, business rules related to stock index futures have been revised. More than ten business rules have been amended, including the *Trading Rules of the China Financial Futures Exchange* and the *Settlement Articles of the China Financial Futures Exchange*, etc. Newly - added business rules were the *Trading Articles of the CSI 300 Stock Index Futures Contract* and the *Guidelines of the Membership Management of Futures Companies.* Thirdly, the China Futures Industry Association issued the *Trial Work Guidelines of Risk Management Services Provided by Futures Companies' Subsidiaries.* 20 of them registered successfully and 13 of them began to provide new services such as depositary receipt, basis transaction, cooperative hedging and pricing services in succession. Fourthly, the CSRC issued the *Decisions on Amending Trial Measures of the Risk Regulation Indicators Management* and promulgated the *Provisions on the Calculation Standard of Provisions for Futures Companies' Risk Capital*. In order to ensure their stable operation, futures companies were required to improve the risk index management mechanism centered on net capital starting from July 1.

With regard to the funds, the revised *Securities Investment Fund Law* came into effect on June 1. A more relaxed environment was created in market access, investment scope and business operation. Fund management companies made great progress in innovation. The money market funds and the internet enjoyed innovative cooperation. Yu Ebao, launched by Alipay and Tian Hong Asset Management Co., Ltd., has become the largest fund with regard to customer base and retained scale. Innovative products such as bond trading open – end index fund (ETF), gold ETF, floating rate fund, target earnings triggered fund, standing fund and absolute return fund have been launched.

2.2 Issues of concern in the regional development of securities sector

2.2.1 Potential risks emerged in cross – sector businesses of securities companies

The trend of comprehensive management and cross – sector transaction became prominent in the financial industry, so did to interconnected channels among related financial institutions. Some of the securities companies' asset management business acted as "channels" of arbitrage for other financial institutions, which incurred risks. Firstly, regulatory arbitrage existed in separate – account asset management business. Some of the separate – account asset management business enabled banks to transform in – balance – sheet loans into interbank assets. By doing so, banks were able to avoid risk – provisioning requirements and reduce locked – in capital and expand business scale. However, the overall risks were aggravated. Secondly, some of the money flew to restricted industries. Since the government financing platform and real estate development were hard to get bank funds due to strengthened regulation, the separate – account asset management has become a new financing channel for such industry. Thirdly, overall leverage ratio was enlarged through cross business. Cooperation among different institutions increased the comprehensive leverage of the financial system, bringing about implicit systematic risks. Fourthly, legal risks lurked in interbank supplementary agreements. When the channel businesses were conducted, brokers would urge the issuing bank to issue a forward repurchase agreement or guaranteed commitments. However, validity of these commitments was controversial and disputes may arise in the event of default.

2.2.2 Attention should be paid to the liquidity risk of the securities sector

In 2013, the securities firm strengthened business innovation. With the rapid growth of margin trading, and the introduction ofstock pledged – repo transaction, it has become a more challenging task for securities companies to conduct liquidity management. At the same time, by raising money through various financing tools and by promoting fund – raising business innovation to increase leverage, securities companies were confronted with growing liquidity risks. For the financing structure of securities companies, fundraising businessed were mainly made up of short – term debts such as interbank funding, interbank bond repo transactions, pledged quotation repo for bonds and short – term financing bills, etc. Beside, the credit businesses of the securities companies have been growing rapidly over the past few years. The asset maturity ranged from 3 months to about 12 months, bringing about greater mismatch risks. In addition, the interaction between the internet finance and money market funds made investors call for a higher speed of purchase and redemption of money market funds, aggaraveting the liquidity risk on the money market.

2.2.3 Regional equity markets suffered from insufficient effective regulation

In recent years, several problems deserved our attention in the rapid development of the equity markets in all regions. Firstly, by now there has been no regulation on the OTC equity trading market in China. Stipulated policy support was absen. Besides, regional equity trading market was still out of market regulation. Effective inspection, supervision and management mechanism have not yet been formed. Seconly, debt financing still remained the preferred financing modeo. Although some enterprises privatelyissued bonds which were guaranteed by joint third – party in the equity trading center, and participants were struggling in meeting their repayments. Credit risks and spillover effects might be triggered in the bond market in the event of an individual default. Thirdly, regional equity markets were rather scattered. Differences in market operation mechanism and entry barriers were substantial. Information asymmetry made it hard to realize resource sharing among various institutions. The market function of optimizing resource allocation was to be brought into full play.

2.2.4 Futures companies suffering from business homogeneity, low profitability and risk resistance

Firstly, Businessed of futures companies were highly homogenous. Most of the futures companies focused on brokerage services with commissions accounting for a large part of their revenue. However, the low commission made it difficult for futures companies to have sustainable development and service enhancement. Though some futures companies obtained asset management business qualifications, they still suffered from the simple imitation of the products of such institutions as banks, securities companies and trust companies and lacked their own features. That was why they were not that attractive to investors. Secondly, since the brokerage revenue dropped sharply, the interest of deposit at the exchanges became the main source of revenue, which in turn increased the interest rate risk of futures companies. Thirdly, compliance and risk management of some futures institutions need to be further strengthened. Some institutionss were so dependent on brokers that they had to lower their commission or lift the commission discount ratio to cater to the brokers. All these incurred damage of their own interests and brought about compliance risks.

2. 2. 5 Much emphasis should be put on information system security of securities industry

Information system security is of great significance to the orderly and stable operation of the security industry, for both the securities and futures' quotation and trade are conducted through the internet. When securities firms' trading system was on the blink, risks could be easily triggered. The malfunctions can be caused by failure of electric power, communications lines, mass incidents, natural disasters and software defects. The " oolong means " of China Everbright Securities revealed the design defects of its proprietary trading system, including the caller error and quota control failure of the order generating system and order execution system. A single exterm event as it was, the risks exposed should alert the entire securities industry. Moreover, with the development of the internet, fund companies and securities companies rushed to seek closer cooperation with internet companies. Their cooperation has promoted product design and marketing innovation, making information security more important than ever before.

3. Insurance sector

In 2013, in the face of complex and extremely difficult economic situation, insurance sector in all regions remained stable with rise and improvement, and showed sound growth momentum. The premium income of insurance business grew fast and changed the situation that the growth dropped continually. Total insurance assets increased steadily. The overall strength continued to enhance. Positive effect of reform appeared gradually. The rate of return on investment was the best for the past four years. Service capability continued to improve, giving further effect to the risk guarantee function.

3.1 General development of insurance industry in all regions

3.1.1 Insurance premium income grew fast, while insurance density continued to increase

By the end of 2013, insurance premium income of eastern, central, western and northeastern regions reached 931.70 billion yuan, 322.58 billion yuan, 332.07 billion yuan and 109.74 billion yuan, increasing by 11.02%, 9.37%, 13.63% and 15.18% year-on-year, and representing 54.93%, 19.02%, 19.58% and 6.47% of total insurance premium income respectively. The growth of insurance business in western and northeastern regions was remarkably faster than eastern and central regions. Proportion of insurance premium income in western and northeastern rose by 0.37 and 0.21 percentage point, but proportion of eastern and central regions dropped by 0.22 and 0.36 percentage point.

In terms of insurance density, the figure of eastern, central, western and northeastern regions amounted to 1 798.02, 865.69, 914.19, 1 000.51 yuan per person, growing by 166.19, 81.03, 103.23, 130.44 yuan per person respectively. In terms of insurance penetration, the figure of eastern, central, western and northeastern regions were 2.89%, 2.53%, 2.63% and 2.02%. Insurance penetrations of eastern, western and northeastern regions increased by 0.05, 0.07 and 0.13 percentage point year-on-year respectively, while that of central region remained the same compared with that of the previous year.

3.1.2 Total insurance assets grew steadily, profitability increased greatly

By the end of 2013, total assets of insurance companies (containing provincial branches and corporation) in eastern, central, western and northeastern regions reached 2 670.92 billion yuan, 768.95 billion yuan, 718.63 billion yuan and 325.34 billion yuan, increasing by 14.96%, 37.52%, 14.97% and 12.15% year-on-year and representing 59.57%, 17.15%, 16.03% and 7.26% of total insurance assets of China respectively (Table 6). The proportion of central region increased the fastest that rose by 2.43 percentage point. The proportion of eastern, western and northeastern regions dropped by 1.61, 0.43 and 0.39 percentage points respectively. The profit of insurance sector in all regions reached 99.14 billion yuan, increased by 112.5% year-on-year. The profitability increased greatly. The overall strength of insurance sector continued to grow. Insurance sector had been playing a steadily improving role in regional economic development.

Table 6 Insurance Assets and Growth Rate by Region

Item	Eastern		Central		Western		Northeastern	
	2013	2012	2013	2012	2013	2012	2013	2012
Total assets (100 million yuan)	26 709. 19	23 234. 09	7 689. 48	5 591. 42	7 186. 29	6 250. 83	3 767. 27	3 359. 01
Growth rate (%)	14. 96	15. 35	37. 52	14. 66	14. 97	16. 35	12. 15	15. 25

Source: CIRC.

3. 1. 3 Property insurance in all regions grew fast, and business structure improved continuously

In 2013, the premium income of property insurance from eastern, central, western and northeastern regions reached 337. 65 billion yuan, 104. 88 billion yuan, 128. 95 billion yuan and 37. 02 billion yuan, increasing by 15. 90% , 19. 96% , 18. 42% and 20. 45% year - on - year, representing 36. 24% , 32. 51% , 38. 83% and 33. 74% of regional total insurance income, and realizing an increase of 1. 72, 2. 87, 1. 57 and 0. 95 percentage point respectively (Table 7). The premium income of property insurance continued to grow fast, whose growth rate was still faster than life insurance.

Table 7 Premium Income of Insurance Company by Category and Region

Item	Eastern		Central		Western		Northeastern	
	2013	2012	2013	2012	2013	2012	2013	2012
Life insurance premium (100 million yuan)	5 940. 52	5 478. 79	2 177. 05	2 075. 21	2 032. 87	1 826. 79	839. 55	748. 33
Growth rate (%)	8. 43	6. 27	4. 91	-2. 62	11. 28	8. 96	12. 19	3. 29
Proportion of all premium (%)	63. 76	65. 29	67. 49	70. 36	61. 22	62. 51	65. 93	67. 21
Property insurance premium (100 million yuan)	3 376. 49	2 913. 24	1 048. 80	874. 31	1 289. 51	1 088. 94	433. 81	365. 02
Growth rate (%)	15. 90	14. 20	19. 96	16. 38	18. 42	24. 89	18. 85	6. 79
Proportion of all premium (%)	36. 24	34. 71	32. 51	29. 64	38. 83	37. 26	34. 07	32. 79

Source: CIRC.

Property insurance structure of all regions continued to improve. In terms of insurance category, the premium income of auto insurance from eastern, central, western and northeastern regions reached 256. 91 billion yuan, 83. 76 billion yuan, 100. 08 billion yuan and 26. 82 billion yuan, increasing by 17. 11% , 21. 27% , 18. 20% and 17. 70% year - on - year, representing 76. 09% , 79. 87% , 77. 61% and 72. 43% of regional property insurance income respectively. The premium income of liability insurance from eastern, central, western and northeastern regions reached 9. 25 billion yuan, 3. 50 billion yuan, 4. 42 billion yuan and 1. 01 billion yuan, increasing by - 12. 27% , 25. 79% , 17. 91% and 29. 50% year - on - year, representing 2. 74% , 3. 33% , 3. 43% and 2. 74% of regional property insurance income, increased by - 0. 87, 0. 15, 0. 19 and - 0. 01 percentage point respectively. The premium income of agriculture insurance from eastern, central, western and northeastern regions reached 8. 243 billion yuan, 6. 98 billion yuan, 11. 46 billion yuan and 4. 74 billion yuan, increased by 43. 91% , 13. 12% , 38. 42% and 47. 48% year - on - year, representing 2. 44% , 6. 66% , 8. 89% and 12. 80% of regional property insurance income, increased by 0. 48, -0. 40, 1. 28 and 2. 35 percentage points respectively. On March 1, 2013, the *Agricultural Insurance Regulations* started to be implemented which solved the problem that no legal protection for agricultural insurance for a long time, defined agricultural insurance clearly and accurately to the "Policy - oriented Insurance", incorporated the agriculture related insurance into the framework and system of agricultural insurance, and provided strong support for the development of agricultural insurance. Policy measures were introduced in all regions to promote agricultural insurance development. Main crops planting area covered by agricultural insurance exceeded 1 billion mu, representing 42% of total main crops planting area, and provided risk guarantee exceeded 1 trillion yuan.

3. 1. 4 Life insurance business rebounded in all regions, and business structure improved

In 2013, life insurance premium income in eastern, central, western and northeastern regions reached 594. 05 billion yuan, 217. 71 billion yuan, 203. 29 billion yuan and 72. 72 billion yuan, increased by 8. 43% , 4. 91% , 11. 28% and 12. 67% year - on - year respectively. Positive effect of life insurance rate market - oriented reform appeared gradually. Life insurance premium income rebounded, especially in western and northeastern region.

In August 2013, the reform of life insurance rate price mechanism was launched, canceling booking rate upper limit of traditional life insurance as 2. 5% , defining reserve evaluation rate, and reducing the capital require of indemnificatory product, which created condition for the advance of life insurance products' competitiveness on the premise of risk control. Since the reform implemented, effort had been made in all regions to promote the development of general life insurance with risk aversion function. Negative growth for two years of new life insurance business was ended. The phenomenon of crowd surrender and transfer didn't appear. New business premium of general life insurance increased 520% year - on - year, and the growth was the highest record for the past 13 years. Life insurance business structure continued to optimize. The participating life insurance's proportion of life insurance dropped. In 2013, the premium income of participating life insurance in eastern, central, western and northeastern regions reached 434. 38 billion yuan, 130. 01 billion yuan, 146. 26 billion yuan and 53. 86

billion yuan, increased by 2.88%, −4.09%, 11.49% and 8.02% year-on-year, representing 73.12%, 59.72%, 71.95% and 74.06% of regional life insurance premium, dropped by 3.95, 5.60, −0.14 and 3.19 percentage points respectively.

3.1.5 Payment of claims in all regions grew remarkably, and service ability improved continually

In 2013, the payment of claims in eastern, central, western and northeastern regions reached 316.07 billion yuan, 117.94 billion yuan, 119.16 billion yuan and 43.48 billion yuan, increased by 23.75%, 41.09%, 31.31% and 47.26% year-on-year respectively. The payment of claims in all regions grew remarkably, service capability continued to improve, giving further effect to the compensation function of insurance sector. Especially, after a series of major disaster accident, insurance sector in all regions actively carried out the work on disaster relief and insurance claims, which provided great contribution to relieve produce and living difficulties of people in disaster area and accelerate regional social stabilization. For example, as to the losses caused by the Typhoon Fitow to southeast littoral, insurance sector surveyed 1.96 million cases that amounted 4.96 billion yuan. Floods affected 480 million mu of corps in Heilongjiang province, and the payment claims of agricultural insurance reached 2.7billion yuan to 509 thousand farmers. Insurance sector played an active role in the typhoon and rainstorm disaster in Guangdong province, earthquake disaster in Lushan and fire accident in Shangri-La.

In terms of insurance category, the payment of claims of property insurance grew steadily, and the payment of claims of life insurance grew fast. In 2013, the payment of claims of property insurance in eastern, central, western and northeastern regions reached 191.79 billion yuan, 56.79 billion yuan, 67.81 billion yuan and 22.41 billion yuan, increased by 21.59%, 23.31%, 19.43% and 45.14% year-on-year respectively. Specifically, the payment of claims of agricultural insurance in eastern, central, western and northeastern regions reached 4.60 billion yuan, 4.05 billion yuan, 6.28 billion yuan and 4.06 billion yuan, increased by 15.96%, 42.27%, 41.15% and 188.82%. The payment of claims of liability insurance in eastern, central, western and northeastern regions reached 3.52 billion yuan, 1.20 billion yuan, 1.85 billion yuan and 0.50 billion yuan, increased by −15.13%, 21.73%, 13.24% and 30.61% year-on-year respectively. The payment of claims of life insurance in eastern, central, western and northeastern reached 128.27 billion yuan, 60.92 billion yuan, 51.34 billion yuan and 21.06 billion yuan, increased by 36.01%, 62.31%, 51.15% and 49.57% (Table 8).

Table 8 **Expenditure on Insurance Claim and Payment by Category and Region**

Item	Eastern		Central		Western		Northeastern	
	2013	2012	2013	2012	2013	2012	2013	2012
Expenditure on claims and payments (100 million yuan)	3 160. 69	2 554. 02	1 179. 39	835. 89	1 191. 58	907. 49	494. 91	341. 12
Growth rate (%)	23. 75	19. 47	41. 09	20. 59	31. 31	25. 51	45. 08	13. 80
Proportion of whole country (%)	52. 45	55. 06	19. 57	18. 02	19. 77	19. 56	8. 21	7. 35
Life insurance (100 million yuan)	1 282. 73	943. 11	609. 21	375. 33	513. 44	339. 68	238. 63	160. 55
Growth rate (%)	36. 01	6. 56	62. 31	12. 46	51. 15	13. 73	48. 63	-13. 48
Proportion of whole Expenditure (%)	40. 58	36. 93	51. 65	44. 90	43. 09	37. 43	48. 22	47. 07
Property insurance (100 million yuan)	1 917. 88	1 577. 39	567. 91	460. 55	678. 12	567. 79	256. 26	180. 57
Growth rate (%)	21. 59	29. 58	23. 31	27. 24	19. 43	33. 80	41. 92	13. 96
Proportion of whole Expenditure (%)	60. 68	61. 76	48. 15	55. 10	56. 91	62. 57	51. 78	52. 93

Source: CIRC.

3. 1. 6 The balance of insurance funds in operation grew steadily, and the rate of return improved remarkably

In 2013, all regions actively promoted market - oriented reform of capital operation, changed infrastructure investment plan's issuance method by replacing the filing system with register system, promoted insurance asset management product pilot, expanded insurance asset management product variety, and realized the license management to insurance institutions' investment ability. The capital operation reform expanded the investment channel and optimized the asset structure. By the end of 2013, the balance of insurance funds in operation reached 7 687. 34 billion yuan, increased by 12. 15% compared with that of the beginning of the year. Specifically, bank deposit was 2 264. 10 billion yuan, representing 29. 45% of the balance; bond investment was 3 337. 54 billion yuan, representing 43. 42% of the balance; stock and fund investment were 786. 48 billion yuan, representing 10. 23% of the balance; other investment was 1 299. 22 billion yuan, representing 16. 9% of the balance. In terms of insurance funds allocation, the proportion of bond and bank deposit remained stable with a slight decline, the proportion of corporation bonds and higher return asset including alternative investment and so on increased by 2 percent points and 6. 3 percent points compare to the beginning of the year respectively. The return on investment of insurance sector reached 365. 83 billion yuan, whose margin was 5. 04%, increased by 1. 65 percent points compare to last year and was the best in recent four years. The growth of the return on alternative investments including credit debt and infrastructure investment was an important factor affected whole investment return.

3.2 Issues of concern in the development of insurance sector

Currently, while insurance sector in all regions was in the key period of transformation and upgrading, the situation of risk prevention was still very serious. We should pay attention on mature payment and surrender risk, solvency inadequacy risk, liquidity risk and capital operation risk, and keep to the bottom line that the occurrence of systematic or regional financial risks should be avoided.

3.2.1 Preventing mature payment and surrender risk

In 2013, mature payment of life insurance in all regions reached 225.31 billion yuan, increased by 49.71% year - on - year. The primary reasons for the remarkable increase of mature payment are listed as below. In the past ten years, participating life insurance has experienced two sales peaks in 2002 and 2008. Most of the 10 - year and 5 - year participating life insurance products matured in 2013. Affected by some higher - return financial products, clients' income anticipation increased remarkably, but the return rate of existing products was not high, which leaded reinsurance rate rather low. The surrender value of life insurance companies in eastern, central, western and northeastern regions reached 89.78 billion yuan, 38.73 billion yuan, 11.17 billion yuan and 37.12 billion yuan. The main reasons for surrender were listed as below. The real rate of return was lower than expected; publicity was inadequate or sales misleading; policyholder's financial position deteriorated; insurance product design was not reasonable. In the year of 2008 when participating life insurance experienced sales peak, and the domestic capital market's price remained high, some policyholders purchased participating life insurance product due to high expectation of investment return. After 2010, while domestic capital market continued to fluctuated downward, insurance investment return decreased, which leaded rather big difference between the real return and expected return of some participating life insurance products, causing an increase in concentrated surrender risk. In terms of product category, surrender mainly focused on the products closely related to investment return, including participating life insurance, universal insurance and investment - linked insurance and so on. These products were mainly 3 - year and 5 - year single premium products. They had certain saving substitution function, but their security was weak, which easily lead to surrender. The big growth of mature payment and surrender increased liquidity risk to life insurance institutions, and affected the management of banking institutions and social stabilization.

3.2.2 Preventing solvency inadequacy and liquidity risk

Since 2013, some insurance companies turned main business to high cash value products under the stress of mature payment and surrender, while non – insurance business income accounted for over 98% in a few companies. By the end of 2013, short term business with high cash value reached 280 billion yuan. The duration of high cash value products was usually for one or two years, even only three months. These products were capital consumption business, having some characters such as high capital consumptions, short term and high return, implying rigidity redemption demand, but their matching asset duration was over two years. The capital operation form (short – term borrowing and long – term lending) required insurance companies to have rather strong investment management capability. If default occurs, it will give powerful impact and stress to institutions' liquidity and solvency. In addition, the solvency of some companies was still at the minimum critical level in all regions. Affected by low underwriting profitability and overall rising corporate bond issue costs in insurance sector, individual companies may appear inadequacy solvency repeatedly.

3.2.3 Preventing financing management risk

In recent years, market – oriented reform of insurance capital operation was accelerated. Administrative review continued to decrease and investment channel expanded continually. In terms of insurance funds allocation, the proportion of fixed income investment, including bonds, bank deposit and so on, decreased. The proportion of high – income investment with high risk increased, including stock, securities investment fund, alternative investment and so on, while the return of these high – income investment was the important factor to affect the return of investment funds investment. It put forward high request to the management ability, capital operation ability and risk preventing ability of insurance institution. A series of measures further opened investment return space of insurance companies, created condition to enhance the competitiveness of investment insurance products, and highlighted the initiative of market and participants in management, and put forward high request to management and risk prevention ability of insurance institutions.

3.2.4 Insurance market order still needed to be further regulated

In terms of property insurance, violation rebounded and vicious competition pricked up in property insurance market. There were some outstanding problems in individual property insurance companies that false financial statistic data, no strict implementing the clause and premium rate that has been submitted for approval, interest transfer in claim. In some regions, there was violation of regulations in agricultural insurance business such as defrauding financial insurance subsidy, forcing farmer to buy insurance, deficit of catastrophe risk reserve, agreement or average on compensation, delaying or decreasing payment, unreasonable dishonor and so on. In terms of life insurance, misleading sales, difficult claims and nonstandard operation of short – term accident insurance still existed. Insurance products and service cannot effectively meet the needs of consumers in risk spreading and loss compensation. In terms of insurance agency, nonstandard and illegal management risks of agency were remarkable. Agency institutions always paid rather high commission to sellers, and paid relative high rebate to insurance buyer, disturbing normal order of market. In addition, with varied professionalism, the insurance sales staffs were lack of responsibility to after – sales maintenance, and misleading sales risk still existed.

Part Ⅳ Financial Stability by Region

Actively responding to complicated conditions at home and abroad, all regions made coordinated efforts to stabilize growth, restructure economy and promote reforms in 2013. The steady economic growth in progress in all regions provided a sound environment for regional financial development. Owing to enhancement in financial reforms, step - up in financial innovation and improvement in financial ecology, the synergy between economic and financial development was further strengthened.

1. Eastern region

Eastern region realized steady economic growth with remarkable achievements in economic restructuring and upgrading. Due to continual promotion in financial reforms in the region, the vitality in financial development was further released with healthy development momentum in financial industry. Meanwhile, with complex economic conditions home and abroad, risk exposures emerged in some industries, which added pressure on regional financial stability.

1.1 Regional economy grew steadily in progress with orderly promotion in transforming growth mode and adjusting economic structure

In 2013, gross regional product reached 32.23 trillion yuan, up 8.91% year - on - year, 1.21 percentage points higher than the growth rate of the country. Specifically, value added of the primary industry was 1.99 trillion yuan, which was 6.17% of the GDP, 0.03 percentage point lower than that of last year. Value added of the secondary industry recorded 15.10 trillion yuan, accounting for 46.86% of the GDP, declining 1.07 percentage points from that of last year. Value added of the tertiary industry registered 15.14 trillion yuan, taking up 46.97% of the GDP, 1.1 percentage points higher than that of last year. Three industrial structure realized further optimization. Social fixed asset investment reached 17.77 trillion yuan, up 17.83% year - on - year. Imports and exports totaled \$3.48 trillion, rising 6.48% year - on - year. In particular, net exports declined by 12.94% to \$128.805 billion. Retail sales of consumer goods registered 12.35 trillion yuan, surging 12.39%. The proportion of consumption in GDP climbed up by 1.2 percentage points year - on - year, reflecting a growing contribution of domestic demand to the economy. General budget revenue in the region recorded 3.67 trillion yuan, rising 12.40%, 1.31 percentage points lower than that of last year. General budget expenditure registered 4.70 trillion yuan, increasing 12.32%, 0.54 percentage point lower year-on-year. Economic profit of statistically large industries stood at 3.57 trillion yuan, up 10.38%, 7.88 percentage points higher year-on-year, indicating improved profit performance of enterprises.

1.2 Financial reform was steadily promoted with market vitality further released

Financial reform was enhanced with market vitality further released in the eastern region in 2013. The launch of China (Shanghai) Pilot Free Trade Zone (FTZ) triggered a series of financial reforms. Since its establishment in September 2013, financial authorities unveiled 51 policy measures to create supporting conditions for experiments in RMB capital account convertibility, interest rate liberalization in financial markets and cross-border use of renminbi. Currently, the institutional framework for financial opening up and innovation in FTZ has been basically formed, and relevant policies will be carried out in succession. By the end of February 2014, 43 licensed financial institutions, 80 financial leasing companies and more than 120 financial information service companies had been set up in the FTZ. Outstanding deposits denominated in RMB and foreign currencies reached $4.8 billion in the FTZ. The first personal small-amount deposit in foreign currency and the first RMB overseas borrowing by Chinese enterprises in the FTZ were conducted. Two private equity investments were completed, which highlighted the formation of standardized operational process for private equity enterprises to invest overseas.

Wenzhou comprehensive financial reforms were further promoted. The first regional financial rule, *Wenzhou Private Lending Regulation*, was issued to enhance transparency and regulation of private financing. "Wenzhou index" was created and expanded to 31 cities in the country followed by the release of "Wenzhou · China Private Lending Composite Rates Index". Private capital was encouraged to participate in capital increase and share expansion of banks in Wenzhou and in joint-stock reform of rural cooperative financial institutions in 2013. 13.3 billion yuan of private capital was invested in financial institutions, a surge of 43.8% than that before the reform. 11 private capital management companies with regional features were established with 2.08 billion yuan collected in total to support 618 projects and to resolve 820 million yuan of non-performing loans in banking institutions.

The pilot financial reform in Qianhai was steadily pushed forward with development and innovation of foreign equity investment companies and cluster of domestic and foreign financial institutions. 17 foreign equity investment fund management companies were approved to be established in 2013 with registered capital totaling $190 million. 45 new foreign financial leasing companies were set up with $806 million of registered capital. The overseas use of the renminbi and the function of flowing - back channel were further enhanced. Cross - border RMB lending reached 15 billion yuan in filing records in Qianhai. The building of financial factor markets stepped up to a new stage with 9 financial factor markets introduced in Qianhai.

1.3 Non - performing loans rebounded with pressure on asset quality control

Affected by economic slowdown and the deepening of industrial restructuring, non - performing loans (NPL) rebounded in the eastern region, which turned into shocks to the sound operation ofbanking industry. In 2013, outstanding NPL surged by 10.13% year - on - year with the NPL rate being 1.15%, 0.02 percentage point lower. In terms of provinces and cities, five reported higher NPL rates with a rise of 0.51 percentage point in maximum. In terms of industries, new NPLs were mainly distributed among manufacturing, wholesale and retail sector and real estate sector and typically featured in steel trade, photovoltaic and ship building. By the end of 2013, the outstanding NPLs in steel trade industry jumped by 4.033 billion yuan, and the NPL rate reached 24.2% in Fujian province. The outstanding NPLs in photovoltaic industry climbed by 2.312 billion yuan with the NPL rate reaching 10.51% in Jiangsu province. In addition, some provinces and cities suffering from overcapacity and outdated industrial capacity were confronted with increasing pressure in economic restructuring and upgrading, which resulted in higher credit default risk.

In terms of client types, on the one hand, directly affected by economic fluctuation and industrial restructuring, small and micro companies featured high credit risk. For instance, by the end of 2013, the outstanding NPLs of small and micro companies accounted for 66.71% of all NPLs of enterprises with a proportion of 84.37% in new NPLs of enterprises. On the other hand, large enterprises were facing growing risk exposures, reflected by the deteriorating credit quality in loans to corporate clients and in large - amount loans. Attributed to complicated related party guarantee by enterprises, risks were further spreading and infecting through the guarantee chain. For example, among 642 companies with loan defaults, 151 resulted from guarantees, with a proportion of 27.45%.

1.4 Local government debts were generally modest with increasing pressure in short - term repayment

By the end of June 2013, government debt in eastern region recorded 17.74 trillion yuan. Specifically, 4.74 trillion yuan were debts with repayment obligation, 1.19 trillion yuan were debts with liabilities to guarantee, and 1.81 trillion yuan were debts with contingent bailout responsibility. The local government debts in eastern region were proportioned 43.28% in all local government debts in the nation. In terms of repayment period, including debts with contingent bailout responsibility, local government need to repay 47.07% of their debts during 2014—2016 in provinces and cities of eastern region. In particular, 17% of debts need to be repaid in 2014, which underscored a high repayment concentration. Against the background of economic slowdown, moderate growth of fiscal revenue and expanding expenditure of local governments, some local governments were confronted with increasing pressure of repayment. At the same time, due to the phenomenon of mutual guarantee on financing vehicles and over guarantee, many companies were under potential risk as most of them with guarantees were related parties. Financing vehicles were funding through banking channels such as entrusted loans and wealth management products and non - banking channels such as trust, insurance and bond, which raised their cost higher than bank loans and aggravated their debt burden.

1.5 Liquidity risk emerged with challenges in bank liquidity management

In recent years, business scale was expanded in a rapid way in some incorporated financial institutions in eastern region featured by relatively high leverage rate and severe maturity mismatch in assets and liabilities. When the inter - bank lending rate surged several times in June and at year - end, a few financial institutions resorted to borrowing or repos with high interest rates to meet liquidity need, which resulted in remarkable liquidity risk. Under the condition of declining deposit stability and substantial volatility in funding market, some aggressive institutions exposed problems in liquidity management. Indicators, such as loan - to - deposit ratio, liquidity gap ratio, liquidity coverage ratio and cash reserve ratio, failed to reach regulatory requirements. The stress tests on liquidity risk conducted in some provinces and cities indicated that under high - pressure scenario, small and medium - sized incorporated banks would face relatively large funding gap with liquidity ratio below regulatory lower bound.

Amid regulatory policy changes, interest rate liberalization and emergence of internet finance in particular, the external factors that commercial banks were confronted on liquidity risk management became increasingly complicated. Due to the dilution of bank deposits by internet finance products such as Yuebao, growing amount of general deposits were turned into interbank deposits. Since 2013, as a major component of liabilities, all types of deposits broadened their monthly volatility range, which hampered the stability of traditional fund source of banks. In addition, with the promotion of interest rate liberalization, owing to business scope, operation strength, human resources and other factors, a few small and medium – sized incorporated banks would be posed at a disadvantageous position with greater liquidity pressure.

1.6 Interbank business developed rapidly with potential risks

Amid the development of financial markets in 2013, interbank business witnessed rapid growth in banking institutions in the eastern region. Some commercial banks even rated it as one of the three main line businesses with corporate finance and personal finance. For example, by the end of 2013, the interbank assets① reached 599.699 billion yuan in banking institutions in Tianjin, surging 57.1% than that at the end of 2011, accounting for 14.5% of the total assets. Interbank liabilities jumped by 97.2% to 853.614 billion yuan from the end of 2011 with a proportion of 21.5% in total liabilities. The interbank assets totaled 198.259 billion yuan of the three incorporated commercial banks in Ningbo, up 37.42% year – on – year, higher than the growth rate of loans of the same period by 16.22 percentage points, accounting for 38.21% of their total assets. With the rapid growth of interbank business, its original function and position shifted from traditional funding channel for adjustment to new profit center. The objects of the business expanded to non – depository financial institutions including securities, funds, trust and finance companies, and its business scope expanded from traditional interbank deposits and lending to interbank subrogation, interbank purchased assets for sale and other business innovation, featured with more complicated business model.

The fast development of interbank business exposed potential risks. Firstly, it increased liquidity risk in the banking industry. Commercial banks allocated large amount of non – standard credit assets with short – term interbank liabilities② as the main funding resource, which aggravated maturity mismatch of assets and liabilities and increased liquidity risk. Secondly, the business circumvented credit control policies. Through interbank business,

① Inter – bank assets mainly consist of inter – bank deposits, inter – bank lending and purchased assets for sale.

② Interbank liabilities mainly consist of interbank deposits, interbank borrowing and repurchase.

banks sidestepped loan – to – deposit ratio, desired credit scope control and industrial restraints, which hampered the effectiveness of macro regulation and control. Thirdly, the business covered multiple markets with high degree of comprehensiveness and cross – business features, which would magnify credit risk, liquidity risk and market risk and infect other markets.

1.7 Quantitative assessment

Quantitative assessment model for regional financial stability was applied to assess the regional financial stability condition in the eastern region. The result of the assessment showed that the comprehensive score for the eastern region registered 83.8 points, equal to that of last year, remaining in the third interval "relatively stable", while 0.9 points lower than that of the nation. In particular, the scores of macro economy and insurance industry of the eastern region were slightly lower than the national score, while banking, securities and financial eco – environment were almost equal to that of the nation (Figure 14).

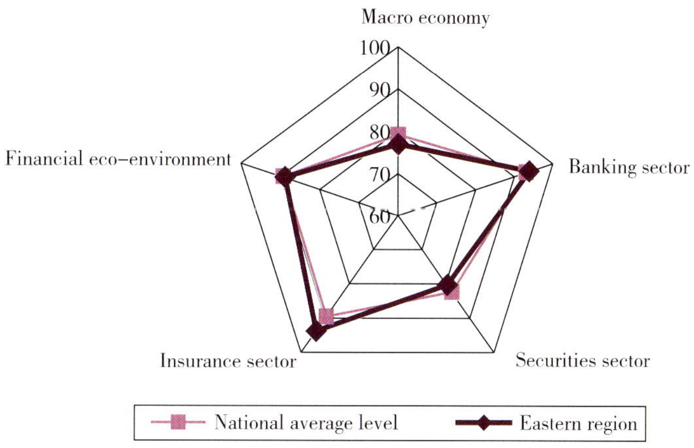

Figure 14 Comparison between Financial Stability Condition in the Eastern Region and the National Average Level in 2013

The development of indicators (Table 9) demonstrated that 7 indicators improved from last year with 9 lower and 9 equal. The macro economy scored higher in general with banking industry dropping, securities industry surging and insurance industry rebounding. Due to the advancement of legal system and expansion of credit reference database coverage, the financial eco – environment continued to improve.

Table 9 Assessment Indicators and Changes in Eastern Region in 2013

Type of Indicator		Direction	Assessment indicators	Change		
				Improved	Stable	Worse
Macro economy		↑	Growth rate of gross regional product			√
			Growth rate of value added of the tertiary industry	√		
			Growth rate of social fixed asset investment			√
			Growth rate of gross retail sales of consumer products			√
			Growth rate of real utilization of foreign capital			√
			Growth rate of total amount of imports and exports	√		
			Growth rate of disposable income of urban households			√
			Growth rate of per capita net income of rural households			√
			Consumer price index	√		
			Registered unemployment rate in urban areas		√	
			Sales price index of real estate in typical cities			√
Financial institutions	Banking sector	↓	Core capital adequacy ratio		√	
			Non – performing loan ratio		√	
			Profit to assets ratio		√	
			Liquidity ratio			√
	Securities sector	↑	Net capital adequacy ratio		√	
			Net debt to equity ratio		√	
			Profit to assets ratio	√		
	Insurance sector	↑	Premium receivable rate			√
			Growth rate of premium income	√		
			Surrender rate in life insurance companies		√	
Financial eco – environment		↑	Comprehensive score of legal environment questionnaire	√		
			Local fiscal revenue to GDP ratio		√	
			Intensity of banking services		√	
			Coverage rate of credit reference database	√		

Note: Symbol "↑" in table stands for improving, symbol "↓" stands for worsening, symbol "→" stands for stability.

In terms of historical data to investigate the tendency of regional financial stability (Figure 15), affected by macro economic factors in recent years, the financial stability level of the eastern region remained in the relatively stable interval for two consecutive years, while its comprehensive score had been rated in the stable interval for a long time before 2011. In particular (Figure 16), the score of macro economy had remarkable impact on its comprehensive regional financial stability score, the tendency line of which was close to that of historical macroeconomic scores. Due to the impact of international economic conditions and domestic economic restructuring and industrial upgrading since 2012, the economic growth slowed down with the macroeconomic score at historic low level in the eastern region. Enjoying high score since 2007, banking sector was rated the most stable sector in financial sector. Due to performance volatility of capital markets, the score of securities market was volatile while remaining stable in general after 2010. The score of insurance sector dropped in 2011 followed by improvement in successive years. Eastern region enjoyed relatively favorable financial eco-environment, the score of which gained rising momentum in the stable interval.

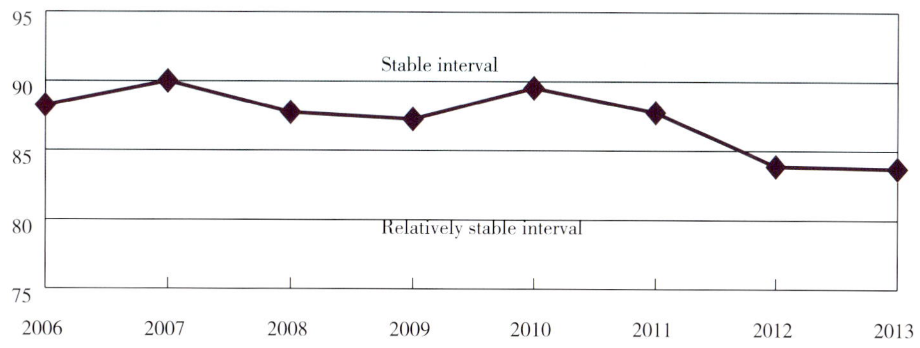

Figure 15 Comprehensive Score of Financial Stability of the Eastern Region, 2006—2013

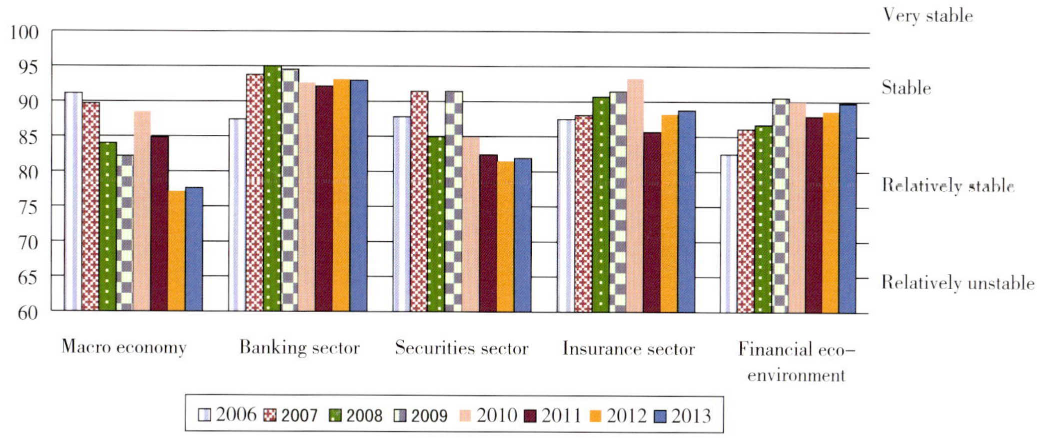

Figure 16 Financial Stability of the Eastern Region, 2006—2013

2. Central region

In 2013, the central region enjoyed a stable and rapid economic growth. Its major economic indicators of growth were above the national average, the quality and efficiency of economic performance had been improved. Local financial reform developed steadily. Banking, securities and insurance sectors maintained a good momentum of development, and the ability to serve real economy had been enhanced. Financial innovation was further accelerated, the market order gradually improved, financial operations were sound, and risks were overall controllable.

2.1 Economic growth maintained steady and rapid, but some industries had difficulties in businesses

In 2013, the central region's economy maintained steady and rapid development, major economic indicators were higher than the national average, the total GDP continued to maintain a growth ofover 10%. The annual GDP of six provinces in the central region reached 12.73 trillion yuan, accounting for 22.4% of the national GDP, unchanged from the previous year; GDP growth rate remained at 8.9% ~ 10.4%, 1.2 ~ 2.7 percentage points higher than the national. Among them, the total retail sales of social consumer goods, investment in fixed assets (excluding regional projects) increased by 13.8% and 22.8% respectively, higher than the national rates by 0.7 and 3.2 percentage points; total import and export volume growth rate reached 13.60% and 14.5% respectively, higher than the national rates by 6 and 6.6 percentage points. The annual central region's statistically large industrial added value increased by more than 10.5%, higher than the national average of 9.7%; statistically large industrial enterprises realized profits of 1.21399 trillion yuan, higher than the national growth rate of 3.4 percentage points.

Central region's economy was stabilizing but not yet stable. First, industrial upgrading of product structure needed to be accelerated. Most industrial products were still concentrated in the upstream industry chain and low - end of value chain, with low - tech, and weak competitiveness. In the equipment manufacturing and other advanced industries, the proportion of traditional products and primary processing of products was significant, the proportion of high - end or new products was low, and the ability to adapt to market changes was weak. The core competitive advantages of hi - tech, new technologies, new products as new growth point had not yet formed, the pulling power for economy of new strategic industry was limited. Second, industrial prices continued going downward. Some traditional industries were facing insufficient market demand, whose capacity utilization were low, and excess capacity called for further release. Traditional pillar industries such as equipment manufacturing, iron and steel, nonferrous metals, etc. subject to national overcapacity continued slowdown in sales andproduction, and faced management difficulties. Industrial producer price index and purchase price index in Anhui, Jiangxi, Henan appeared continuous decline for nearly 20 months. Hubei, and Jiangxi industrial enterprises capacity utilization were at about 77%, lower than the national average. Third, the rapid rise in prices of production factors and high production costs affected enterprises' normal production. Main business costs of statistically large industrial enterprises in Jiangxi rose by16. 5% , while corporate sales, management and other expenses rose by more than 16% , higher than the main business income growth.

2. 2 The credit structure had gradually optimized, with a significant pressure increase in non - performing assets control

Credit structure had become more rational, funds continued to focus on weak areas. First, loan industry structure tended to balance, as financial support to key areas was strong, and lendings to "two high and one left" areas were weakened. Total new lending to the infrastructure areas of Hunan Province accounted for 25. 6% of total new loans of the province; balance of affordable housing projects and loans grew by 21. 4% . Henan Province carried out measures to suspend or steadily withdraw credits on 37 enterprises violated environmental protection and with uncompleted rectification, and 62 enterprise with backward production capacity. Loan balance of Anhui's steel trade and photovoltaic industry, at the end of the year, decreased by 2. 723 billion yuan and 50 million yuan over the beginning. Second, credit in weak areas grew steadily. By the end of 2013, balance growth rates of Anhui's agriculture - related loans and small micro - enterprise loans were higher over the same period by 6. 43 and 5. 58 percentage points respectively than other loans. The rates were higher than 4. 2 and 12. 1 percentage points in Henan Province. And 8. 6 and 2. 2 percentage points in Hunan Province.

In 2013, credit risk control pressure in some industries and areas of the central region increased. First, pressure in non - performing loans (NPL) in some areas rebounded. By the end of 2013, the balance of non - performing loans and NPL rate in Shanxi banking industry showed an upward trend. The NPL rebound appeared in 11 cities throughout the province. 8 out of 16 cities in Anhui observed a rise in NPL. Second, some industries with overcapacity migrated load quality downwards. Some of the cyclical industry in Hubei such as ship, steel trade and others accelerated risk exposure. The balance of non - performing loans in Anhui's steel trade, photovoltaic and shipbuilding industry increased 683 million yuan over the beginning, up by 62. 54% . Third, pressure on risk prevention and control in key industries were high. The overall risk of local government financing vehicles was controllable, but in some cities, land price and fiscal revenue growth fell, municipal financing vehicle was facing greater pressure to repay debt. Real estate loans grew rapidly. In some areas and institutions, new real estate loan took high proportion. The potential risk gradually accumulated. In Jiangxi, Anhui province, real estate loan growth were higher than the balance of total loans by 8. 33 and 12. 27 percentage points, the proportion were 21. 86% and 24. 3% respectively. Fourth, there were issues of customers' mutual insurance, complex associated hidden transaction, and long guarantee chain. By the end of 2013, in one province, there were 2 510 associated groups with more than 2 companies. Among them, 621 groups' associated enterprise in – group associated guarantee balance took up 20% of all loans, that of 241 groups' exceeded 50%, and that of 117 groups' exceeded 100%. Fifth, some banks were weak in risk management and prudent control, and non – performing loans classified deviation was large. There were different levels of hidden bad loans.

2.3 Financial reform deepened, and risk hid in the rapid development of non – standard credit assets

Local financial reform had accelerated the pace of innovation, comprehensive strength had been enhanced. First, the pace of reforms had been accelerated in local corporate financial institutions, the layout of city commercial banking institutions had been optimized, the reform of rural credit cooperatives had been promoted, and the coverage of rural banks had been further expanded. The reform and restructuring program for 13 city commercial banks in Henan had been steady implemented. The county (city) domain coverage of 10 rural credit cooperatives and rural banks reached 77%. In Hunan Province, 7 high – risk institutions had completed the restructuring and reorganizing. Anhui Merchants Bank was successfully listed on the Main Board of the HKEx, becoming the national first round and central first city commercial bank trading its H shares. Second, the overall strength and ability to resist risks had significantly strengthened in local financial institutions. Anhui's corporate banking financial institutions capital adequacy ratio was 14.59%, up by 2.29 percentage points from the beginning. 5 city commercial banks, 28 rural banks and 2 finance companies' capital adequacy ratio reached 10.5% in Jiangxi, which met the transitional regulatory requirements, 61 rural cooperative organizations met or exceed the capital adequacy ratio of 8.5%. In Henan Province, city commercial banks, rural small and medium financial institutions loan loss reserve adequacy ratio was 533.52%, 317.14% respectively, increased by 49.88 and 100.82 percentage points over the beginning.

At present, the bank's non – standard debt assets had diversified forms, such as credit assets, trust loans, entrusted loans, acceptances, letters of credit, accounts receivable, all kinds of profit rights, and repurchase equity financing with terms. Bank's financial funds, proprietary funds or obtain short – term funds from interbank markets were directly or indirectly invested in non – standard debt assets by non – bank financial institutions, and asset trading platforms, which had a rapid growth in business scale. From the micro perspective, debtors of non –

standard debt assets lacked transparency, involving two high and one left, real estate and other fields, the risk of breaking debtor funds strand and default of guarantor was high, banking institutions were therefore facing higher credit risk, operational risk and market risks. From a macro perspective, the rapid expansion of such business, might lead to social financing data distortion, funds flowing to industries constrained by macro control, and an increase in the financial system liquidity risk.

2.4 The securities and futures business institutions developed steadily, but were facing many risk factors in innovative business

In 2013, the central region's securities and futures business institutions achieved stable operation and innovation development. First, the business mode changed, operating service objects increased. With branches of securities companies broaden the scope of the pilot light business department, the securities company management mode had also shown a new trend, some securities management structure had been adjusted to "Sales Center" and "sub - branches" two tiers. In Anhui, Shanxi Province, there were respectively 5 and 15 newly established securities branches, 44 and 18 securities business departments. Second, there was a significant increase in the size of the securities and futures company's assets and profitability, with a gradually increased overall strength and sound various risk control indicators. By the end of 2013, the total assets of 12 corporate securities companies in central region was 165.334 billion yuan, an increase of 15.09% on a year - on - year basis; operating income was 13.747 billion yuan, an increase of 35.44% year on year. Third, securities constantly promoted innovation, innovative business income grew rapidly. Securities margin trading business showed rapid development, the stock pledged repo business achieved breakthrough, bond pledged repo business turnover continued to grow, and pending volume in agreed repurchase business also grew fast.

Since 2013, the securities industry had accelerated the development of financial innovation to promote securities business transformation, improve the ability to serve the real economy, but the compliance risk, market risk, and leverage risk inherited from innovation had been gradually highlighted. First, engaging in securities lending business may result in tightening of its own funds, and financial leverage would increase rapidly, once the financing customer can not repay the principal, plus securities companies can not take advantage because of the high financial leveraged new funding channels, it may face a certain degree of liquidity risk. Second, alternative investment funds were primarily invested in the business sector under macroeconomic policy restrictions, which was facing greater credit risk. Indirect use of some securities companies engaged in direct investment business through its subsidiary, such as in entrusted loans to raise funds for business plans and investment trusts, funds mainly flew into real estate and county (city) government financing vehicles. Third, the margin trading market risk management pressures was high. As the demand for funds facing margin business structures of various duration, securities companies need to assess reasonable margin business scale, long-term trends in terms of changes in accounting for business indicators, such as profitability, and judge the long, medium and short-term interest rates, which brought higher demands for its market risk management capabilities.

2.5 The ability of insurance serving economic and society steadily improved, but insurance structure imbalance was still prominent

In 2013, the development of insurance industry in the central region was steady, market service subjects had further increased, product innovation pilot program had been gradually promoted, property and casualty insurance business premium income grew fast, life insurance premium income decline rate was narrowed, claims payments increased fast, insurance risk protection role had been enhanced. First, the role of risk protection effect was highlighted, and penetration had further enhanced. In 2013, in the central region, insurance claims and benefits expenses were 117.939 billion yuan, an increase of 41.09% year-on-year. Among them, the property insurance claims payment increased by 23.31%, and life insurance company payment expenses increased by 62.31%. Insurance density in central region was 865.69 yuan per head, an increase of 81.03 yuan per head year on year. Second, innovative insurance products pilot program was gradually promoted, insurance services continued to expand. Mandatory environmental pollution liability insurance, forest insurance, and illness insurance pilot had been launched. In Anhui, there were 10 new specialty agriculture insurance products, and 4 insurance companies had organized 17 major illness insurance programs. Jiangxi became the first province that implemented special equipment liability insurance. Fourth, insurance escorted for key projects and export trade. Property in Hunan Province had supported casualty insurance of 84.83 billion yuan in the key projects such as construction of highways, subway, an increase of 67.2 % year on year. In Henan, export credit insurance for export guaranteed $4.568 billion, an increase of 17.1% year on year. Fifth, the scope of insurance funds investment continued to broaden. China Insurance Regulatory Commission and the Anhui provincial government signed a strategic cooperation memorandum, to build a strategic partnership in the service of the real economy and social management and promote the insurance money in 7 areas. By the end of 2013, total insurance funds in infrastructure investment in Shanxi Province was 31. 876 billion yuan, involving 12 key construction projects.

Although the insurance innovative pilot achieved progress, and insurance products continued to enrich, the improvement of insurance structure was slow and imbalance of development was stillprominent. First, "a dangerous dominant" situation had not been effectively changed. In property insurance, the insurance company business was mainly concentrated in the motor vehicle insurance, but engineering insurance, agricultural insurance remained underdeveloped. In life insurance, general insurance products developed slowly, and the investment – oriented business took up much too high proportion, protective life insurance products development was lagging behind. In 2013, the proportion of automobile insurance premiums in the property insurance premium income and the participating insurance premiums in the life insurance premiums were accounted for 79. 87% and 59. 72% respectively. Second, the market competition was inadequate. The main insurance market structure was simple, small and medium sized insurance companies were in a disadvantage situation in terms of rates, products and services, competition in the insurance market was not sufficient. The largest five property insurance companies in Shanxi accounted for 82. 21% market share, the smallest 10 took up only 3. 35% ; the largest 5 life insurance companies took up a market share of 85. 53% , that of the smallest 10 was only 3. 5%. In Anhui, the market share of 5 leading property insurance companies and life insurance companies' premium income was 81. 45% and 70. 06% respectively.

2. 6 Quantitative assessment

From the results of quantitative assessment, in 2013, the financial stability composite score of central region was 85. 6 points, which belonged to a stable range, down by 2. 3 points compared to last year, higher than the national average by 0. 9 points. Among which, the scores for macroeconomics, banking and securities industries were slightly higher than the national average, and those for the financial eco – environment and insurance was slightly lower than the national average (Figure 17).

Regarding the specific changes in indicators (Table 10) , the central region had a total of six indicators improved over the last year, 9 indicators declined, and 10 indicators basically remained the same. Macroeconomic score fell over the previous year, the banking sector scores also declined slightly, the securities sector score rose, and insurance scores declined. Financial eco – environment scores rose slightly due to the legal environment improvements.

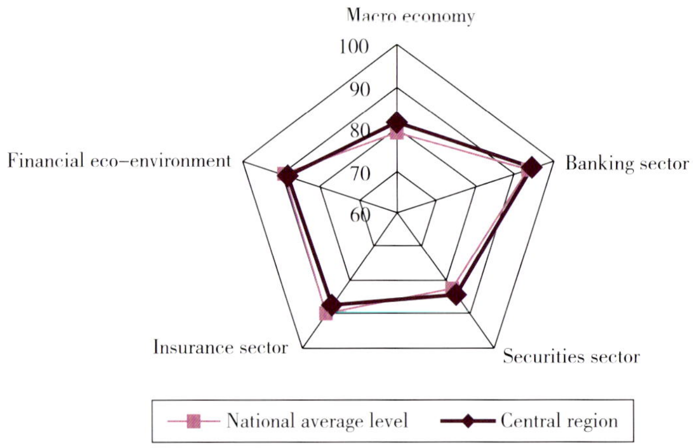

Figure 17 Central Region's Financial Stability Status and the Comparison with the National Average in 2013

Table 10 Evaluation Indicators and Changes in the Central Region in 2013

Type of Indicator		Direction	Assessment indicators	Change		
				Improved	Stable	Worse
Macro economy		↑	Growth rate of gross regional product			√
			Growth rate of value added of the tertiary industry			√
			Growth rate of social fixed asset investment	√		
			Growth rate of gross retail sales of consumer products			√
			Growth rate of real utilization of foreign capital		√	
			Growth rate of total amount of imports and exports			√
			Growth rate of disposable income of urban households			√
			Growth rate of per capita net income of rural households		√	
			Consumer price index	√		
			Registered unemployment rate in urban areas	√		
			Sales price index of real estate in typical cities	√		
Financial institutions	Banking sector	↓	Core capital adequacy ratio		√	
			Non - performing loan ratio		√	
			Profit to assets ratio		√	
			Liquidity ratio			√
	Securities sector	↑	Net capital adequacy ratio		√	
			Net debt to equity ratio		√	
			Profit to assets ratio	√		
	Insurance sector	↑	Premium receivable rate		√	
			Growth rate of premium income			√
			Surrender rate in life insurance companies			√
Financial eco - environment		↑	Comprehensive score of legal environment questionnaire	√		
			Local fiscal revenue to GDP ratio		√	
			Intensity of banking services		√	
			Coverage rate of credit reference database			√

Note: Symbol "↑" in table stands for improving, symbol "↓" stands for worsening, symbol "→" stands for stability.

Reviewed from the trends of overall scores of calendar years (Figure 18), the level of financial stability of central region had declined for two consecutive years but remained in a stable range. Specifically, since 2008, the central region's financial stability composite scores increased significantly for four consecutive years. In 2011, it entered stable range from a relatively stable range. Affected by sustained downturn in macroeconomic growth, after 2012, the composite score also fell. Viewed by terms (Figure 19), the central region's scores continued to decline in macro economy in the last two years, which had the most impact on the financial stability composite score; banking sector in recent 4 years had been developing steadily, whose score only slight fluctuated; in 2013, securities industry had a significant rise in score, copied with national and other regional trends of the same increment in scores; insurance industry had remained stable for three consecutive years since a sharp decline in 2011, no significant improvement; financial bio-environment score had been increasing for eight consecutive years since 2006.

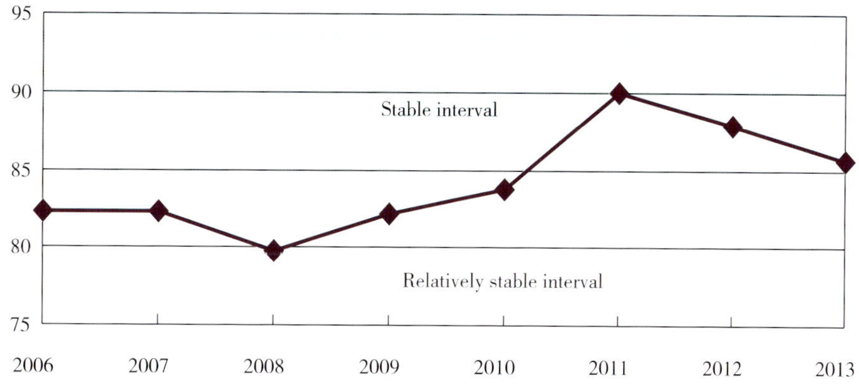

Figure 18 Trends of Central Region's Financial Stability Composite Scores, 2006—2013

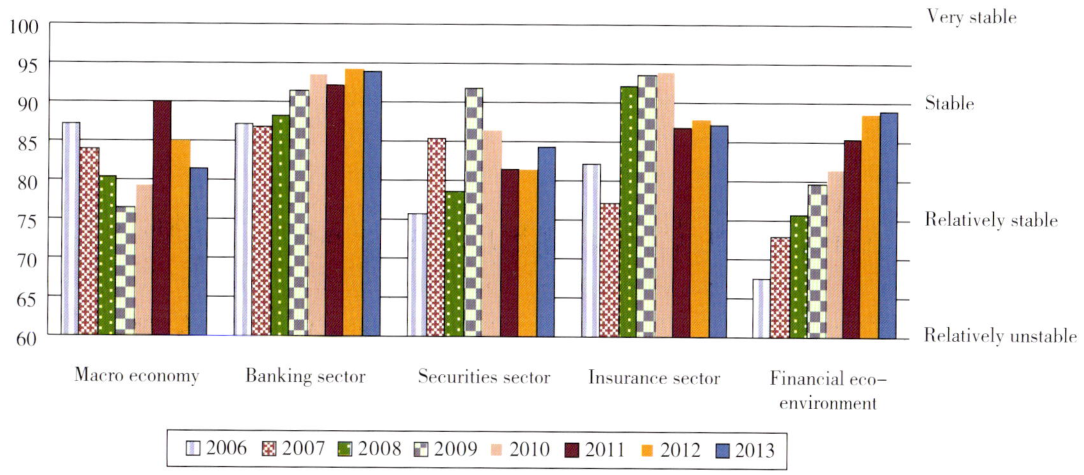

Figure 19 Comparison of Financial Stability of the Central Region, 2006—2013

3. Western region

In 2013, facing complex domestic and international economic and financial situation, the western region speeded up economic restructuring and development pattern, and made efforts to resolve outstanding issues affecting the development and stability. The economy presented a steady progress, and stability in development. The financial industry in the western region developed soundly, financial reform continued to deepen, comprehensive strength and overall ability to resist risks gradually increased, a positive interaction with the economy had forme. However, there remain some uncertainties in the financial system, which worth close attention.

3.1 The economy remained rapid and steady growth with a good interaction to finance

In 2013, the western economy maintained a tendency of smooth growth, with a total GDP of 12.62 trillion yuan, up 10.73% year - on - year. The structure of three industries was adjusted from 12.57:50.82:36.31 of previous year to 12.44:49.58:37.98, which presented a harmonious development. In 2013, the fixed asset investments (exclusive of farmer households) in western region realized 12.19 trillion yuan, a year - on - year increase of 21.99%. The annual amount of gross retail sales of consumer products reached 4.2 trillion yuan, up 13.62% year - on - year. The amount of import and export totaled \$161.249 billion, a year - on - year gain of 17.65%, among which export posed \$161.249 billion with an increase of 19.26% year - on - year. The steady growth in investment, consumption, import and export promoted development in western economy, which provided an external support to the sound operation of financial system.

On the other hand, the financial support to real economy was strengthened. The total social financing in western region has risen with the average annual growth of 19.4% since 2006. Particularly, the total social financing made a breakthrough of over 3 trillion yuan, with the ratio to the GDP of 29.7%. Furthermore, in terms of social financing to GDP ratio, each western province scored higher than the national average level in 2013. Specifically, the ratios in Tibet, Qinghai, Guizhou and Gansu exceeded 40%, with the highest ratio of 95.7% in Tibet; the increases compared to the corresponding term in 2006 were over 20 percentage points in Qinghai, Gansu, Xinjiang and Guizhou, among which Qinghai reached 40.3 percentage points.

3.2 Banking sector witnessed constantly improvement in the overall strength, but faced challenges in credit risk management

In 2013, the banking sector in western regions conscientiously implemented the sound monetary policy, adhered to the main line of financial support to real economic development, so that the overall strength kept enhancing. As of end – 2013, the assets denominated in RMB and foreign currencies of banking institutions reached 26. 65 trillion yuan, up 15. 96% year – on – year. Outstanding deposits dominated in RMB and foreign currencies totaled 20. 12 trillion yuan, a year – on – year increase of 15. 83%. Outstanding loans amounted to 14. 6 trillion yuan, a year – on – year increase of 17. 59%. The credit structure tended to be optimized. The medium and long – term loans ratio stood at 64. 91%, down 1. 72 percentage points year – on – year. The management performance totally promoted, with an annual book profit of 410. 571 trillion yuan, a year – on – year rose of 24. 4%. Assets quality improved steadily. The NPLs ratio stood at 1. 31%, a year – on – year drop of 0. 15 percentage point.

Although the NPLs ratio of banking sector in western regions kept descending, the phenomenon of rebounding NPLs appeared in some regions and institutions. Firstly, outstanding NPLs in some financial institutions grow rapidly. As of end – 2013, NPLs of joint – stock commercial banks and city commercial banks in Guangxi increased 536 million yuan and 1. 048 billion yuan respectively, compared to the beginning of the year. The outstanding NPLs of joint – stock commercial banks, city commercial banks and rural commercial banks in Shaanxi grew nearly 1. 3 billion yuan compared to the beginning of the year. Secondly, affected by the drop of resource price and nongovernmental financing, enterprises in some regions faced increased difficulties in management, so that regional credit risks kept accumulating. According to the survey, between the fourth quarter in 2013 to the first quarter in 2014, there were nearly 8 billion yuan of credits with various degrees of repayment risks in certain city of Shaanxi. There were several sudden incidents resulting in credit defaults in Sichuan.

3.3 The overall management situation of securities institutions maintained good, but the competitiveness of listed companies was still weak

In 2013, securities market in western region kept enlarging in size, with an overall trend of sustained and healthy development. As of end – 2013, there were 18 incorporated securities companies, 2 fund management companies and 17 futures brokerage companies in western regions. The total assets of incorporated securities companies stood at 173. 244 billion yuan, up 16. 03% year – on – year. The annual revenues totaled 16. 212 billion yuan, a year – on –

year increase of 25. 83%. The first overseas joint venture securities company was established in Laos by Yunnan Pacific Security Company. Affected by the depressed securities market and the suspended IPO, listed companies accumulated financing capitals of 113. 572 billion yuan in stock markets, a year – on – year drop of 66. 28%. However, financing capitals in some provinces increased. For instance, the listed companies in Yunnan financed totally 25. 589 billion yuan, up 2 358. 90% year – on – year. The listed companies in Gansu realized direct financing capitals of 17. 514 billion yuan by capital markets, an increase of 5. 667 billion yuan than that of previous year, which hit a historical high. Besides, listed companies in Xinjiang financed totally 15. 546 billion yuan by capital markets.

As the western region was still economically underdeveloped, restricted by external management environment and enterprise management level, competitiveness of listed companies was generally weak, with ranks lagging behind either in the size or in the profits capacity. There were problems in listed companies, such as the short industrial chain, the low additional price, the insufficient science & research, the weak brand awareness and management capacity, all of which constrained listed companies to become larger and stronger. Some listed companies even faced the risk to delist. In 2013, 3 listed companies of certain city in western region were risk – warned by stock exchange, whose management situations are still not optimistic recently, with continuous drop in profits and increased difficulties in recombination.

3. 4 Insurance sector played an active role in the function of economical compensation, while coverage of agriculture insurance was still limited as well as the level of protection

In 2013, insurance sector in western region annually realized insurance premium of 332. 07 billion yuan, a year – on – year increase of 13. 63%. Insurance sector played a positive role in the function of economical compensation, and the capacity to serve regional economy as well as ARF was further strengthened. Firstly, insurance was brought into full play in the risk compensation function. In 2013, the payment of claims in western regions totaled 119. 158 billion yuan, up 31. 31% year – on – year. Secondly, a breakthrough was made in the liability insurance development, etc. The annual premiums of liability insurance in western regions reached 4. 417 billion yuan, a year – on – year rose of 17. 91%. Particularly, the pilot for environment pollution liability insurance was set up overly in Shaanxi, which has provided insurance safeguard to 160 enterprises. Thirdly, insurance related to agriculture was further promoted. The annual premium of agriculture insurance reached 11. 461 billion yuan, up 38. 42% year – on – year. Specially, Inner Mongolia made a breakthrough in the policy – guided forest insurance, with forest insured area of 377 million mu as well as premium income of 644 million yuan, which ranked first across the country. Fourthly, achievement was made in resident medical insurance. In Qinghai, medical insurance for serious diseases was provided for 4 230. 9 thousand peoples, accounting for 73. 81% of all over the province; the reimbursement amounts for serious disease and basic medicine combined accounted for 75. 27% of all resident medical costs.

The agriculture insurance played an active part in promoting the agriculture development and safeguarding farmer's rights in disasters. However generally speaking, owing to the insufficient provision, policy – guided agriculture insurance made only a small contribution as well as a weak permeability to society, especially for the risk compensation demands of farmers. During the pilot period of policy insurance, according to the principle with wide coverage and low compensation threshold, payments of some insurance were hard to compensate for farmer's material cost. Besides, responsibility area of some insurance do not cover the maximum risk that farmer faced. Therefore, some kinds of insurance with low acceptability were difficult to promote. Meanwhile, because the pilots were of small size risks from insurance companies concentrated, which affected the stability of agriculture insurance management. The concentrated risks were also not good to the accumulation of datum or the improvement of underwriting condition, which gave rise to difficulties in reducing the insurance costs.

3. 5 Financial comprehensive reform with multiple levels was in process, but local financial management system was urgent to reform

In 2013, financial reform in western region was further promoted. At the provincial level, 11 ministries and commissions including PBC and National Development Reform Commission jointly released the *Scheme on Construction of Borderland Financial Comprehensive Reform Pilot in Yunnan and Guangxi Zhuang Autonomous Region*, which includes promoting innovation of cross – border RMB business, improving financial organization system and developing capital markets with multi – levels, etc. At the municipal level, Shaanxi and Sichuan promoted the construction of western financial center on Xi'an and Chengdu respectively, in order to widen coverage and enhance the availability of the financial service. Regional financial sub – markets in Chongqing were developed, with annual turnover over 160 billion yuan in 2013, which played an important role in optimizing resource allocation. At the regional level, financial reform on transformation and upgrading private economy was carried out in Fugu, Shaanxi province. The reform promoted 14 specific financial reform measures, including setting up Fugu financial administration bureau, forming Fugu financial holding company, endeavoring to establish private banks, financial leasing company and consuming financial company by private capitals, etc. The first rural property right transaction centers were established in Tiandong, Huangxi province and Pingluo, Ningxia Hui Autonomous Region respectively. As of end – 2013, 57 cases of rural property right transactions with total turnover of 187 million yuan and 33 cases of rural assets assessment with total value of 118 million yuan were carried out by the center of Tiandong, Guangxi province. 949 cases of mortgage credits respected to three right (including rural homestead use right, forest use right and land contract & management right) with total amount of 5. 48 million yuan were released by the center of Pingluo, Ningxia, with interest preferential, which provided strong capital support to agriculture production and management.

With the rapid growth and development of local financial institutions, it is gradually emerged that existing local financial management system can not adapt to local financial reform and regional financial development. Firstly, local financial administration system had some problems. Local governments set up financial offices to manage local financial business. In fact, the management of local finance relates to multiple subjects, with high supervisory cost, therefore, the supervision efficiency needs to be improved. Secondly, consciousness of local financial management is lagging behind. Local supervision bureau put market entry above market quit, compliance supervision above daily risk supervision, and management above service, so that local financial management was insufficient.

3. 6 Quantitative assessment

According to the results of quantitative assessment, western region scored 86. 9 in terms of financial stability condition in 2013, staying at stable interval, a year – on – year drop of 0. 3 point, 2. 2 points higher than the average of the whole country. In particular, western region scored remarkably higher than the national average level in terms of macroeconomy and insurance sector, edged higher in terms of security sector, but scored lower in terms of banking sector as well as financial eco – environment (Figure 20).

In terms of the changes of specific indicators (Table 11), 8 indicators of central region improved, 7 indicators were lower and 10 indicators maintained the same level compared to the terms of previous year. Macroeconomy scored lower than the previous year. The score of banking sector dropped down modestly, while securities and insurance sector scored higher than the previous year. Legal environment kept improving, the proportion of local fiscal revenue to GDP rose as well as the coverage rate of credit reference database. As a result, the score of financial eco – environment rose overall.

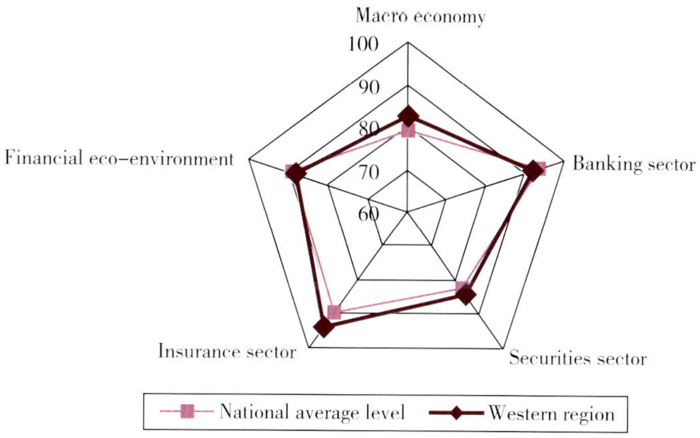

Figure 20 Financial Stability Status of Western Region Compared with National Average in 2013

Table 11 Assessment Indicators and Changes in Western Region in 2013

Type of Indicator		Direction	Assessment indicators	Change: Improved	Change: Stable	Change: Worse
Macro economy		↓	Growth rate of gross regional product			√
			Growth rate of tertiary industry added value			√
			Growth rate of social fixedassets investment	√		
			Growth rate of gross retail sales of consumer products			√
			Growth rate of real utilization of foreign capital	√		
			Growth rate of total volume of import and export		√	
			Growth rate of total dispensable income of urban households			√
			Growth rate of per capita net income of rural households		√	
			Consumer price index		√	
			Registered unemployment rate in urban area			√
			Sales price index of real estate in typical cities	√		
Financial institutions	Banking sector	↓	Core capital adequacy ratio		√	
			NPL ratio		√	
			Return on assets		√	
			Liquidity ratio			√
	Securities sector	↑	Net capital adequacy ratio		√	
			Net capital ratio		√	
			Return on assets	√		
	Insurance sector	↑	Refund rate of life insurance companies			√
			Rate of premium receivable		√	
			Growth rate of premium income	√		
Financial eco – environment		↑	Comprehensive score of legal environment questionnaire	√		
			Local financial revenue to GDP	√		
			Banking service density		√	
			Coverage rate of credit reference database	√		

Note: Symbol ' ↑ ' in this stable stands for improving, symbol ' ↓ ' stands for worsening, while symbol '→' stands for stability.

According to the trend of regional financial stability with historical datum (Figure 21), in spite of a year - on - year drop in 2013, the level of financial stability in western regions in general kept growing for many years, which kept scoring in the relatively stable interval for successive 4 years since 2010. Particularly (Figure 22), the score of macro economy fluctuated in recent 5 years, while stood at the bottom of historical level that a little higher than score in 2009. In terms of financial sector, insurance sector in western region performed better than sectors in other regions, with high scores as well as an upward trend for many years. Banking sector scored stable for many years in succession. Meanwhile, the score of security sector fluctuated, which tremendously rose in 2013. The score of financial eco - environment has been a general upward trend with different degrees for each year since 2008.

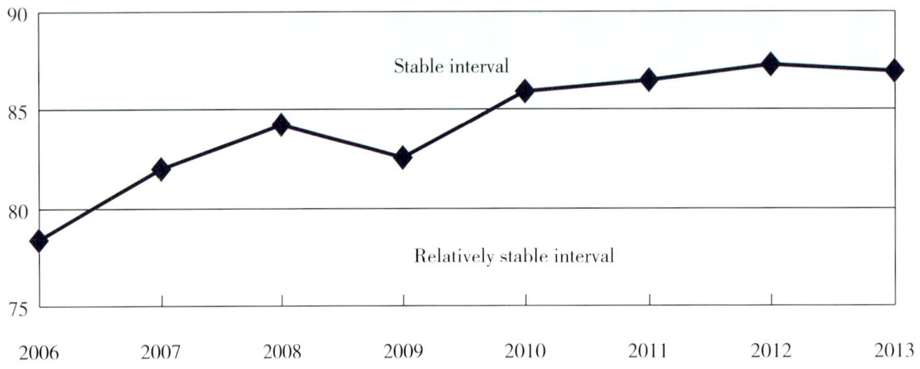

Figure 21 Trend of Financial Stability Comprehensive Score in the Western Region, 2006—2013

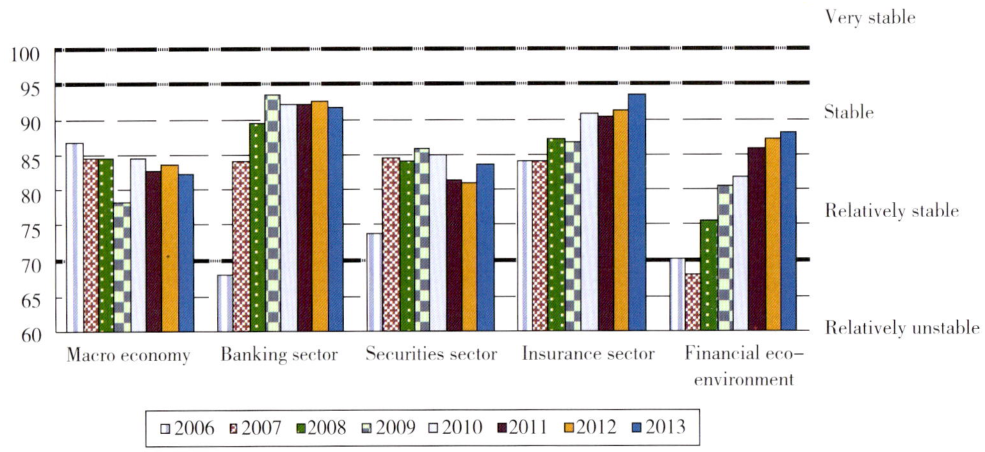

Figure 22 Financial Stability of the Western Region, 2006—2013

4. Northeastern region

In 2013, the northeastern region carried out the general principle that economic development should be promoted steadily and effectively, and the regional economic growth remained generally stable. However, many challenges still existed in macro economy, such as the slowing down of economic growth. Financial sector's performance remained generally stable, with further strengthened risk management capacity as well as the function of serving real economy.

4.1 Regional economic growth slowed down and preliminary effect was achieved in structural adjustment

In 2013, the GDP of northeastern region totaled 5.49 trillion yuan, up 8.4% year – on – year, with a lower of 1.8 percentage points than the previous year. In terms of provinces, the GDP of Liaoning Province, Jilin Province and Heilongjiang Province reached 2.71 trillion yuan, 1.30 trillion yuan and 1.48 trillion yuan, up 8.7%, 8.3% and 8.0% year – on – year respectively. Affected by the slowdown of economy at home and abroad, the GDP growth of Liaoning Province, Jilin Province and Heilongjiang Province dropped 0.8, 3.7 and 2.0 percentage points than the previous year respectively.

Preliminary effect was achieved in economic structural adjustment in northeastern region in 2013. In particular, the proportion of tertiary industry to GDP in Liaoning Province, Jilin Province and Heilongjiang Province rose with 1.2, 0.8 and 4.0 percentage point respectively. Although developed rapidly in the traditional northeastern industry base in recent years, the development of tertiary industry was mainly depended on the equipment production, metallurgy and chemistry industry, etc., and was greatly influenced by the secondary industry.

4.2 Foreign trade developed rapidly with tremendous rise in the turnover of cross – border RMB settlement

In 2013, the total value of import and export in northeastern region reached $179.013 billion, a year – on – year increase of 7.67%, which was close to the national growth. Particularly, the value of import and export in Liaoning Province totaled $114.280 billion, up 9.9% year – on – year, with 2.3 percentage points higher than the national growth, 1.5 percentage points higher than the previous year. The real utilization of foreign capitals in northeastern region totaled $31.463 billion, a year – on – year rise of 8.15%, among which the foreign investments of Heilongjiang Province were mainly from Russia.

The turnover of cross – border RMB settlement increased substantially. Take Liaoning Province for instance, the volume of cross – border business posed $128. 58 billion, up 7. 4% year – on – year, 3. 7 percentage points higher than that in 2012. From the beginning of pilot to the end – 2013, the turnover of cross – border RMB settlement accumulated $187. 99 billion. Recently in this province, 416 branches from 61 banks carried out cross – border RMB settlement business, serving 2 207 enterprises, covering 108 countries and regions. In Jilin Province, cross – border RMB settlement business was fully carried out in 9 cities and autonomous districts by 19 banking institutions, with service provided for 426 enterprises.

4. 3 Real estate market ran smoothly while risk management of related loans needed to be further strengthened

In 2013, annual investment in real estate of northeastern region totaled 930. 803 billion yuan, a year – on – year increase of 12. 1%. The floor space of commercial building sold in Liaoning Province, Jilin Province and Heilongjiang Province reached 92. 9233 million square meters, 22. 1500 million square meters and 33. 4000 million square meters. The sales price index of residence in typical cities such as Shenyang, Dalian and Changchun grew 4. 4%, 6. 4% and 8. 6% respectively.

In northeastern region, the outstanding of loans invested to real estate posed 326. 461 billion yuan and the outstanding of individual housing loans stood at 543. 815 billion yuan. In Liaoning Province, real estate loans in some banks achieved rapid growth and their proportions to all loans were high. Risk management of real estate loans in several banks was poor. The phenomenon of repeated mortgage and insufficient management after loaning existed in some banks. The mortgage of real estate loans could not even cover the risk exposures in a few of banks. According to a survey, in 40 sampled real estate development enterprises in Heilongjiang Province, 40% enterprises were short of business capitals, which increased the credit risks in banks to a certain extent.

4. 4 Asset size of banking sector enlarged modestly with downward pressures on the asset qualities in some trades

In 2013, the total amount of assets in northeastern banking institutions reached 9. 71 trillion yuan, with a year – on – year increase of 9. 26%. Specifically, assets amounts of financial institutions in Liaoning, Jilin and Heilongjiang Province posed 5. 10 trillion yuan, 2. 05 trillion yuan and 2. 56 trillion yuan, up 8. 69%, 10. 83% and 9. 17% year – on – year respectively. There were 363 local incorporated banking financial institutions in northeastern region, among which 146 were in Liaoning, 96 were in Jilin and 121 were in Heilongjiang.

Some industries faced greater downward pressure on asset quality. Recently, risk exposure increased in industries with excess capacity in Liaoning, which posed challenges to banks in terms of loan quality. The key clients in some industries with significant periodicity and excess capacity are prone to default. Loans related to steel trade in part of banks have changed into bad and doubtful debts. Affected by multiple natural disasters, NPLs for trades of farming, forestry, husbandry and fishing in Heilongjiang increased 1 billion yuan, while NPLs of mining industry rose by 160 million yuan. In addition, both outstanding and ratio of NPLs surged in credit cards and housing mortgage loans.

4. 5 Capacity of optimizing resource allocation by security market strengthened, but the capability to serving economy needed to be further promoted

In 2013, security market in northeastern region played an active role in propelling economic transmission and development. Assets recombination of listed companies in Liaoning Province was advanced smoothly, among which the successful recombination of Shandong Hi – speed Road & Bridge Co., Ltd. with ST Dandong Chemical Fibre Co., Ltd. was promoted by back door listing; Yi Qiao Marine Seeds Co., Ltd. completed the purchase for main assets, with enterprise strength reinforced; key assets recombination of Allwin Telecommunication Co., Ltd. was finished. In Liaoning Province, Fawer Automotive Parts Co., Ltd. accomplished listing by ST Sunrise Co., Ltd. as back door in Shenzhen Stock Exchange; 6 listed companies including Changchun Gas Co., Ltd. financed funds of totally 5. 009 billion yuan by targeted additional shares issuance; 1. 9 billion yuan of company bonds were issued by Northeast Securities Co., Ltd. In Heilongjiang Province, 3 listed companies realized totally funds of 2. 59 billion yuan by non – public issuing. The pilot of SMEs private equity bonds was promoted successfully, by which 450 million yuan of private placement bonds was filed for issuance in Shanghai Stock Exchange.

Participants in security market, such as security institutions, listed companies, etc., had not yet given full play in function of serving and supporting real economy development. Problems such as small size, single management mode, irregular management and improper competition, etc. were generally existed in securities institutions. Meanwhile, listed companies had the problems such as nonstandard governing structure and connected transactions. Each participant did not take full advantages of rapid economy development in northeastern region to promote its capitalstrength and competitive capacity. Therefore, both the depth and width that the participants took part in the economic construction were still lagged behind the objective request of economic development to a certain extent.

4.6 Insurance sector developed steadily, while sustainable development capacity needed to be further strengthened

In 2013, insurance sectors in northeastern region witnessed stable growth in assets size as well as premium income. As of end - 2013, there are 104 insurance institutions in Liaoning Province, with total asset of 127.580 billion yuan, up 9.6% year - on - year, and premium income of 44.660 billion yuan, up 11% year - on - year. There are 3 incorporated insurance companies and 27 provincial branches in Jilin Province, with total asset of 91.683 billion yuan, up 14.66% year - on - year, realizing premium income of 26.64 billion yuan, up 14.58% year - on - year, which is the highest growth after year 2010. In Heilongjiang Province, there are 39 insurance subjects, with total asset of 106.07 billion yuan, up 12.9% year - on - year, and premium income of 38.43 billion yuan, up 11.67% year - on - year.

Recently relatively mature growth mode has not been formed in insurance market of northeastern region. The growth of traditional business slowed down owing to the saturated demands, while the markets of emerging business were hard to expand for the reason of market development capacity as well as trade development level. As a result, the substitute and upgrading of products was slow and the growth point of trades was not prominent. Besides, due to the homogeneous positioning of companies' development, the horizontal competition became fierce, both expenses and cost changed with an upward trend. In addition, with the increased pressure from external competition, banks' wealth management products and securities companies' funds achieved rapid development, and took up the market of insurance companies with their advantage on rate of return.

4.7 Quantitative assessment

According to the results of quantitative assessment, the financial stability comprehensive score for the northeastern region scored 84.5 in terms of financial stability condition in 2013, which stood in the range of relatively stable interval, but 0.2 point lower than that of the previous year and 0.1 point lower than the national average. Specifically, compared with the national average, the score of macroeconomy was lower distinctly, banking and insurance sectors scored higher, but security sector as well as financial eco – environment scored lower (Figure 23).

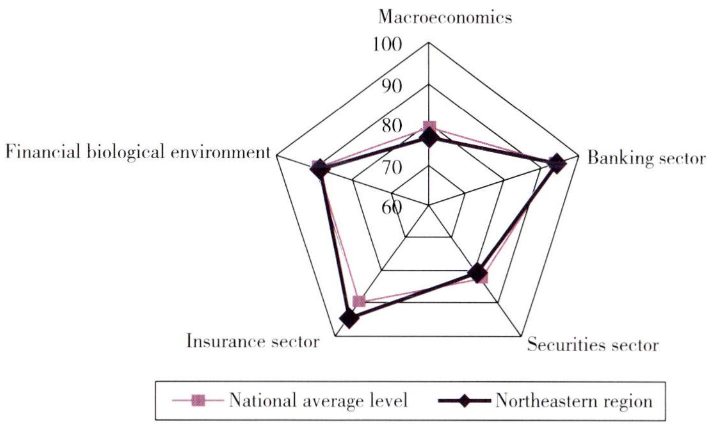

Figure 23 Financial Stability Status of Northeastern Region Compared with National Average in 2013

In terms of the changes of specific indicators (Table 12), 11 indicators of northeastern region improved as compared with that of the previous year, 6 indicators were lower and 8 indicators maintained at the same level of the previous year. Macro economy scored significantly lower than the previous year. However, banking, security, insurance and financial eco – environment scored higher year – on – year, and the assessment scores of these indicators remained unchanged or improved compared to the previous year.

Table 12 Assessment Indicators and Changes in Northestern Region in 2013

Type of Indicator	Direction	Assessment indicators	Change		
			Improved	Stable	Worse
Macro economy	↓	Growth rate of GDP			√
		Growth rate of added value of tertiary industry			√
		Growth rate of social fixedassets investment	√		
		Growth rate of gross retail sales of consumer products			√
		Growth rate of real utilization of foreign capital			√
		Growth rate of total volume of import and export	√		
		Growth rate of total dispensable income of urban households			√
		Growth rate of per capita net income of rural households			√
		Consumer price index	√		
		Registered unemployment rate in urban area	√		
		Sales price index of real estate in typical cities	√		

Continued

Type of Indicator		Direction	Assessment indicators	Change		
				Improved	Stable	Worse
Financial institutions	Banking sector	↑	Core capital adequacy ratio		√	
			NPL ratio		√	
			Return on assets	√		
			Liquidity ratio	√		
	Securities sector	↑	Net capital adequacy ratio		√	
			Netcapital ratio		√	
			Ret urn on assets	√		
	Insurance sector	↑	Refund rate of life insurance companies		√	
			Rate of premium receivable	√		
			Growth rate of premium income		√	
Financial ecological – environment		↑	Comprehensive score of legal environment questionnaire	√		
			Local financial revenue to GDP		√	
			Banking service density		√	
			Coverage rate of credit reference database	√		

Note: Symble ‘↑’ in this stable stands for improving, symbol ‘↓’ stands for worsening, while symbol ‘→’ stands for stability.

Observed the trend of regional financial stability with historical data (Figure 24), it can be found that the financial stability score of Northeastern region fluctuated slightly after the year of 2008, with a small adjustment around the score of 85, the boundary of relatively stable interval and stable interval. Meanwhile, the scores dropped in succession in 2012 and 2013. In terms of different items (Figure 25), northeastern region scored lower continuously for 3 years with great decline in terms of macroeconomy, although maintained in relatively stable interval. The Northeastern region scored higher in terms of banking, insurance and financial ecological environment for 3 years in succession, especially in the tremendous rise of insurance sectors.

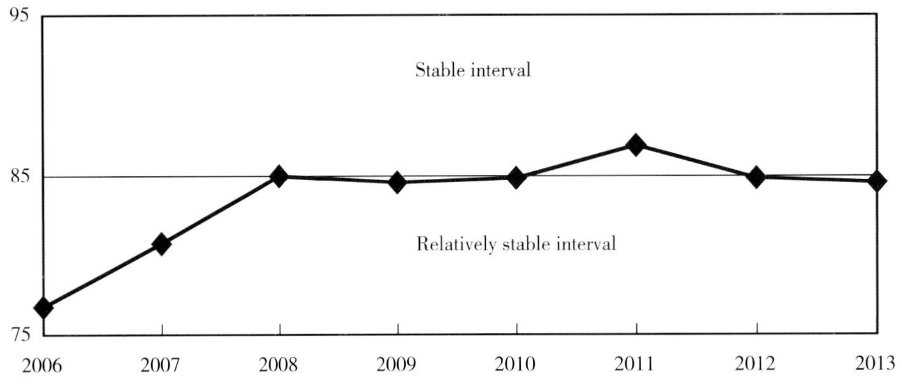

Figure 24 Trend of Financial Stability Comprehensive Score in the Northeastern Region, 2006—2013

Meanwhile, in terms of security sector, which was affected by overall downturn of industry in 2012, the score of northeastern region in security sector fluctuated with an improvement in 2013.

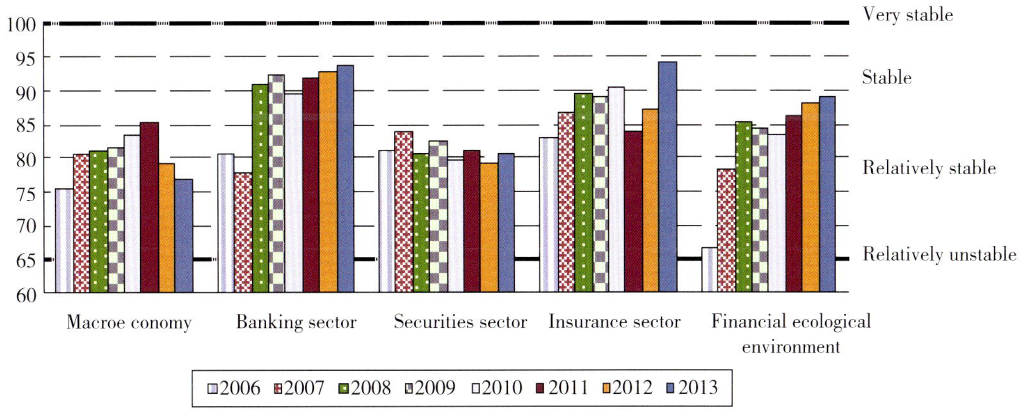

Figure 25 Financial Stability of the Northeastern Region, 2006—2013

Part V Overall Assessment and Policy Suggestions

1. Overall assessment

In 2013, the economic and financial performance in all regions remained generally sound and stable, and regional development became better coordinated. Economic development in all regions was stable and improving. The agricultural situation was positive, and industrial production stabilized and saw an upturn. Meanwhile, consumption and investment grew steadily, with the structure of imports and exports optimized. Additionally, consumer price growth and employment were broadly stable, and economic restructuring began to show effect. All regions gradually deepened financial sector reform, steadily pushed forward business innovation and the transformation of development model, and made more efforts to step up financial support for the real economy. The banking sector as a whole performed stably, with rational credit growth and low systemic risk. In addition, banking financial institutions reported stable profits and improved their efficiency in serving the real economy. The assets of securities institutions further expanded and the operating income of securities companies improved markedly. Moreover, the construction of multi – layered capital market further moved ahead, with regional capital market development picking up pace. At the same time, institution building achieved remarkable results as progress was made in both business innovation and regulation standardization. The insurance sector showed favorable growth momentum, with assets and premium income of insurance institutions on steady rise. The overall strength and service ability of the insurance sector were further enhanced, better bringing into play its risk protection function.

In the face of difficult economic recovery around the world and mounting downward pressure on the domestic economy, China's macroeconomic development was confronted with various kinds of pressures. Factors that affect regional financial stability were present in every region. The internal impetus for economic growth needed to be strengthened. Economic restructuring, transformation and upgrading remained arduous tasks, and there was still potential upward pressure on prices of agricultural products and services. In the banking sector, financial institutions faced more difficulty in liquidity management, and the likelihood of a rebound in non – performing loans (NPLs) increased. In the securities sector, securities companies saw rising leverage ratios and liquidity risk. Besides, regional equity markets were in urgent need of regulatory policy and efficient supervision. In the insurance sector, attention should be paid to risks associated with maturity payment, policy surrender, insufficient solvency, fund use and liquidity management.

Instability factors varied across regions. In the eastern region, continued NPL rebound put greater pressure on asset quality control and liquidity management faced an array of challenges. In the central region, some enterprises had difficulties in production and operation, there were potential risks in innovative securities businesses, and the unbalanced insurance structure was still a prominent problem. In the western region, banking financial institutions saw rising credit risk, listed companies were less competitive, and the agricultural insurance coverage and protection were both insufficient. In the northeast region, financial stability was confronted with challenges as economic growth slowed down and there were mounting pressures from declining credit asset quality in some sectors.

As indicated by quantitative assessment results (Figure 26), in 2013, the comprehensive scores of financial stability in the eastern and northeastern regions were within the relatively stable range, and those of the central and western regions were within the stable range. Ranked by scores were the western region, the central region, the northeastern region and the eastern region in descending order, To elaborate, the comprehensive scores of the eastern and northeastern regions were low mainly due to their low macroeconomic scores. In particular, two index scores (the regional GDP growth rate and total import and export growth rate) decreased significantly. In 2013, the score of the securities sector in the northeast region was relatively low so that its overall score was affected. The comprehensive score of the central region was

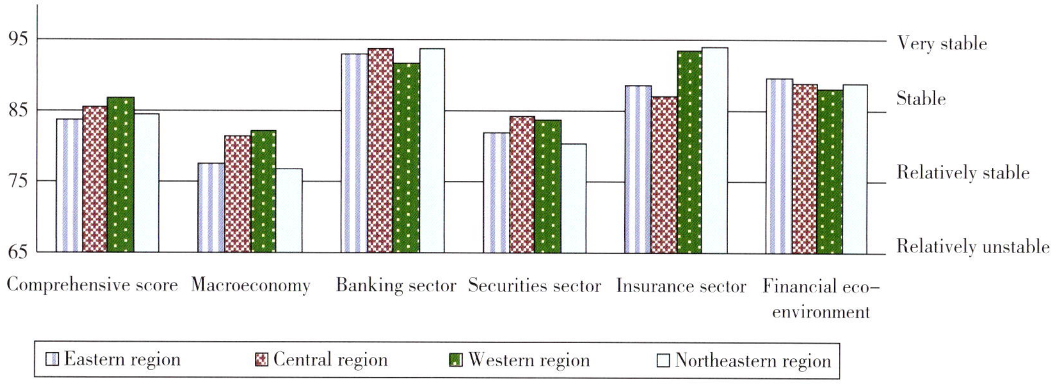

Figure 26 Comparison of Regional Financial Stability Assessment Results in 2013

overtaken by the western region mainly due to its macroeconomic and insurance scores that ranked behind. The comprehensive score of the western region ranked first, as its macroeconomic, securities and insurance scores all surpassed the national average level.

2. Policy suggestions

The year 2014 is the first year for implementing the guiding principles of the Third Plenary Session of the Eighteenth CPC Central Committee and its decision to comprehensively deepen reform. With the adoption of various reform measures, new technology industries achieved better development, up – to – date commercial models were introduced, and the structure of consumption was upgraded step by step. In the future, regional economy is expected to maintain a stable and upward tendency. However, it should be noted that some risks and challenges to regional financial and economic operation are still existed, placing higher requirements for the maintenance of regional financial stability.

2.1 Fully implement the overall strategy for regional development to promote coordinated regional economic development

Inrecent years, all regions across China have implemented the overall regional development strategy of pushing forward the development of western region, revitalizing the old industrial bases in the northeastern region, promoting the rise of the central region and encouraging the east region to play a leading role in economic development. As a result, positive changes have taken place in regional economic development, with a number of regional growth poles emerging successively, and regional economy achieved stable and fast development. Coordinated regional development is a hard, complex and long – lasting systems engineering, which requires continued implement of overall strategy for regional development, firmly carry out the regulations of major function oriented zoning, improve and innovate the regional policy and improve the accuracy of regional policy. Firstly, efforts should be made to make full use of and nurture the comparable advantages of different regions, explore regional development potential and core competitiveness, and promote integrated development as well as reasonable regional division of labor. Secondly, pilot programs in key regions should continue to be strengthened with particular emphasis on creating and using necessary test platforms to experiment with issues that reflect common international rules as well as the laws and trends of development. Thirdly, based on regional circumstances, work should be done to promote industrial restructuring and upgrading and coordinate development across regions.

2.2 Optimize financial resource allocation and support regional economic restructuring, transformation and upgrading

More work needs to be done to optimize financial resource allocation, improve financing and credit structure, make better use of the decisive role of the market to raise the efficiency of resource allocation. With regard to financial deepening and innovation - driven development, it is imperative to improve the mode of regulation, remove impediments to the transmission mechanism, raise the efficiency of financial operation and enhance the ability to serve the real economy. Measures should be taken to encourage financial institutions to innovate their organization, mechanism, products and service mode, optimize financial architecture, and further improve and strengthen financial services. Financial institutions should be guided to revitalize the stock of credit and optimize the increments, step up financial support to the agricultural sector, rural areas, farmers and micro and small enterprises, and further promote the development of consumer finance to help and upgrade consumption. In line with the national policy on regional economic development, more work should be done to provide financial support and services for the coordination of regional economic development. To resolve the problems caused by overcapacity, strict controls should be imposed on credit extended to industries with high energy consumption, high emission and overcapacity. Efforts should be made to improve the green credit policy, and enhance financial services to areas such as energy saving and environmental protection, circular economy and the prevention of air pollution.

2.3 Deepen financial reform and properly handle the relationship between reform, innovation and risk prevention

It is imperative to promote regional economic and financial reform, solve deep - rooted problems in economic and financial operation through reform and innovation, and properly handle the relationship between reform, innovation and risk prevention. Banking financial institutions need to be fully aware of the opportunities and challenges arising from interest rate marketization and foreign exchange rate formation mechanism reform. They should also transform their business model to achieve sustainable development. Securities institutions should consolidate internal management and risk control, strengthen risk management of innovative businesses, improve risk isolation and enhance risk prevention capacity. Insurance companies need to promote differentiated services, intensify the adjustment of business structure, and actively develop agricultural insurance, liability insurance, catastrophe insurance and other businesses closely related to people's livelihood and social stability.

2.4 Strengthen risk control in key areas and take solid measures to prevent systemic and regional risks

Along with efforts to support financial innovation, more attention should be paid to the monitoring and prevention of potential risks in the growth of financial institutions' wealth management and interbank businesses. More work needs to be done to strengthen the monitoring of local government debt and solvency, and prudently mitigate and resolve the risks from local government financing platform loans. Close attention should be paid to credit risks from the real estate sector as well as sectors with overcapacity. It is imperative to arrange dynamic stress test to prevent risk contagion and amplification. Risk monitoring and coordinated regulation of cross – market financial products should be enhanced and a mechanism set up for the sharing of relevant statistics. Comprehensive measures should be taken to maintain regional financial stability and ensure that no systemic or regional financial risks occur.